Emder Beiträge zum
reformierten Protestantismus

Band 16

Herausgegeben vom
Vorstand der Gesellschaft
für die Geschichte des reformierten Protestantismus e.V.

Thomas K. Kuhn /
Nicola Stricker (Hg.)

unter Mitarbeit von Marita Gruner

Erinnert
Verdrängt
Verehrt

Was ist Reformierten heilig?

Vorträge der 10. Internationalen Emder Tagung zur Geschichte des reformierten Protestantismus

Neukirchener Theologie

Dieses Buch wurde auf FSC-zertifiziertem Papier gedruckt.
FSC (Forest Stewardship Council) ist eine nichtstaatliche,
gemeinnützige Organisation, die sich für eine ökologische und
sozialverantwortliche Nutzung der Wälder unserer Erde einsetzt.

Bibliografische Information der Deutschen Nationalbibliothek

Die Deutsche Nationalbibliothek verzeichnet diese Publikation in der Deutschen
Nationalbibliografie; detaillierte bibliografische Daten sind im Internet über
http://dnb.d-nb.de abrufbar.

© 2016
Neukirchener Verlagsgesellschaft mbH, Neukirchen-Vluyn
Alle Rechte vorbehalten
Umschlaggestaltung: Andreas Sonnhüter, Düsseldorf
DTP: Marita Gruner
Gesamtherstellung: Hubert & Co., Göttingen
Printed in Germany
ISBN 978-3-7887-2940-0 (Print)
ISBN 978-3-7887-2941-7 (E-Book-PDF)
www.neukirchener-verlage.de

Vorwort

Erinnerung ist ein Prozess, der sich in sozialen und kulturellen, aber auch religiösen Kontexten vollzieht. Wenn wir erinnern, dann „schreiben" wir Geschichte. Erinnerung ist dabei immer eine selektiv verfahrende Praxis. Neben die Erinnerung treten deshalb auch die Praktiken des Verdrängens, Vergessens und Verschweigens. In diesem umfassenden Sinne zielt Erinnerung zum einen auf Vergangenheitsbewältigung, zum anderen hat sie aber zugleich mit Gegenwart und Zukunft zu tun. Erinnerung hat deshalb immer auch selbst eine Geschichte. Diese Feststellung gilt gleichermaßen für die persönlich-individuelle wie für die kollektive Erinnerung.
Das gemeinschaftliche Gruppengedächtnis dient dazu, das Bewusstsein von Einheit, Identität und Eigenart zu schaffen und zu stützen. Es ist kulturell und sozial determiniert und hat eine Generationen übergreifende Dauer. In diesem Zusammenhang spricht man häufig von „Erinnerungskulturen" und „Erinnerungsorten". Sie sind das stabilisierende Wissen um eine gemeinsame Geschichte, das ein Kollektiv teilt. Sie sind „Geschichte im Gedächtnis" der Gegenwart (Aleida Assmann). Erinnerungskulturen gelten als die „historisch und kulturell variablen Ausprägungen vom kulturellen Gedächtnis" (Astrid Erll). Dabei ist allerdings zu berücksichtigen, dass auch in den homogensten Kulturen von einem Pluralismus der Erinnerung auszugehen ist.
Wie steht es um solche Erinnerungskulturen und Erinnerungsorte bei den Reformierten? Was erinnern, verdrängen oder verehren sie? Wie bewältigen sie ihre Vergangenheit? Und was ist ihnen am Ende sogar „heilig"?
Die 10. Internationale Emder Tagung zur Geschichte des reformierten Protestantismus, die vom 15. bis 17. März 2015 in Emden in Kooperation der Gesellschaft für die Geschichte des reformierten Protestantismus e.V. und der Johannes a Lasco Bibliothek stattfand, hatte sich vorgenommen, das aktuelle und breit diskutierte Thema der „Erinnerung" in den Mittelpunkt des Tagungsprogramms zu stellen. Mit einem leicht provokanten Unterton fragt der Untertitel des Tagungsthemas danach, was Reformierten heilig sei. Darüber hinaus nimmt das Thema neuere kulturwissenschaftliche Debatten über

„Erinnerung", „Erinnerungskulturen" und „Erinnerungsorte" auf. Es geht hier nun konkret um die Frage, welche Erinnerungsbestände identitätsstiftende Bedeutung für eine spezifische religiöse Gruppe wie die Reformierten haben. Welche Erinnerungen haben welche Funktion oder (ver)bindende Tragkraft? Erinnerungen können in Ritualen und Praktiken lebendig werden, in Texten und Bildern, aber auch in besonders augenfälliger Weise in Monumenten oder Bauten greifbar werden. Was hat einen so hohen Wert an Erinnerung, dass man von Verehrung sprechen kann? Neben der Frage nach Sinn und Gemeinschaft stiftenden Erinnerungen ist außerdem zu benennen, was verdrängt wird, was als nicht erinnerungswürdig gilt. Konkret: Welche Erinnerungen stören und werden deshalb verdrängt?

Der vorliegende Band dokumentiert die oben genannte Tagung und bietet zahlreiche Antworten zum Themenfeld „Erinnert. Verdrängt. Verehrt". Zunächst werden die Hauptvorträge in der Chronologie des Tagungsablaufes und daran anschließend die Kurzvorträge in alphabetischer Reihenfolge abgedruckt.

Die Herausgeber danken den Autorinnen und Autoren ganz herzlich dafür, dass sie ihre Beiträge für diesen Tagungsband zur Verfügung gestellt haben. Herrn Ekkehard Starke vom Neukirchener Verlag sprechen wir unseren Dank für seine Begleitung bei der Entstehung des Bandes aus. Ein ganz besonderer Dank gilt Marita Gruner, die als wissenschaftliche Mitarbeiterin am kirchengeschichtlichen Lehrstuhl an der Theologischen Fakultät der Ernst-Moritz-Arndt-Universität in Greifswald umsichtig und geduldig die Herstellung der Druckvorlage besorgt hat.

Düsseldorf und Greifswald, im Januar 2016   Die Herausgeber

Inhalt

Vorwort V

I. Hauptvorträge

Irene Dingel
Lehrer und Märtyrer
„Heilige" in der reformierten Erinnerung? 3

John Exalto
Reformed sanctity:
Some observations from Dutch religious history 21

Andreas Mertin
Erinnerung im Wandel
Kirchengebäude als Speicher historischer Information ...39

Judith Becker
Der Weg zur Heiligung?
Kirchenzucht in Tradition und Erinnerung 53

Hans-Georg Ulrichs
„... in schwere Bedrängnis geraten"?
Reformierte Erinnerungsnarrative im 20. Jahrhundert ...81

II. Kurzvorträge

Mona Garloff
Irenik um 1600. Der reformierte Gelehrte Jean Hotman
(1552–1636) und das späthumanistische Projekt
einer Kirchenreunion 101

Marco Hofheinz
Ethik der Erinnerung oder:
„Von göttlicher und menschlicher Gerechtigkeit"
Der Einfluss der Sozialethik Huldrych Zwinglis
auf Arthur Richs „Wirtschaftsethik" 113

Gerald MacDonald
Patrick Hamilton (1504–1528)
Nationalheiliger Schottlands und
erster „Doktorand" der Universität Marburg 131

Raphaela J. Meyer zu Hörste-Bührer
Erinnerung als Verehrung oder Anbetung?
Die Religionskritik Karl Barths als Schlüssel zu
einer relationalen Unterscheidung. 153

Dennis Schönberger
Reformierte und Krieg – ein verdrängtes Thema?
Ideengeschichtliche Perspektiven auf einen
gewaltlimitierenden Umgang mit der „Lehre"
vom gerechten Krieg im Anschluss
an den reformierten Juristen Johannes Althusius 161

Frauke Thees
Erinnerung und Heiligung
Die Abendmahlsliturgien Oekolampads 179

Albrecht Thiel
Erneuerung? Wiederherstellung? Reform? Veränderung?
Was meinten und meinen Menschen, wenn sie
von „Reformation" reden? 205

Fredericke van Oorschot
Confessio semper reformanda
Reformulierungen des Heidelberger Katechismus
zwischen Erinnerung und Vergessen 215

Autorinnen und Autoren 227

I.
Hauptvorträge

Lehrer und Märtyrer
„Heilige" in der reformierten Erinnerung?

von Irene Dingel

„Erinnert. Verdrängt. Verehrt. Was ist Reformierten heilig?" – das ist ein regelrecht provozierendes Tagungsthema. Nicht so sehr die Thematisierung des „Erinnerns", „Verdrängens" oder „Verehrens" macht hellhörig, denn dies tun wir alle in den christlichen Konfessionen in der einen oder anderen Weise. Die Provokation steckt vielmehr in der daran anschließenden Frage: Was ist Reformierten heilig? Und man möchte ebenso provokativ zurückfragen: Ist denn den Reformierten überhaupt irgendetwas heilig? Sind sie nicht seit der Frühen Neuzeit verantwortlich für eine konsequente Desakralisierung dessen, was vielen Menschen damals heilig war? Nehmen wir als Beispiel den im Christentum sakralen Raum schlechthin, die Kirche. Schon im 16. Jahrhundert ging ein Konfessionswechsel in einem Territorium vom römischen Katholizismus zum Calvinismus oder vom Luthertum zum Reformiertentum damit einher, dass man den Kirchenraum umgestaltete. Man reinigte ihn sozusagen von den Symbolen und liturgischen Objekten jener Religion bzw. Konfession, die man hinter sich ließ. Die konsequente Durchführung der Reformation sollte sich nämlich nicht nur in der Lehre, sondern auch im Leben der Gemeinden und des Einzelnen niederschlagen. Man entfernte deshalb die Bilder aus den Kirchen, trug die Altäre hinaus und ersetzte sie durch einfache Tische; das wertvolle Abendmahlsgerät schaffte man ab, um stattdessen einfache Teller und Becher für Brot und Wein zu verwenden.[1] Sogar die räumliche Struktur mittelalterlicher Kirchengebäude wurde im Zuge dessen aufgelöst, indem man die Sitze der Gemeinde um die oft an einem Seitenpfeiler angebrachte Kanzel kreisförmig herumgruppierte und ein neues, mit der Architektur in Konflikt geratendes Zentrum schuf.[2] Überhaupt diente ein

---

[1] Dies zeigte sich z.B. eindrücklich bei dem Konfessionswechsel der Kurpfalz unter Friedrich III. (1515–1576). Vgl. Ludwig Häusser, Geschichte der Rheinischen Pfalz nach ihren politischen, kirchlichen und literarischen Verhältnissen, Bd. II, Heidelberg 1924, 25–45, bes. 31f.
[2] Zum typisch reformierten Kirchenbau vgl. Gerlinde Strohmaier-Wiederanders, Reformierter Kirchenbau in Deutschland vom 16. bis zum 18. Jahrhundert, in: Sigrid Lekebusch/Hans-Georg Ulrichs (Hgg.), Historische Horizonte. Vorträge der dritten

Raum nur so lange als sakraler Raum oder als Kirche, wie man ihn entsprechend nutzte, nicht etwa auf Grund einer Weihe, wie im römisch-katholischen Bereich. Wer schon einmal am südfranzösischen Mittelmeer Ferien gemacht hat, kennt vielleicht jene kleinen, vereinzelten protestantischen Kapellen, die im Winter, wenn die Urlauber fort sind und niemand sie mehr für den Gottesdienst braucht, als Aufbewahrungsorte für Surfboards genutzt werden.

Was ist Reformierten heilig? Offensichtlich nichts von dem, was die alte, römische Kirche durch Weihehandlungen einst sakralisiert und so aus dem Bereich des Profanen herausgehoben hatte. In trotziger Opposition wandten sich die Reformierten gegen solche überkommenen Heiligkeitsvorstellungen und tun dies bis heute.

Ein wissenschaftlicher Austausch und ein Nachdenken unter dem Thema „Erinnert, verdrängt, verehrt – Was ist Reformierten heilig?" aber setzt voraus, dass auch im Reformiertentum Heiligkeitsvorstellungen existieren und kultiviert werden, selbst wenn dieses „a Priori" in Form einer Frage formuliert ist. Etwas durch Erinnerung gegenwärtig halten, nicht verdrängen, sondern verehren – ist das die Basis für fortexistierende Heiligkeitsvorstellungen im Reformiertentum? Waren die sonst so konsequenten und nüchternen Reformierten doch nicht so konsequent, dass sie sich von allen Sakralitätsvorstellungen und allen Formen der Sakralisierung verabschiedeten?

Um es gleich vorweg zu nehmen – die These dieses Beitrags lautet: „Ja, sie waren doch nicht so konsequent". Denn der Desakralisierung des Kirchenraums, gottesdienstlicher Geräte, Gewänder und all dessen, was zu zeremonieller, äußerlicher Repräsentanz gehörte, steht eine Sakralisierung der „Memoria" gegenüber, die an die römisch-katholische Heiligenverehrung erinnern könnte, sich aber von diesem Erbe durch andere theologische Begründungsstrukturen und durch die Grundlegung dieser „Memoria" in reformatorischer Theologie fundamental unterscheidet. Diese Sakralisierung der „Memoria" soll anhand von zwei für die Geschichte des konfessionellen Calvinismus bzw. des Reformiertentums zentralen Beispielen dargestellt werden, nachdem zunächst die Voraussetzungen für diese Entwicklung in den Blick gekommen sind.

1. Reformatorische Kritik und Aneignung von Heiligkeit

Zu den Kritikpunkten der Reformation an der altgläubigen Kirche gehörte von Anfang an die in der Volksfrömmigkeit stark praktizierte Heiligenverehrung. Bilder und Statuen in den Kirchen waren häufig besuchte Orte der Erinnerung und Verehrung zugleich. Erinnerung und Verehrung richteten sich auf die im Bild oder in der Skulptur repräsentierten, oft durch Wundertätigkeit ausgezeichneten Frauen und Männer. Noch das Konzil von Trient hatte in seinem Dekret *De invocatione, veneratione et reliquiis sanctorum, et sacris imaginibus*, das heißt dem *Dekret über die Anrufung, die Verehrung und die Reliquien der Heiligen und über die heiligen Bilder* vom 3. Dezember 1563, diese Vorstellung von Heiligkeit und Heiligenverehrung unterstützt. Es formulierte: „Ferner soll man die Bilder Christi, der jungfräulichen Gottesgebärerin und anderer Heiliger vor allem in den Kirchen haben und behalten und ihnen die schuldige Ehre und Verehrung erweisen, nicht weil man glaubte, in ihnen sei irgendeine Gottheit oder Kraft, deretwegen sie zu verehren seien, oder weil man von ihnen irgendetwas erbitten könnte, oder weil man Vertrauen in Bilder setzen könnte, [...] sondern weil die Ehre, die ihnen [d.h. den Bildern, I. D.] erwiesen wird, sich auf die Urbilder bezieht, die jene darstellen, so daß wir durch die Bilder, die wir küssen und vor denen wir das Haupt entblößen und niederfallen, Christus anbeten und die Heiligen, deren Bildnis sie tragen, verehren."[3] Das Bild verweist also auf die so repräsentierten Personen, die man verehrte, weil sie in ihrem überaus gottesfürchtigen Lebenswandel Wunder vollbracht bzw. Vorbildliches geleistet hatten oder aber durch ihre Blutzeugenschaft für ihren Glauben in exemplarischer Weise eingestanden waren. Damit hatten diese Heiligen so reichlich Verdienste erworben, dass die Kirche sie – so die Vorstellung nach der Lehre vom „thesaurus ecclesiae" – dem reuigen Sünder zuwenden und zugleich für ihn fürbittend vor Gott eintreten konnte.[4] Die reformatorische Lehre von der Rechtfertigung des Sünders „sola gratia", allein aus Gnade, und „solus Christus", das heißt allein durch das Wirken des Gottessohns, stellte dieses Denken, das Schuld und Sühne gegeneinander abwog und die überschüssigen Verdienste der Heiligen den bedürftigen Sündern zuwandte, radikal in Frage. Damit war aber auch der Heiligenverehrung der Boden entzogen. Das bedeutete jedoch nicht, dass man auf reformatorischer Seite vollkommen mit der Tradition brach und die ehemaligen Heiligen einfach dem Vergessen anheim gab; im Gegenteil. Man pflegte ihre „Memoria" auch in reformatorischen

---

[3] Konzil von Trient, Dekret über die Anrufung, die Verehrung und die Reliquien der Heiligen und über die heiligen Bilder, 3.12.1563, in: Heinrich Denzinger/Peter Hünermann, Enchiridion symbolorum definitionum et declarationum de rebus fidei et morum / Kompendium der Glaubensbekenntnisse und kirchlichen Lehrentscheidungen, 37. Aufl. Freiburg/Br. u.a. 1991 [= DH], 579, Nr. 1823.
[4] Vgl. Bernhard Poschmann, Der Ablass im Licht der Bußgeschichte (Theoph. 4), Bonn 1948, 69–99, bes. 82–85, und Gustav Adolf Benrath, Art. Ablaß, in: TRE 1 (1977), 347–364, bes. 349.

Kontexten, ordnete sie aber in einen neuen Verständnishorizont ein. So brachte z.B. Georg Major (1502–1574), ein Schüler Philipp Melanchthons (1497–1560), im Jahre 1544 einen Band *Vitae Patrum*, heraus.[5] Luther selbst, der ihn zu diesem Werk ermuntert hatte, schrieb eine Vorrede dazu.[6] Diese Lebensbeschreibungen der Väter bzw. Heiligenbiographien erfreuten sich außerordentlicher Beliebtheit, sogar bis ins 18. Jahrhundert hinein. Unter dem Titel *Leben der Altväter* waren sie in deutscher Fassung zugänglich.[7] Ausgaben in italienischer, französischer und niederländischer Sprache[8] garantierten eine reiche Rezeption in ganz Westeuropa. Vorbild für Majors Ausgabe der *Vitae Patrum* war die *Historia monachorum* des im 4./5. Jahrhundert wirkenden Mönchs, Theologen und Historikers Rufinus von Aquileja (ca. 345–411/412) gewesen,[9] wobei Major bei der Übernahme und Überarbeitung der hier gebotenen Heiligenbiographien problemorientiert vorging und eine Auswahl traf. Fabelähnliche Erzählungen und solche Viten, deren erzählerischer Inhalt auf Aussagen zulief, die für die reformatorische Theologie irrelevant geworden waren, wie zum Beispiel das Fasten und andere verdienstliche Werke, ließ er aus. Dafür fügte er manche, bei Rufinus nicht enthaltene Viten, oft aus mittelalterlicher Überlieferung ein, sofern sie mit reformatorischer „Memoria" kompatibel waren. Diese zielte darauf, vor Augen zu führen, dass auch das Leben der herausragendsten Heiligen von Sündhaftigkeit einerseits und deswegen zugleich von rückhaltloser Angewiesenheit auf die Gnade Gottes andererseits bestimmt war. Die Heiligen verloren damit ihre gegenüber dem Durchschnittschristen herausgehobene Position; ihre Bio-

---

[5] *Vitae Patrum In* Vsum ministrorum verbi, quo ad eius fieri potuit repurgatae. *Per Georgivm Maiorem. Cvm Praefatione D. Doctoris Martini Lvtheri.* VVitembergae. 1544. Vgl. dazu Irene Dingel, „An patres et concilia possint errare". Georg Majors Umgang mit den Vätern, in: Leif Grane/Alfred Schindler/Markus Wriedt (Hgg.), Auctoritas Patrum Bd. II. Neue Beiträge zur Rezeption der Kirchenväter im 15. und 16. Jahrhundert (VIEG.B 44, Abt. Abendländische Religionsgeschichte), Mainz 1998, 51–66, bes. 53f.
[6] Vgl. WA 54, 109–111.
[7] So Peter Meinhold, Geschichte der kirchlichen Historiographie, Bd. 1 (OA III/5), Freiburg/München 1967, 314. W^2 Bd. 14, 402, Anm. *, datiert die Übersetzung auf das Jahr 1604 und schreibt sie Sebastian Schwan zu. Zu den „Vitae Patrum" insgesamt vgl. Meinhold, 314–322; vgl. außerdem James Michael Weiss, Luther and His Colleagues on the Lives of the Saints, in: The Harvard Library Bulletin 33 (1985), 180–188.
[8] Vgl. W^2, Bd. 14, 402, Anm. *.
[9] Die Historia monachorum wurde damals noch dem Kirchenvater Hieronymus (347–420) zugeschrieben. Frieder Schulz vermutet deshalb, allerdings unzutreffenderweise, Major habe auf Hieronymus, De viris illustribus (PL 23, 631–760) zurückgegriffen. Vgl. Frieder Schulz, Art. Hagiographie IV, in: TRE 14 (1985), 377. Die Historia monachorum des Rufinus ist ediert in: PL 21, 387–464.

graphien erhielten eine im Sinne reformatorischer Theologie lehrhafte und seelsorgerlich-tröstende Funktion. Die Sakralität der Person wich dem didaktischen Aufweis einer exemplarischen Gott-Mensch-Beziehung. Dieser neue Umgang mit Heiligkeit und Erinnerung, mit Sakralität und „Memoria", bereitete den Boden für die im lutherischen und vor allem im reformierten Raum entstehenden und weite Verbreitung findenden Märtyrerbücher.[10] Für den lutherischen Bereich sei an Ludwig Rabus (1523–1592) und sein mehrbändiges Märtyrerbuch von 1552 erinnert,[11] das bei Abel im Alten Testament als dem ersten für seinen Glauben und sein wahres Gottvertrauen ums Leben gekommenen Märtyrer einsetzte. Die Beliebtheit dieses Werks spiegelt sich in seinen zahlreichen Auflagen. Die von der Konzeption her anders angelegte reformierte „Memoria" wurde entscheidend durch Jean Crespin (ca. 1520–1572) und John Foxe (1517–1587) geprägt, deren Märtyrerbücher kontinuierliche Fortschreibungen erfuhren und immer weiter entwickelt wurden.[12]

Die Märtyrerbücher zielten auf Seelsorge und Trost, indem sie den Akzent auf den ermutigenden Zuspruch in der für die Reformierten in Europa immer wieder aufbrechenden Verfolgungssituation setzten. Neu gegenüber dem altgläubigen Erbe war dabei auch ihre Betonung des aufrechten Bekenntnisses zur christlichen Wahrheit,[13] das zur „imitatio" ermuntern, in der Krise stärken und als Ausweis der Rechtgläubigkeit dienen sollte. Auf diese Weise wurden die Märtyrer die neuen Heiligen der Reformierten. Man könnte sagen: Auf eine Desakralisierung der alten Heiligen folgte eine (Re-)Sakralisierung der neuen, reformierten Bekenner und Blutzeugen.

2. Memoria und Sakralisierung des Märtyrertums bei den Reformierten

Ausschlaggebend für diese Entwicklung waren die Publikationen des bekannten Genfer Buchdruckers, Verlegers und Autors Jean Cres-

---

[10] Zu den Märtyrerbüchern vgl. Schulz (wie Anm. 9), 377ff., und Robert Kolb, For all the Saints. Changing Perceptions of Martyrdom and Sainthood in the Lutheran Reformation, Macon GA 1987, 85–102.
[11] Tomvs I de S. Dei confessoribus, veteris. qve ecclesiae martyribus, Straßburg 1552; dann: Der Heyligen ausserwoehlten Gottes Zeugen, Bekennern vnd Martyrern [...] Historien [...], Straßburg 1552, Bde. 2–8, 1554–1558; außerdem Historien der Martyrer, 2 Bde., Straßburg 1571 und 1572. Eine vollständige Bibliographie findet sich bei Kolb (wie Anm. 10), xi.
[12] Vor allem zu Crespin vgl. u. Abschnitt 2.
[13] So auch in den lutherischen Märtyrerbüchern.

pin.[14] Er hatte nach seinem Jurastudium eine Zeitlang in seiner Heimatstadt Arras im Nordwesten Frankreichs als Rechtsanwalt gewirkt und war 1540 Advokat am Parlament in Paris geworden. Bald machte er sich aber wegen seines Glaubenswechsels der Häresie verdächtig und musste 1545 das Land verlassen. Sein Weg führte ihn über Straßburg[15] und Basel nach Genf, wo er seit Oktober 1548 lebte, eine erfolgreiche Druckeroffizin betrieb und schließlich 1555 auch das Bürgerrecht erhielt. Seine wirkmächtigste Publikation war der von ihm selbst erstellte *Livre des Martyrs*[16]: ein Märtyrerbuch, das bei Johannes Hus (ca. 1369–1415) einsetzte und bis in das Jahr 1554 all jene Blutzeugen mit biographischen Notizen, ihren Bekenntnissen, Briefen und Auszügen aus Prozessakten präsentierte, die – vornehmlich in Frankreich – den Märtyrertod wegen ihres evangelischen Glaubens erlitten hatten. Die Schrift erfuhr zahlreiche Auflagen und namhafte Erweiterungen, die, ebenso wie die von Crespin zugrunde gelegte Konzeption der Schrift, in der Fachliteratur ausgezeichnet beschrieben worden sind.[17] Wichtig für unseren Zusammenhang ist die Frage danach, auf welche Weise Crespin die Märtyrer präsentierte, wie er ihre „Memoria" pflegte und ob er ihnen im Zuge dessen eine Aura von Heiligkeit beilegte.

Das Märtyrerbuch war offenbar bereits im Druck, als Crespin am 14. August 1554 beim Rat der Stadt Genf um die Publikationserlaubnis nachsuchte.[18] Das Werk wurde dem Syndicus Pierre Tissot (1510? –1565) zur Prüfung und Stellungnahme vorgelegt. Acht Tage später autorisierte der Rat die Veröffentlichung, allerdings unter zwei Bedingungen: die Wörter „saint", d.h. heilig, Heiliger, und „martyr", Märtyrer, sollten vermieden bzw. korrigiert werden. Außerdem sollte die Sammlung vervollständigt werden.[19] Das wirft ein

---

[14] Geboren um 1520 in Arras, gestorben am 12.4.1572 in Genf. Zu seiner Biographie und seinem Wirken als Drucker vgl. Jean-François Gilmont, Jean Crespin. Un éditeur réformé du XVIe siècle (THR 186), Genève 1981, 27–86.

[15] Nicht uninteressant ist, dass sich die Autoren der Märtyrerbücher, Rabus, Foxe und Crespin, zur selben Zeit in Straßburg aufhielten. Zu Rabus in Straßburg, seinen Kontakten und dem von ihm ausgeübten Einfluss vgl. Kolb (wie Anm. 10), 43–52, bes. 47.

[16] Le Livre Des Martyrs, Qvi Est Vn Recueil de plusieurs Martyrs qui ont enduré la mort pour le Nom de nostre Seigneur Iesus Christ, depuis Iea[n] Hus iusques à ceste année presente M.D.LIIII. l'vtilité de ce recueil est amplement demonstrée en la preface suyuante. […] [o.O.] M.D.LIIII.

[17] Vgl. Gilmont (wie Anm. 14), 165–190.

[18] Dieser Befund ergibt sich daraus, dass Johannes Sleidanus (1506–1556) bereits im Juli 1554 in Straßburg Druckfahnen des Werks durchsah und Korrekturen anbrachte. Vgl. Gilmont (wie Anm. 14), 167.

[19] Das sich auf drei Jahre erstreckende Druckerprivileg, das Crespin erhalten wollte, stand dabei nicht mehr zur Debatte. Vgl. Gilmont (wie Anm. 14), 166.

interessantes Licht auf das Unternehmen und seine theologische Einordnung. Offensichtlich hatte der Rat Schwierigkeiten mit Bezeichnungen, die Crespin ganz selbstverständlich verwendet hatte. Johannes Hus z.B. war für ihn ein „saint Martir", ein heiliger Märtyrer.[20] Dem Rat dagegen ging es wohl darum, altgläubige Vorstellungen von Heiligkeit, die sich ja herkömmlicherweise mit Reliquien und deren Verehrung, mit Wundern und Frömmigkeitsübungen verbanden, konsequent und endgültig aus der Stadt zu verbannen. Deshalb wollte man möglicherweise die Bezeichnungen „Heiliger" und Märtyrer" als Ehrentitel auf die Glaubenszeugen der frühen Kirche beschränkt wissen, sofern man überhaupt ihre Verwendung duldete. Erstaunlich ist, dass Johannes Calvin (1509–1564) seinerseits offenbar keine derartigen, auf die Terminologie bezogenen Berührungsängste hatte. Jedenfalls lassen sich bei ihm die Begriffe „Märtyrer" oder „heilige Märtyrer" mit Blick auf zeitgenössische Blutzeugen durchaus nachweisen. Daher kann es sein, dass die Haltung des Rats gar nicht als repräsentativ für die Positionierung der Reformierten gelten kann. Mit ebenso großer Berechtigung könnte man annehmen, dass sich in der Reaktion Tissots und des Rats die innerstädtischen Spannungen spiegeln, die zeitweise zwischen Gegnern und Anhängern Calvins in Genf bestanden. Wenn dies so wäre, hätte Tissot die Gelegenheit genutzt, um den Anhängern Calvins deutlich zu machen, auf welcher Seite der rechte und konsequente Umgang mit der evangelischen Lehre stattfinde, nämlich auf der des Rats und nicht derjenigen Calvins.[21] Aber welche Begründung man auch immer für diese Differenzen im Umgang mit Heiligkeit und Märtyrertum sowie in der Suche nach entsprechenden Bezeichnungen finden mag, Tatsache ist, dass Crespin daraufhin ein Büchlein herausbrachte, das dieser Zurückweisung überkommener Terminologie und altgläubiger Topoi gerecht zu werden versuchte. Es trug den Titel: *Recueil de plusieurs personnes qui ont constamment enduré la mort pour le nom de N.S. Jesus Christ*[22]. Besonders ernst scheint Crespin die Problematik und die Anweisung des Rats letzten Endes aber nicht genommen zu haben, denn noch im selben Jahr (1554) erschien sein *Livre des Martyrs*[23], sein Märtyrerbuch. Immerhin aber vermied er in der Vorrede des Bandes skrupulös die Bezeichnungen „heilig" oder „Heiliger". Von „gläubigen" bzw. „treuen Märtyrern" (fidèles martyrs) aber war weiterhin durchaus die Rede, und er schilderte intensiv, was sie als Blutzeugen charakterisierte und eigentlich zu „Heiligen" im refor-

---

20 Vgl. Le Livre des Martyrs (wie Anm. 16), [1].
21 Vgl. zu diesen Zusammenhängen Gilmont (wie Anm. 14), 170.
22 Gedruckt in Genf in Crespins Offizin 1554.
23 Die genaue bibliographische Angabe o. Anm. 16.

mierten Kontext machte; wohlgemerkt: nicht zu verehrungswürden, aber zu erinnerungswürdigen Heiligen. Ihre „Memoria" solle als Heilmittel für die Schwachheiten der Gläubigen dienen; man möge sich ihr Verhalten als Beispiel vor Augen führen und ihrer gedenken als derjenigen, „qui ont maintenu la verité de la doctrine du Fils de Dieu, et qui ont constamment enduré la mort pour la confeßion d'icelle".[24] Das Eintreten für die Wahrheit des Gottessohns bis in den Tod hinein, die ihnen eigene, gottgegebene Kraft und ihr ungebrochenes Gottvertrauen in Zeiten der Bedrohung – das zeichnete sie vor allen anderen Gläubigen aus. Crespin sah in ihnen eine Armee von treuen Helden – „une armée de fidèles champions" –, mit denen Gott die unter Verfolgung Leidenden wie mit einer Wolke von Zeugen umgab und die zugleich als Spiegel von Standhaftigkeit und Geduld dienen sollten.[25] Der Genfer Drucker und Verleger wandte sich in eindrücklicher Weise an die unter Verfolgung leidenden Reformierten, vor allem in Frankreich, und er identifizierte sich zutiefst mit ihnen, wie aus der Vorrede zu seinem Märtyrerbuch hervorgeht.[26] In allen Regionen der Welt, selbst unter den Türken und anderen barbarischen Völkern, so Crespin, habe Gott Märtyrer als Zeugen der Wahrheit erstehen lassen.[27] Sie seien die wahren Botschafter Gottes in der bereits angebrochenen Endzeit: „Lob und Ehre sei unserem Gott", so führte Crespin in der Vorrede zu seinem Märtyrerbuch aus, „die Zeit der Unterscheidung und der Sichtung ist gekommen und die Zeit der Heimsuchung ist da, wie Daniel es vorhergesagt hat; das Wüten und der Zorn sind zu Ende, und der Herr, Vater der Barmherzigkeit und Güte, der Gott allen Trostes, hat damit begonnen, seine wahren Botschafter auszusenden, um alle Ärgernisse aus seinem Reich auszurotten".[28] Diese wahren Botschafter waren die Märtyrer, deren Leidensgeschichte Crespin aus authentischen Quellen – wie er betonte – erzählte und mit Egodokumenten – wie

---

[24] „die die Wahrheit der Lehre des Gottessohns bewahrt haben, und die standhaft den Tod erlitten haben um des Bekenntnisses dieser Lehre willen" [Übersetzung I.D.]. Livre des Martyrs (wie Anm. 16), p. *.2b.
[25] „qui nous sont vrais miroirs de constance et de patience". Ebd., p. *.3b.
[26] Das zeigt sich in der konstanten Verwendung des Pronomens „nous"; z.B.: „En ce grand desordre il nous a mis [....]". Ebd., p. *.2a–[*.7a] ; das Zitat p. *.3b.
[27] „Il n'y a auiourdhuy ne region, ne pays, non pas mesme les Turcs et autres peuples barbares ou Dieu n'ait suscité quelque nombre de Martyrs pour rendre à toutes natio[n]s tesmoignage de sa verité". Ebd., p. *.4a–b.
[28] „Mais louange et gloire soit donnée à nostre Dieu, le te[m]ps de discretio[n] et de consideration est venu, et le te[m]ps de visitation est à present, ou com[m]e Daniel a predict, la fureur et ire est finie, et le Seigneur pere de misericorde et bo[n]té, le Dièu de toute co[n]solation a commencé à enuoyer ses vrais messagers pour cueillir de son royaume tels scandales." Ebd., p. *.6a. Die deutsche Übersetzung des Zitats im Text von I.D.

man heute sagen würde – anreicherte. Ihr besonderes Leben, Bekennen und Sterben heiligte sie und brachte sie in besondere Nähe zu Christus, dem „grand chef et capitaine des Martyrs"[29]. Sie in der Erinnerung präsent zu halten, sollte der Stärkung in vergleichbaren Situationen und dem Trost dienen. Auf diese Weise wurden die Blutzeugen zu „Heiligen" in der reformierten Erinnerung. Solche Vorstellungen fanden weitere Nahrung, aber auch Modifikationen durch das wenig später erschienene Märtyrerbuch des calvinisch gesinnten Engländers John Foxe,[30] das unter dem Titel *Actes and Monuments of these Latter and Perillious Days*[31] im Jahre 1563 erschien und das Crespin interessiert zur Kenntnis nahm.[32] Foxe hatte seinem Werk eine andere Konzeption als der Genfer zu Grunde gelegt. Er entfaltete eine Kirchengeschichte unter der Erzählperspektive der Verfolgung, wobei sein Augenmerk über die Blutzeugenschaft hinausging. Crespin rezipierte diesen Ansatz insofern, als auch er jetzt sein Märtyrerbuch um solche Verfolgungsgeschichten erweiterte, die nicht unbedingt mit dem Märtyrertod endeten. So fügte er zum Beispiel einen Abschnitt über John Wyclif (ca. 1330–1384) ein und erweiterte auf diese Weise das Spektrum vorbildlichen, heiligmäßigen Lebens. Außerdem bemühte er sich, die Märtyrernarrative immer mehr in die Darstellung geschichtlicher Entwicklungen einzuordnen. Jean-François Gilmont (geb. 1934), der Biograph Crespins und Buchgeschichtler, bescheinigte dem Genfer Autor und Drucker bzw. dessen Märtyrerbuch daher konzeptionelle Inkohärenz,[33] denn nun standen Märtyrer und „Confessores", wie man die nicht in der Blutzeugenschaft ihr Leben lassenden Bekenner in der Alten Kirche bezeichnete, nebeneinander. Diese sich durch die sukzessiven Erweiterungen ergebende konzeptionelle Inkohärenz veränderte aber ganz unwillkürlich auch das Konzept des „heiligen Märtyrers". Dazu mögen weitere vergleichbare Veröffentlichungen beigetragen haben wie zum Beispiel die *Histoire des persecutions et martyrs de l'Eglise de Paris depuis l'an 1557*[34], gedruckt in Lyon 1563, verfasst von dem französischen Protestanten Antoine de la Roche-Chandieu (1534–

---

[29] Ebd., p. *.6a
[30] Geboren 1517 in Boston, Lincolnshire, gestorben am 8.4.1587 in London. Zu Foxe vgl. Isabelle Fernandes, Le sang et l'encre. John Foxe (1517–1587) et l'écriture du martyre protestant anglais (Collection CERHAC), Clermont-Ferrand 2012; David Loades (Hg.), John Foxe and the English Reformation (StASRH), Aldershot 1997.
[31] *Actes* and Monuments of these latter and perillous dayes, touching matters of the Church [...]. Gathered and collected according to the true copies & trytinges certificatorie [...] by John Foxe, London [1563].
[32] Vgl. Gilmont (wie Anm. 14), 171.
[33] Vgl. ebd., 172.
[34] *Histoire Des Persecvtions, Et Martyrs De L'Eglise* de Paris, depuis l'An 1557. iusques au temps du Roy Charles neufuiesme. [...], Lyon 1563.

1591), die Crespin ebenfalls zur Erweiterung und Überarbeitung seines Werks heranzog.[35] Es war der Genfer reformierte Theologe Simon Goulart (1543–1629), nach dem Tod Theodor Bezas (1519–1605) von 1605–1612 an der Spitze der Vénérable Compagnie des Pasteurs in Genf, der Crespins Märtyrergeschichte entscheidend weiterentwickelte.[36] Auf ihn geht auch die *Histoire abregée des martirs françois du tems de la Reformation*[37] zurück, die nun nicht mehr nur ein Trost- und Exempelbuch für die unter Verfolgung Leidenden sein sollte, sondern zugleich und vielmehr eine Anleitung zu einem „heiligen", mit dem Inhalt des Evangeliums übereinstimmenden Leben.[38] Diese Verschiebung von der vorbildlichen Heiligkeit der Märtyrer zu einem Appell zur Heiligung des Lebens ergab sich durch das Erscheinen einer „Anti-Martyrologie"[39], die versuchte, die reformierten Märtyrerbücher in polemischer Verzeichnung ad absurdum zu führen. Goulart klagte, dass diese Gegenschrift in verleumderischer Absicht die Tugenden der Märtyrer in Laster verkehre und die Wahrheiten, für die sie einst ihr Leben ließen, als Häresien gebrandmarkt habe.[40] Dem versuchte er dadurch zu begegnen, dass er seiner kurzen Märtyrergeschichte eine Predigt über Mt 6,24 voranstellte, die die Selbstverleugnung und das Hinnehmen von Kreuz und Leiden zum Thema hatte. Tugendhaftes Leben in selbstlosem Ertragen von Verfolgung und Leid waren nicht mehr nur oder in erster Linie Gegenstand der „Memoria", sondern sollten als aktiver Weg eingeschlagen werden, um der Heiligkeit Gottes, seiner „sainteté parfaite", nahezukommen und in eine „alliance" mit ihm einzutreten.[41] Die Mahnung zur aktiven Heiligung des Lebens verdrängte immer mehr die Erinnerung an die Heiligkeit der Märtyrer, zumal sich die Überzeugung, in der unmittelbaren Endzeit zu leben, inzwischen verflüchtigt hatte. In diesem Sinne ist es vielsagend, wenn die *Histoire abrégée* mit dem Satz endete: „Fortifions nous donc et prenons cou-

---

[35] Vgl. dazu Gilmont (wie Anm. 14), 180f. mit Anm. 95.
[36] Vgl. Gilmont (wie Anm. 14), 181, Anm. 98.
[37] Dieser Untersuchung liegt folgender Druck zugrunde: *Histoire Abregée Des Martirs Francois Du Tems De La Reformation. Avec les reflexions & les raisons necessaires pour montrer pourquoi & en quoi les Persécutés de ce tems doivent imiter leur Exemple.* [...], Amsterdam 1684.
[38] „une conduite si sainte et si conforme à l'Evangile [...]" ebd., p. [† 6b].
[39] „Cét Anti-Martirologe a été fait par un Docteur en Theologie de la faculté de Paris nommé Jacques Severt, Theologal de Lion; Il est authorisé par un pouvoir particulier du Pape et de sept Cardinaux Inquisiteurs generaux députés par le siège de Rome ; imprimé à Lion l'an 1622, [...]" ebd., p. [† 7b].
[40] „Il n'a fait presque par tout que changer les noms des choses en donnant aux vertus de nos Martirs les noms des vices qui leurs sont opposés, et en appellant haerezies les verités pour lesquelles ils ont donné leurs vies" ebd., p. [† 8a].
[41] Vgl. ebd., p. **4a.

rage; Espérons au Dieu vivant, il viendra quand il sera tems à la delivrance de son Eglize, car il est toûjours ce bon Eternel qui en a eu soin depuis le commencement du Monde, il est de tout éternité, il est nôtre Dieu, il est nôtre Saint, [...]".[42]

3. Die Memoria Calvins – Sakralisierungstendenzen in der Gegenwart?

Ein ähnlicher Entwicklungsprozess von der „Memoria" herausragenden Lebenswandels und heroischen Sterbens hin zu einem Appell zur Heiligung des jeweils eigenen Lebens lässt sich auch im Blick auf den Umgang der Nachfahren mit dem großen Reformator Genfs, Johannes Calvin, beobachten. Zunächst ist festzustellen, dass es eine solche intensive biographische Aufarbeitung seines Lebens und Wirkens, wie wir dies in Bezug auf Martin Luther (1483–1546) in Schriften und Predigten haben,[43] für Calvin nie gegeben hat. Während die Zeitgenossen und Schüler Luthers den Wittenberger Reformator als zweiten bzw. dritten Elias würdigten, seine Wiederentdeckung des Evangeliums hervorhoben, ihn damit zugleich als Werkzeug Gottes in ein heilsgeschichtliches, auf ein baldiges Ende zulaufendes Geschichtskontinuum einordneten und seiner Person auf diese Weise Singularität zuschrieben, verlief die Biographik Calvins bei weitem nüchterner und eher frei von vergleichbaren theologischen und historischen Deutungsansätzen. Die Bezeichnung Calvins als „bon serviteur de Dieu et vray ministre de l'Évangile"[44] sowie als „vir Dei" durch Guillaume Farel (1489–1565) und die darin mitschwingende Parallelisierung mit den alttestamentlichen Propheten[45] ist im Vergleich mit den zeitgenössischen Würdigungen Luthers doch eher zurückhaltend. Außerdem existieren lediglich drei kleine biographische Werke, zwei von Theodor Beza und eine weitere von Beza und Nicolas Colladon (nachgewiesen 1553–1585, Todesjahr

---

[42] Ebd., 410f. In deutscher Übersetzung [I. D.]: „Wir wollen uns stärken und Mut schöpfen; wir wollen auf den lebendigen Gott hoffen, er wird wiederkommen, wenn die Zeit der Erlösung seiner Kirche gekommen ist. Denn er ist und bleibt der gute Ewige, der seit dem Beginn der Welt für sie Sorge getragen hat, er ist von aller Ewigkeit, er ist unser Gott, er ist unser Heiliger, [...]."
[43] Vgl. dazu Kolb (wie Anm. 10), 103–138 und ders., Martin Luther as prophet, teacher, hero. Images of the reformer (TSRPT), 1520–1620, Grand Rapids, MI 1999.
[44] Aimé-Louis Herminjard, Correspondance des Réformateurs dans les pays de langue française, 9 Bde., Nieuwkoop 1965–1966 (= Genf / Paris 1866–1867), hier Bd. 5, 173.
[45] Vgl. dazu J. Marius, J. Lange van Ravenswaay, Calvin und Farel – Aspekte ihres Verhältnisses, in: Pierre Barthel/Rémy Scheurer/Richard Stauffer (Hgg.), Actes du Colloque Guillaume Farel, Neuchâtel 29 septembre – 1er octobre 1980, t. 1 (CRThPh 9/I), Genève/Lausanne/Neuchâtel 1983, 63–71, bes. 68–70; hier das Zitat.

unbekannt) gemeinsam verantwortete *Vie de Calvin*. Zwar wurde auch die Vita Calvins von seinen Zeitgenossen und Kollegen stilisiert, und zwar vornehmlich als „Exemplum" christlichen Lebens; dies war für den Calvinismus aber bei weitem weniger prägend als die Verortung Luthers als Prophet und Wiederentdecker des Evangeliums in einem kurz vor dem Ende stehenden weltgeschichtlichen Heilshandeln Gottes. Erstaunlicherweise waren es die katholischen Gegner Calvins, die dem Calvinbild eine nachhaltige Rezeption verliehen, und zwar unter negativem Vorzeichen.[46] Denn ähnlich wie bei Luther wurde die Calvin-Biographik Gegenstand konfessioneller Kontroversen. Und die altgläubigen Gegner abstrahierten von dem positiv Beispielhaften, um den Genfer Reformator konsequent zu kontextualisieren und zu historisieren. Ob sie damit den historischen Bedingungen und Tatsachen allerdings gerecht wurden, ist eine andere Frage, zumal der Motor für diese Historisierung die beabsichtigte Diskreditierung des Gegenspielers war. Calvins Image als sexueller Sonderling – ein gängiger, nicht allein auf Calvin angewandter Topos der personenbezogenen Polemik – und als ruheloser unmenschlicher Diktator in Genf geht auf die katholische Polemik zurück und hat bis in manche Biographien unserer Tage hinein in unterschiedlichen Variationen Aufnahme gefunden. Diese Mechanismen des „Life Writing" aber sollen uns weniger beschäftigen, sondern vielmehr die Frage danach, wie Zeitgenossen und Nachwelt die „Memoria" des großen Genfer Reformators und „Lehrers" gestalteten, der nun definitiv nicht unter die Märtyrer gezählt werden konnte.

Der Erste, der eine Lebensbeschreibung Calvins veröffentlichte, war Theodor Beza in seiner Vorrede zu Calvins Josua-Kommentar, der erst nach dem Tod Calvins 1564 in Genf gedruckt wurde. Im selben Jahr aber erschien sie auch separat unter dem Titel *Discours de M. Théodore de Besze, contenant en bref l'histoire de la vie et mort de Maistre Iean Caluin avec le testament et derniere volonté dudict Calvin*.[47] Der *Discours* wurde ein regelrechter Verkaufsschlager. Er erlebte innerhalb eines Jahres acht Auflagen und wurde ins Lateini-

---

[46] „In fact, as we shall see, the most important methodological developments in Calvin Life-writing were the world of sixteenth- and early seventeenth-century Roman Catholic biographers and analysts. It was they who shifted the focus of his biography from the realm of the exemplum to the realm of history. At the same time it was they too, who managed to generate a very powerful, negative image of the reformer, which proved far more influential and lasting than the Beza/Colladon attempts to make Calvin's life into an exemplum." So Irena Backus, Life writing in Reformation Europe. Lives of reformers by friends, disciples and foes (StASRH), Aldershot 2008, 125.

[47] Die Titelaufnahme nach Backus (wie Anm. 46), 126.

sche, Englische und Deutsche übersetzt. Beza und Colladon, Kanzler der Genfer Akademie, überarbeiteten und erweiterten den Text, der aufs Neue als Vorrede zu Calvins Josua-Kommentar und separat im Jahr 1565 erschien. Bis 1663 kamen fünf Nachdrucke heraus. Auch wenn Beza im Jahr 1575 eine vollkommene Neubearbeitung in Angriff nahm,[48] wirkte die Fassung, für die auch Colladon verantwortlich zeichnete, noch lange nach.[49] Die Vita Calvins begann nicht etwa mit einer chronologischen Verortung des Lebens des Reformators, sondern stellte Calvins Wirken für die wahre Lehre in den Mittelpunkt. Beza beschrieb Calvin als Exemplum für einen aufrichtigen und kompromisslosen Einsatz für die „Doctrina", schilderte sein Ringen mit seinen Gegnern und deren heterodoxen Ansichten und berichtete über die zahllosen Angriffe, die zu ertragen für Calvin nicht leicht gewesen sei. Dies wurde abgerundet durch eine Liste jener Häresien, denen Calvin erfolgreich entgegenzutreten vermochte. Diese Art der Biographik, die gewisse Ähnlichkeiten mit den Märtyrerberichten aufwies, sollte der Erbauung der Leser dienen und diese versichern, auf dem rechten Weg zu sein, falls sie ähnliche Erfahrungen von Anfeindung und häretischen Umtrieben machen sollten.[50] Was Beza sodann über Calvins Herkunft, Ausbildung und Wirken in Genf ausführte, zeichnete ein idealisiertes Bild und diente dazu, Calvins hohem moralischem Anspruch an sich selbst sowohl im privaten als auch im öffentlichen Leben Ausdruck zu verleihen. Er wurde als ein Mann von hoher Integrität und unerschöpflichem Arbeitseifer vor Augen geführt, der trotz seiner zerbrechlichen Gesundheit die Bürde, die ihm Gott im Dienste der Verkündigung seines Wortes auferlegt hatte, gelassen und zuversichtlich trug. Die *Person* Calvin ging in der Darstellung seiner Lehre und der Beschreibung seines – oft beschwerlichen – Agierens für deren wirksame Etablierung auf. Diesen Aspekt verstärkte die Calvin-Apologetik des späten 17. und 18. Jahrhunderts. Charles Drelincourt (1595–1669) zum Beispiel, Prediger in Charenton und Autor zahlreicher katechetischer und seelsorgerlicher Schriften, brachte im Jahre 1666 seine *Defense de Calvin* heraus, mit der er auf die Angriffe, die Kardinal Richelieu (1585–1642) gegen den Genfer Reformator geäußert hatte, antwortete.[51] Darin stellte Drelincourt Calvin jetzt

---

[48] Die Nachweise finden sich ebd., 127f. mit den Anmerkungen und 205.
[49] Backus sieht eine inhaltliche Entwicklung zwischen dieser und der letzten Überarbeitung durch Beza; vgl. ebd., 135–138. Zur Nachwirkung der frühen Überarbeitung vgl. auch 209.
[50] Vgl. ebd., 127.
[51] Charles Drelincourt, La Defense de Calvin contre l'outrage fait a sa mémoire dans vn livre qui a pour titre ‚Traitté qui contient la Methode la plus facile et la plus

als Märtyrer dar, der im Eintreten für seine Lehre zahlreiche Anfechtungen und Leiden auf sich genommen hatte. Er schilderte das Leben des Genfer Reformators als ein Modell für Selbstverleugnung, Kreuztragen und Frömmigkeit. Diese Art der „Memoria" zur Erbauung der Angefochtenen und Verfolgten rangierte vor der personenbezogenen Stilisierung als neuem, reformatorisch gesinntem Heiligen.[52] Calvin verkörperte eine Art christliches Heldentum in aufrichtigem Kampf für die wahre Lehre, in Verteidigung des rechten Glaubens gegen häretische Abweichler und im Ringen mit Gegnern aller Art.[53] Dies bereitete den Boden dafür, dass Calvin im 19. Jahrhundert als emblematische Figur für herausragende christliche, aber auch für gemeingesellschaftliche Tugenden angeeignet werden konnte.

Beeindruckendes Zeugnis dafür ist die bekannte Reformatorenmauer in Genf, das „Monument international de la Réformation" im Parc des Bastions, nahe der Universität gelegen.[54] Obwohl Calvin hier in eine Gruppe von insgesamt vier Reformatoren eingegliedert wird, zentriert dieses Denkmal doch die Aufmerksamkeit deutlich auf die Person des Genfer Reformators, zumal seine Grundsteinlegung im Jahre 1909 aus Anlass seines 400. Geburtstags erfolgte. Vorangegangen war ein Künstlerwettbewerb, in dem sich vier Schweizer Architekten[55] mit ihrem Projekt eines Reformationsdenkmals erfolgreich durchsetzten. Im Jahre 1917 war das Projekt vollendet. Die beeindruckende Mauer zeigt als Bestandteil einer ca. 100 Meter lan-

---

asseurée pour conuertir ceus qui se sont separez de l'Eglise. Par le Cardinal Richelieu', Genf 1666–1667. Vgl. Backus (wie Anm. 46), 187, Anm. 1 und 210–214.
[52] Vgl. ebd., 130–133. Backus sieht in der Idealisierung allerdings doch eine Art hagiographisches Portrait entstehen. Zugleich führt sie aus: „The function of the reformers' Lives is moral and edifying – They bear no relation to the Lives of the saints, as they do not mingle fact and fiction. They do not attribute supernatural powers to their subjects, nor are they meant to encourage people to worship them." Ebd., 136.
[53] Vgl. dazu Backus: „Beza's Life of Calvin in its final version thus marks the beginning not only of a new style of religious biography, but also of a new perception of the role of individuals in implementing God's plan. Calvin is neither a saint nor an antique hero, but, contrary to what might be expected, given the Protestant concept of predestination, he cannot be reduced to the role of divine instrument either. With his second life of Calvin, Beza put forward the more specific notion of the emblematic Christian hero, which was to propagate itself until well into the twentieth century and which finds its full expression in the Genevan Reformation Monument." Ebd., 138.
[54] Vgl. dazu Irene Dingel, Wittenberg und Genf, in: Pim den Boer/Heinz Duchhardt/Georg Kreis/Wolfgang Schmale (Hgg.), Europäische Erinnerungsorte, Bd. 2, München 2012, 281–289.
[55] Darunter waren Alphonse Laverrière (1872–1954) und Jean Taillens (1872–1963).

gen, nüchtern gehaltenen Skulpturenwand in Überlebensgröße die Reformatoren Guillaume Farel, den ersten Reformator Genfs, Johannes Calvin, der zunächst als Gehilfe Farels nach Genf kam, dann aber die führende theologische Persönlichkeit der Stadt wurde, Calvins Kollegen und Nachfolger Theodor Beza (Théodore de Bèze) und schließlich den schottischen Reformator John Knox (1514–1572), der sich auf der Flucht vor der blutigen Glaubensverfolgung in England unter Maria Tudor (1516–1558) im Jahre 1554 in Genf aufgehalten hatte und ein Anhänger Calvins geworden war. Zwar tritt die Figur Calvins leicht aus der Gruppe heraus, aber das Denkmal inszeniert ihn bewusst als „primus inter pares", wohl um einer personenorientierten Verehrung vorzubeugen. Auf den Seitenwänden der gegenüberliegenden Treppe findet man die Namen „Luther" und „Zwingli" eingraviert, um dem Betrachter eine über Calvin und seine Lehre hinausgehende gesamtreformatorische Perspektive nahezubringen. Dies wird noch deutlicher, wenn man sich den rechts und links von der Reformatorengruppe angeordneten Reliefs zuwendet. Sie erinnern an wichtige Vertrags- und Friedensschlüsse aus der Geschichte des Calvinismus und werden von den dazu gehörenden politischen Führungspersönlichkeiten, wie zum Beispiel Gaspard de Coligny (1519–1572), Wilhelm von Nassau-Oranien (1533–1584), Oliver Cromwell (1599–1658) oder dem Großen Kurfürsten, Friedrich Wilhelm von Brandenburg (1620–1688), flankiert. Auf diese Weise werden das Toleranzedikt von Nantes 1598, die Unabhängigkeitserklärung der Vereinigten Provinzen der Niederlande von 1581, die Declaration of Rights 1689 und das Edikt von Potsdam 1685 in den Blick gerückt, aufgrund dessen die verfolgten Hugenotten nach der Aufhebung des Edikts von Nantes Aufnahme in Brandenburg unter seinem reformiert gesinnten Kurfürsten finden konnten. Das gesamte, fein aufeinander abgestimmte und wohl durchdachte Bildprogramm, auf das an dieser Stelle nicht genauer eingegangen werden kann, zielt darauf, die Stadt Genf, das von der Theologie Calvins inspirierte Reformiertentum, ja den Genfer Reformator selbst als Nährboden bzw. Initiatoren und Propagatoren eines neuzeitlichen, Konfessionen überspannenden Toleranzgedankens darzustellen und die Calvin-Memoria sowie diejenige seiner Gesinnungsgenossen mit diesem Inhalt anzureichern. Denn im Mittelpunkt dieser Anlage erhebt sich über einem steinernen Sockel, in den die griechische Abkürzung des Namens Jesu eingraviert ist, die bereits beschriebene Reformatorengruppe, die, eigentlich entgegen der Intention der Initiatoren des Denkmals, seiner Architekten und ausführenden Künstler,[56] doch und in erster Linie das Calvin-Gedächtnis bedient. Dieses

---

[56] Das waren die französischen Bildhauer Paul Landowski (1875–1961) und Henri

allerdings hat nun in keiner Weise noch mit dem Calvin-Bild der vergangenen Jahrhunderte zu tun. Calvin wird, so könnte man überspitzt sagen, zum Apostel des Toleranzgedankens stilisiert, was übrigens in der Aussage, wie sie durch die ikonographische Kombination geboten wird, durchaus kritisch zu hinterfragen ist. Hinzu kommt, dass die Komplexität der intendierten Aussage des Reformationsdenkmals anfällig dafür ist, auf einfache Erinnerungsinhalte, nämlich auf Calvin und sein Wirken, reduziert zu werden. Jeder, der dieses Denkmal besucht hat, wird das an seiner eigenen Erinnerung überprüfen können. Und vermutlich wird sich kaum jemand im Nachhinein daran erinnern, den Gedenkstein für den Antitrinitarier Michael Servet (1509/1511–1553) besucht zu haben, der an dem ungefähren Platz seiner Hinrichtung aufgestellt wurde, und zwar schon im Jahre 1903, also noch vor der Grundsteinlegung und Errichtung des „Monument international de la Réformation" bzw. des Calvin-Denkmals. Auch eine Straße hat man nach Servet benannt. Das ihm gewidmete Mahnmal zielt nicht auf ein einfaches Gedenken, sondern hat durch seine Inschriften im Grunde eine Entschuldigung der heutigen Generation für die kompromisslose Haltung Calvins zum Gegenstand, der auf der rechten Lehre und der Rechtgläubigkeit insistierte. Es müsste eigentlich bekannt sein, dass es für den Genfer Reformator, angesichts der herrschenden Rechtslage und der Konstellationen in der Stadt, historisch gesehen nie die Option gab, die von Seiten des Rats verfügte Verbrennung des Antitrinitariers Servet zu verhindern oder aber stillschweigend eine Lehre zu dulden, von der er und die gesamte Christenheit überzeugt waren, dass sie die Seelen der Gläubigen in die Verdammnis führen würde. Denn immerhin bedeutete der Antitrinitarismus einen Frontalangriff auf die Grundlage des christlichen Glaubens schlechthin, gleich welcher Konfession. Aber heutige „Memoria" zielt darauf, das Wertegefüge unserer Zeit zum Maßstab für die Vergangenheit zu machen: Grundlage für eine neue Form der kompensatorischen Sakralisierung der damals von den Reformierten Verfolgten und lange Verdrängten? – so kann man fragen.
Aber zurück zu Calvin: Es war das 19. Jahrhundert, das den Weg zur Stilisierung seiner Person einschlug. Es veränderte damit zugleich die Einordnung der Person des Genfer Reformators in der „Memoria" und führte zu einer Neubewertung reformierter Handlungskontexte. Der märtyrergleiche Kämpfer für die wahre Lehre, dessen Leben in Selbstverleugnung und Einsatz für das Wort Gottes trostspendend und erbauend erinnert werden sollte, dessen Exemplum als Muster für die individuelle Heiligung des Lebens gelten konnte,

Bouchard (1875–1960).

wurde zu einem überlebensgroßen Apostel der Moderne; das Reformiertentum insgesamt und seine Lehre zu einem Wegbereiter des modernen Toleranzgedankens, das, sich entschuldigend für Fehlentwicklungen, die Verantwortung übernahm. Historisch ist das alles hinterfragbar. Hatten das 19. und 20. Jahrhundert damit womöglich einen Weg eingeschlagen, der den historischen Personen das, was Reformierten heute heilig ist, nachträglich zuspricht?

4. Schluss

Dieser – zugegebenermaßen selektive – Durchgang durch die Jahrhunderte verdient eine Abrundung mit einem kurzen Blick auf unsere Gegenwart. Wer ins Internet schaut, um sich über Calvin zu informieren, könnte zu dem Schluss kommen, dass er heute endgültig unter den Heiligen angekommen ist. Denn im *Ökumenischen Heiligenlexikon* hat er einen festen Platz.[57] Sein Gedenktag ist – so weist das *Heiligenlexikon* gleich zu Beginn aus – der 27. Mai, sein Todestag. Der Artikel berichtet über Calvins Bruch mit der alten Kirche, sein oft schwieriges Umfeld in Genf, sein privates Leid, seine Theologie und deren westeuropäische Ausstrahlung sowie manche historisch inadäquate Rezeption. Es ist der Versuch, dem historischen Calvin in einer für eine breite Leserschaft zugänglichen Weise gerecht zu werden, in der freilich auch ein wenig – berechtigte – Apologetik durchscheint und das Bestreben, Fehleinschätzungen korrigierend zurechtzurücken: „Die weit verbreitete Auffassung vom eifernden, auch vor Gewalt nicht zurückschreckenden Calvin", so lesen wir da, „wurde in jüngerer Zeit stark geprägt von Stefan Zweigs Buch ‚Castellio gegen Calvin oder Ein Gewissen gegen die Gewalt' aus dem Jahre 1936, in dem er Calvin zur Chiffre für Adolf Hitler machte. In seiner Selbsteinschätzung reklamierte Calvin für sich ‚Bescheidenheit, Sanftmut und Milde' und bezeichnete sich als ‚schüchtern, sanft und zaghaft'"[58]. Hier werden Fremdbild und Selbstbild in eindrücklicher Weise kontrastiert, und man könnte diese Form der Analyse im Blick auf die Calvin-Biographik zum Jubiläumsjahr 2009 fortführen. Vielleicht ist es das, was Reformierten heute heilig ist, nämlich, dass man ihre Helden nicht verzerrt, sie ihrem Selbstbild gemäß erinnert, und ihre Vorbildfunktion nicht zerstört. Und was meint „heilig" in diesem Zusammenhang überhaupt? Wenn wir das Adjektiv auf verehrungswürdig reduzieren, dann ist

---

[57] Vgl. Joachim Schäfer, Art. Johannes Calvin, in: Ökumenisches Heiligenlexikon https://www.heiligenlexikon.de/BiographienJ/Johannes_Calvin.html (Zugriff: 10.6.2015).
[58] Ebd.

Reformierten all das heilig, was das Potential hat, Leitbildfunktion zu entwickeln. Calvin selbst jedenfalls war jeder Personenkult zuwider, was nicht bedeutet, dass nicht schon seine Zeitgenossen und Nachfolger versucht hätten, ihn als Vorbild und Muster für christliches Leben zu stilisieren. Der Genfer selbst aber hatte bekanntlich einst verfügt, dass man die Erinnerung an ihn nicht kultivieren solle. Er wollte anonym auf dem Friedhof Plainpalais beerdigt werden. Und so ist nicht einmal ein Grab vorhanden, auf das sich die Calvin-Verehrung richten und an dem sich die „Memoria" entzünden könnte. Bleibt also die Frage: Was ist Reformierten heilig? Wenn sich Sakralität im Reformiertentum über das erinnernde und eventuell sogar verehrende Aneignen von Lebenskonzepten und Werten ergibt, dann ist der Zugang, den die Märtyrerbücher dazu einst eröffneten, möglicherweise nach wie vor von Relevanz. Tatsächlich wird auf reformiert-info.de im Internet zum Beispiel an „Calvinistische Märtyrer" des Nationalsozialismus wie Zsigmond Varga (1919–1945) erinnert, einen Schüler Karl Barths (1886–1968), der in Wien verhaftet und im Konzentrationslager umgebracht wurde.[59] Auch in dieser Biographik geht es um exemplarisches Bekennertum und vorbildhaftes, heiligmäßiges Leben. Der Desakralisierung des Raums, gottesdienstlicher Formen und persönlicher Autorität steht die Sakralisierung der „Memoria" gegenüber im Dienste einer innerweltlichen Heiligung christlicher Werte.

---

[59] Vgl. http://www.heidelberger-katechismus.net/3575-0-8-2.html (Zugriff: 10.6. 2015).

Reformed sanctity:
Some observations from Dutch religious history

von John Exalto

1. Introduction

The sixteenth-century Reformation, according to popular historiography, made a radical and definitive break with the Roman Catholic tradition of hagiolatry. An important indication for this radical break was the occurrence of the iconoclastic movement, which can be seen as an eruption of the new religious enthusiasm which swept through Europe in the mid-sixteenth century. Iconoclasm, defined as hostility to religious images, often followed by their destruction, derived from the rejection of the medieval cultus of images and thus of religious images themselves. Although the question of images was not a central theme of the Reformation, iconoclasm did cause, as Eamon Duffy (b. 1947) has written, "the destruction of a vast and resonant world of symbols", a destruction of the cultic objects of previous generations. In doing so, it intensified the social and political divisions in Europe.[1]

But Protestant iconoclasm was not a monolithic phenomenon; nor was it simply religiously inspired vandalism. Lutheran churches only saw a partial elimination of images, while in Reformed areas iconoclastic theology did not always result in iconoclastic policy. We find different modes of thinking about images and about the visualisation and representation of the divine on the spectrum of the Reformation.[2] We also have to realise that iconoclasm was a deconstruction of the iconoclasts' own past, breaking images in their own churches. As Alastair Duke (b. 1941) has demonstrated for the Low Countries, iconoclasm was a way of testing the divine power of religious images by angry people, who were as yet uncertain of the outcome of their

---

[1] Eamon Duffy, The Stripping of the Altars. Traditional Religion in England, c. 1400–c. 1580, 2nd ed.; New Haven 2005, 591.
[2] Willem J. van Asselt, The Prohibition of Images and Protestant Identity, in: id. a.o. (eds.), Iconoclasm and Iconoclash. Struggle for Religious Identity, Leiden/Boston 2007, 299–311.

actions. They were unsure of the power of these materialisations of the divine.[3]

The multifaceted Protestant reflection on images shows that the Reformation was not exlcusively verbal and aural, but that it also incorporated visual elements into its worship and spirituality. Recent Reformation studies have focused to this visual dimension of Protestant faith and culture and have shown that Protestants created their own world of religious images, not for worship, but for reflection and meditation.[4] Protestantism did not cause a complete break with the Roman Catholic world of visual images, symbols and rituals. We have known this since the 1980s, when Bob Scribner (1941–1998) published his groundbreaking studies of Lutheran folk religion and how it dealt with images of Luther, who was seen and portrayed as a prophet and a saint in a very traditional and Catholic manner.[5] Moreover, Reformed Christians also developed their own modes of religious visualisation and cultures of storytelling that included dead and living saints. The image-breakers themselves became image-makers.

In this paper I will discuss Reformed sanctity; what it meant, how it manifested itself in early modern times, and how it can be studied. I will first make some general observations, then focus on Reformed culture in the Netherlands, and finally provide an example of Reformed exemplariness.

2. Sanctity and exemplariness

What does it mean to talk about "Reformed sanctity"? When encountering processes of exemplariness in history, my approach is not to analyse sanctity from the perspective of an ecclesiastical, normative definition. Instead, I will work on the basis of Willem Frijhoff's (b. 1942) reflections, who studied sanctity in the cultural sense using insights from anthropology. Present-day forms of extraordinary or

---

[3] Alastair Duke, Calvinists and "Papist Idolatry". The Mentality of the Image-Breakers in 1566, in: id., Dissident Identities in the Early Modern Low Countries, Farnham 2009, 179–197.

[4] Cf. for example Sergiusz Michalski, The Reformation and the Visual Arts. The Protestant Image Question in Western and Eastern Europe, London/New York 1993; Paul Corby Finney (ed.), Seeing Beyond the Word. Visual Arts and the Calvinist Tradition, Grand Rapids MI/Cambridge 1999.

[5] Bob Scribner, Incombustible Luther. The Image of the Reformer in early modern Germany, in: id., Popular Culture and Popular Movements in reformation Germany, London/Ronceverte 1987, 323–353; id., Das Visuelle in der Volksfrömmigkeit, in: id. (ed.), Bilder und Bildersturm im Spätmittelalter und in der frühen Neuzeit, Wiesbaden 1990, 9–20.

exemplary life form the starting point for Frijhoff's reflections. Despite secularisation, the vocabulary of holiness is still present in contemporary culture, as is evident from popstars, football heroes and other idols, including veneration and other religious connotations. There certainly has been a shift in the semantic field of sainthood, but it does show the need for idols, the demand for models of behaviour, the management of sentiments and the search for personality. This anthropological insight can help us to see the same processes of appropiation of exemplariness without church authority in history. Although Protestantism lacked explicit procedures and the official designation of people as "holy", this kind of sanctity was an interdenominational mechanism. Protestantism did not speak of saints, but certainly knew saintly living, blessed deaths, holy martyrs, godly persons and heroes of faith. The genre of the saint's life (hagiography), for example, shows a structural similarity between the Catholic and Protestant traditions, as is evident from martyrologies as well as from other forms of biographical writing. According to Frijhoff, sanctity in a cultural-historical sense means "the desirability of exemplary forms of life" and is "the collective manner in which social groups appropriate exemplary forms of life". Sanctity is, according to Frijhoff, not regarded as a supra-temporal category, but as a paradigm of desirable and exemplary behaviour, restricted to a certain time and place. In this sense, sanctity is an interdenominational phenomenon, not identical with perfection but "exemplary behaviour on the human level".[6]

From this point of view it is possible to speak of Reformed sanctity. In earlier research I focused mainly on the *exemplum* tradition, where exemplary forms of life are presented in the lives of saints, godly people and heroes of faith.[7] The genre of the *exemplum* can be found in many texts that are part of a broad culture of religious storytelling. Long before church historians discovered this type of text as a serious source, ethnologists were already writing about these texts and their exemplariness, as the handbook *Volkserzählung und Refor-*

---

[6] Willem Frijhoff, Heiligen, idolen, iconen, Nijmegen 1998; id., Witnesses to the Other. Incarnate Longings – Saints and Heroes, Idols and Models, Studia Liturgica 34 (2004), 1–25. Cf. for this approach also Jürgen Beyer a.o. (eds.), Confessional Sanctity (c. 1500–c. 1800), Mainz 2003.

[7] John Exalto, Gereformeerde heiligen. De religieuze exempeltraditie in vroegmodern Nederland, Nijmegen 2005; id., Wandelnde Bibeln. Interkonfessionelle Heiligkeitsmodelle im niederländischen Pietismus des 17. Jahrhunderts, in: Udo Sträter (ed.), Alter Adam und Neue Kreatur. Pietismus und Anthropologie, Tübingen 2009, 117–125.

mation (1974), edited by Wolfgang Brückner (b. 1930), shows.[8] One important starting point for the study of Reformed sanctity is the conviction that the Reformation did not abolish the old world of symbols and rituals, but replaced it with its own symbolic and ritual world, in which many old traditions were transformed in a Protestant way. This is also the argument of Peter Matheson's (b. 1938) fine study *The Imaginative World of the Reformation* (2000).[9] In the Reformation, the saints were no longer regarded as mediators between God and man, but this did not mean that they disappeared altogether. As the Confessio Augustana (1530) stated, the saints are the examples of God's grace; they can help Christians to strengthen their faith (CA 21, "Vom Dienst der Heiligen").[10]

3. Exemplariness in the Dutch reformed tradition

My study of exemplary lives is mainly restricted to Reformed Protestantism in the Netherlands, but it has unearthed many saints whose stories were also exported to other European countries, just as stories from abroad were imported and translated for the Dutch public. Thus there was – to give one example – the Reformed ascetic Jacob Jansz Graswinckel (1536–1624) of Delft, a *living saint*, who gave spiritual and physical aid to the poor and the sick in his city. After his death, his life's history was recorded by local Reformed ministers; Graswinckel was presented as an example of Christian virtue. Graswinckel's biography can be regarded as a Protestant hagiography. It is remarkable that his biography was later included in the *Historie der Wiedergebohrnen* (1698–1717), a German collection of examples, compiled by the radical pietistic author Johann Heinrich Reitz (1665–1720). I have found various Dutch exemplary figures in Reitz's collection, as well as in the *Unparteiischen Kirchen- und Ketzerhistorie* (1699–1700) by Gottfried Arnold (1666–1740), which is very similar in spirit to Reitz.[11]

The framework in which the Reformed perception of sainthood can be interpreted is that of the religious example tradition. In the first place, the *exemplum* is a rhetorical figure of style. As a rhetorical device, the *exemplum* is a representation of reality. The *exemplum* is a broad literary genre, a collective term for various literary forms. As

---

[8] Wolfgang Brückner (ed.), Volkserzählung und Reformation. Ein Handbuch zur Tradierung und Funktion von Erzählstoffen und Erzählliteratur im Protestantismus, Berlin 1974.
[9] Peter Matheson, The Imaginative World of the Reformation, Edinburgh 2000.
[10] Cf. Peter Manns, Die Heiligenverehrung nach CA 21, in: id., Vater im Glauben. Studien zur Theologie Martin Luthers, Stuttgart 1981, 217–261.
[11] Exalto, Gereformeerde heiligen (note 7), 24–31.

a literary category, examples constitute an appeal to imitate and follow the virtues presented, although the example does not have to be followed in its entirety. It must be geared to the level of ordinary mortals, because saints and role models do not present the average moral norm. They are the embodiment of the highest norm that a culture aims at. The example can be regarded as the illustration of a model of behaviour, which is moralising and understandable.[12]

In the Reformed tradition, the example manifested itself in many forms.[13] Thus there is the sermon example, the miracle story, the thanatography (description of a deathbed scene) and the funeral sermon. The Dutch Reformed example tradition underwent a revival after 1650. A possible explanation for this may be the fact that the Reformed Church in the Netherlands became an institution with a fixed role in society after the middle of the seventeenth century. In the sixteenth century the Reformed Church was in a state of persecution. Its martyrs were the principal examples. Later, a struggle for law and order ensued, with attention focused primarily on purity of doctrine at the expense of the pursuit of a godly Christian life. After the church had become an established institution, the question of the practical application of Reformed principles in the lives of church members became urgent. Examples could play an important role in this process. Spiritual biography and funeral sermons especially were frequently reprinted after 1650.

Particularly striking is the great importance attached in many examples to deathbed scenes and dying persons' last words. In the middle of the seventeenth century, obsession with death was a common cultural phenomenon. This obsession remained alive in the Reformed example tradition throughout the seventeenth century. Death was a reality and to prepare oneself well for it was considered to be of great importance. Examples of edifying deathbeds not only pointed out the significance of a Christian and virtuous life, but also provided

---

[12] About the example in general, see Peter Assion, Das Exempel als agitatorische Gattung. Zu Form und Funktion der kurzen Beispielgeschichte, in: Fabula 19 (1978), 225–240; Claude Bremond/Jacques le Goff/Jean-Claude Schmitt, L' "exemplum", Turnhout 1982; Christoph Daxelmüller, Narratio, Illustratio, Argumentatio. Exemplum und Bildungstechnik in der frühen Neuzeit, in: Walter Haug and Burghart Wachinger (eds.), Exempel und Exempelsammlungen, Tübingen 1991, 77–94; Joachim Duyndam, Hermeneutics of Imitation. A Philosophical Approach to Sainthood and Exemplariness, in: Marcel Poorthuis/Joshua Schwartz (eds.), Saints and Role Models in Judaism and Christianity, Leiden/Boston 2004, 7–21. Cf. for a Dutch case study: Fred van Lieburg, Remarkable Providences. The Dutch Reception of an English Collection of Protestant Wonder Stories, Intersections. in: Yearbook for Early Modern Studies 3 (2003), 197–219.

[13] For what follows: Exalto, Gereformeerde heiligen (note 7).

the model of a good death.[14] Five functions can be distinguished in the texts of the religious example tradition:

1. *Entertainment and relaxation.* The written *exempla* served as a useful pastime and even as an alternative for the theatre, because they could be read aloud in the domestic circle. Some of them were in the form of a dialogue.
2. *Upbringing and education.* The example of pious Christians from the past or the present gave Christians a model of godliness to reflect on. Religious education was aimed at children as well as adults . Around the middle of the seventeenth century the first children's books were published: examples of a good death for young people.
3. *Introspection. Exempla* were intended to influence the Christian's behaviour positively or in restraining him from sin. But examples were also a means of introspection that could be used by a Christian to determine his progress in the holy life, to measure the extent to which he matched the example set, and to discover which virtues he could already find in his own life.
4. *Consolation and strengthening of faith.* The religious example tradition was intended to instruct, and to encourage introspection. In addition, it presented attitudes which could help people to guard against disaster. Self-control was the basic principle of consolation. It was also the leading thought in many early modern devotional writings, tragedies and farces. In this case the influence of neo-stoicism is evident. Moreover, the examples could strengthen faith, while the lives of the role models showed that faith would by firmness ultimately triumph over sin.
5. *Confessional propaganda.* In addition to offering entertainment and to its educational, pedagogical and pastoral functions, the example tradition also served as confessional propaganda. Various examples constituted "proofs" of the truth of Reformed doctrine. This function was dominant in some collections of examples. In these collections, "witnesses of the truth" from every century proved that the doctrines of sixteenth-century Protestantism had been professed throughout the ages. The Roman Catholic Church, on the other hand, had

---

[14] Cf. Karl S. Guthke, Last Words. Variations on a Theme in Cultural History, Princeton/New Jersey 1992; Bruce Gordon/Peter Marshall (eds.), The Place of the Dead. Death and Remembrance in late medieval and early modern Europe, Cambridge 2000.

deviated from the apostolic truth. Catholics had their own examples, which claimed to show the exact opposite.

Thus the figure of the saint lived on in the Reformed example tradition, but in a Protestant form. It was merely the intercession of the saints that was rejected, because this jeopardised the uniqueness of Christ's atoning sacrifice. In addition, the idea of man as an *imago Dei* is important in understanding Reformed sainthood. In the early modern period, the concepts of *imago* (image), *similitudo* (similarity), *speculum* (mirror) and *figura* (figure) were seen as essential metaphors to understand reality. A "figure" or a "type" referred to its fulfilment, the anti-type. The so-called pre-images or pre-figurations who had lived before Christ, in the time of the Old Testament, pointed forward to Him.[15] The saints of the Middle Ages were seen as post-figurations, a complement to the pre-figurations. In Protestantism, these post-figurations were held in high esteem. But they did not refer back in the first place to Christ Himself, but to Christ's pre-figurations. The Old Testament, therefore, played an important role in the example tradition. Samson, David and other heroes of faith were significant figures for early modern people, who saw them as warnings for the present time. Contemporary saints were more often than not modelled on Old Testament heroes.[16] Reformed ministers and the stadholders of the House of Orange-Nassau, for example, were called "David" or "Enoch", and Old Testament designations such as "prophet" or "godly man" were ascribed to them. Willem Teellinck (1579–1629) and Theodorus à Brakel (1608–1660), influential Dutch Reformed authors of devotional booklets, identified themselves to a great extent with the Old Testament King David, as did Johannes Calvin (1509–1564).[17]

The Old Testament model influenced various aspects of life, such as children's literature, art, and the conception of the Dutch form of

---

[15] Edward Peter Nolan, Now through a Glass Darkly. Specular Images of Being and Knowing from Vergil to Chaucer, Ann Arbor 1990; Herbert Grabes, Speculum, Mirror und Looking-glass. Kontinuität und Originalität der Spiegelmetapher in den Buchtiteln des Mittelalters und der englischen Literatur des 13. bis 17. Jahrhunderts, Tübingen 1973; Erich Auerbach, Figura, in: id., Gesammelte Aufsätze zur romanischen Philologie, Bern/München 1967, 55–92.

[16] Cf. Johann Anselm Steiger, Fünf Zentralthemen der Theologie Luthers und seiner Erben. Communicatio – Imago – Figura – Maria – Exempla, Leiden/Boston/Köln 2002.

[17] For Teellinck and Brakel, see Exalto, Gereformeerde heiligen (note 7); for Calvin: Barbara Pitkin, Imitation of David. David as a Paradigm for Faith in Calvin's Exegesis of the Psalms, Sixteenth Century Journal 24 (1993), 843–863; Max Engammare, Calvin. A Prophet Without a Prophecy, Church History 67 (1998), 643–661.

government. In addition to the Old Testament role models, the martyrs of the early church and of the sixteenth century played a dominant role in the example tradition. The martyrs were the oldest Protestant saints, who were time and again presented as *exempla*. Girolamo Savonarola (1452–1498) of Florence was also numbered among them; as a seventeenth-century minister said, Savonarola was a pious, God-fearing and erudite martyr. It was mainly his anti-Popery that was regarded as exemplary. But his treatise on the simplicity of the Christian life, too, was frequently reprinted and received positive assessments.[18]

Alongside positive *exempla*, the example tradition also included negative ones. Cautionary examples were thought to be useful to restrain men from evil and to incite them to self-reflection. These negative counterparts of the Reformed saint functioned within the context of Protestant rhetoric against Roman Catholicism and against the Habsburg rulers, against whom the Protestant Netherlands revolted in the sixteenth century. According to this line of thought, heretics in doctrine must be heretics in the way they lived, and vice versa. Philip II (1527–1598), the King of Spain, who according to the Reformed example tradition died in despair, was often presented as an anti-saint in Reformed rhetoric. Another example of despair was the Italian lawyer Francis Spira (1502–1548), who renounced his Protestant faith and returned to the Roman Catholic Church. He felt remorse for this deed, sank into great desperation and died in this condition. This sixteenth-century narrative was reprinted countless times until the eighteenth century and functioned as a warning example in many sermons.[19]

Ministers made a great contribution to the religious example tradition, but were also part of it themselves. They were "canonised" as heroes of faith in funeral sermons. These sermons have many aspects in common; they belong to the same genre, which contains many *topoi*. The minister is represented as a godly man, a servant who sacrifices his life for the service of the gospel. He is a figure with the appeal of a prophet who issues serious warnings against sin and on

---

[18] Exalto, Gereformeerde heiligen (note 7), 109–112; Bruce Gordon, "This Worthy Witness of Christ". Protestant Uses of Savonarola in the Sixteenth Century, in: id. (ed.), Protestant History and Identity in Sixteenth Century Europe, vol. 1: The Medieval Inheritance, Aldershot 1996, 93–107; for lutheran appropriation: Robert Kolb, "Saint John Hus" and "Jerome Savonarola, confessor of God". The Lutheran "Canonization" of Late Medieval Martyrs, in: ConJ 17 (1991), 404–418.

[19] Exalto, Gereformeerde heiligen (note 7), 147–158; M. A. Overell, The Exploitation of Francesco Spiera, in: SCJ 26 (1995), 619–637; Herman Westerink, The Heart of Man's Destiny. Lacanian Psychoanalysis and Early Reformation Thought, New York/London 2012.

the other hand comforts feeble believers. He stands firm for the truth, but otherwise he is friendly and meek. This type of the ideal minister was modelled on the Old Testament prophets. A standard catalogue of common Christian virtues and qualities was ascribed to him. A component of every funeral sermon was the deathbed scene. The Christian deathbed was considered to be a confirmation of the Christian life, and evidence of the truth of the doctrine which the minister had preached during his lifetime. Some ministers were held in extraordinary veneration. This was the case, for example, with Jodocus van Lodenstein (1620–1677) and Theodorus à Brakel. The latter was a mystic who received visions and prophesied. Just as Lodenstein he was appropriated as a saint, not only in the Dutch Reformed tradition, but also in German radical pietism.[20]

Godly rulers also played an important part in the Reformed example tradition, as well as being spiritual leaders. In the Dutch context this meant the stadholders of the House of Orange, who were often also supreme commanders of the army and the navy. In the funeral sermons preached at their burials, their heroic virtues were praised according to a uniform pattern. Just as the ministers mentioned above, the stadholders were modelled on Old Testament heroes. Their exemplary deathbed and pious last words were also recorded. The comparison with Old Testament heroes was significant. It corresponded to the view which the Reformed Church held of life in the public sphere or of the ecclesiastical order, of which the stadholder was one of the foundation stones. Church, country and dynasty were the pillars of this order, which was compared to that of Israel in Old Testament times. Funeral sermons on the stadholders, important sources for the example tradition, show an interesting shift. Before 1702, they were mainly based on analogies with Old Testament Israel. This kind of analogy was characteristic of the Reformed example tradition (ministers as Enoch, stadholders as David). From the year 1702 onwards, however, after the death of Stadholder-King William III (1650–1702), this parallel lost its importance. This change in the depiction of the stadholder can be attributed to the demythologisation of kingship at the end of the seventeenth century, which has also been observed by Peter Burke (b. 1937).[21]

But the Reformed example tradition also had its boundaries. Contemporary writers attached great importance to examples, but within the confines of the Biblical order. As a rhetorical genre, too, the ex-

---

[20] Exalto, Wandelnde Bibeln (note 7).
[21] Peter Burke, The Fabrication of Louis XIV, New Haven 1992; cf. Paul Kléber Monod, The Power of Kings. Monarchy and Religion in Europe, 1589–1715, New Haven/London 1999.

ample tradition is limited. Examples can be considered as a figure of style in "the rhetoric of godliness". In this sense, they a preceptive works, based on the clergy's highest norms. The question that arises in this context is who appropriated examples, and to what extent. Moreover, there were also important role models outside the religious domain, such as admirals and maritime heroes, whose lives were also portrayed as examples.

Gaining an understanding the significance of the religious example tradition can nevertheless be of great value to a proper cultural-historical view of the early modern period. Examples played an important part in communicative networks. Moreover, they can be seen as part of the early modern Christianisation offensive, as well as of the Protestantisation process. The Reformed example tradition shows today's researchers how the Reformation assimilated its Roman Catholic heritage. In this sense, the tradition presents a framework for a meaningful interpretation of the phenomenon of sanctity, exemplariness and godliness.

The early modern religious example tradition is a multifaceted entity of texts and genres. There are at least ten types of Reformed saints that can be distinguished in the Dutch text corpus: the Biblical role model, the witness to the truth, the martyr, the forerunner of the Reformation, the reformer, the prophet, the minister, the saintly ruler, the pious child and the pious woman or the "mother in Israel". These types partly overlap each other. A number of types have similar characteristics, four of which are worth mentioning:

1. *A catalogue of Christian virtues*, attributed to many saints. In Protestantism, virtue remained highly important, even though it was no longer connected with the idea of earning salvation. The common Christian character of these virtues is striking.
2. *The value of a good death and of the last words*. As in the Middle Ages, the hour of death was considered to be of decisive significance. Reports of deathbeds of exemplary godly people and catalogues with last words therefore constitute important sources for the example tradition. A good death had to be preceded by a good, i.e. Christian, life.
3. *Modelled on the Old Testament*. The lives and deeds of the Old Testament witnesses of faith included important elements that were used as models for contemporary *exempla*. King David was the preferred role model, closely followed by Enoch, Moses and Jacob. These models were applied according to the requirements of the position, and they were gender-specific. Certain Biblical examples belonged to each type.

4. *Visions, prophesying and dreams*, supporting the message of the saint, constitute the fourth characteristic, which was in fact the least important of the four. For church leaders, the most common writers of the example tradition, these phenomena were not decisive in affording someone exemplary status.

The above may suffice for present purposes as a general introduction to exemplariness in Dutch religious history. I will now illustrate this outline by describing the case of a young adult girl whose story was a model for the tradition of thanatography in the Netherlands, and which formed a bridge between the text genres of the martyrologies on the other hand and the later exemplary tradition.

4. The chaste virgin of Naarden

The case is that of an eighteen-year-old girl named Abigael Gerbrants (1582–1600) from the north of the Netherlands. Shortly after her death, an anonymous account of her illness and deathbed appeared in print under the title of *A Testament or Confession of the eighteen-year-old Abigael, Gerbrant's daughter*. The 1604 edition is the oldest known edition; the title page and the printer's preface are followed by an account of Abigael's illness and deathbed; the text concludes with a one-and-a-half-page biographical appendix describing Abigael's life before her illness.[22] The *Testament* must have been a comparatively popular booklet, as editions from 1609 and 1610 have also been preserved. Moreover, we know of a reprint from 1625, while a French translation appeared in Sedan in 1632. Several further editions of the *Testament* were printed after 1800 and were used as so-called prize books in schools.[23]

Abigael's father was the Reformed minister Gerbrandus Jansz (1552–1612), who was born in Purmerend, a small city in the north of Holland of Holland. Gerbrandus was one of the so-called *Duyt-*

---

[22] The only preserved 1604 edition in Ghent University Library (Acc. 1385): Een testament ofte bekentenis van Abigael Gerbrants dochter/ oudt achthien jaren/ de welcke in een groote cranckheydt lach aent root melisoen/ sprekende op haer doodtbedde dese naebeschreven woorden/ hare speelnoots ende jonghe maechden tot Naerden/ oock andere die den Heer vreesen/ tot leeringhe ende troost der ghedachtenisse naeghelaten. Met de beschryvinghe hoe sy inde kindtsche daghen teghen haer ouders haer ghedraghen heeft/ ende een leer-kindt inder schole Jesu Christi vander jonckheyt aen geweest is (Amsterdam: printed by Joris Gerritsz. Nachtegael, 1604).

[23] For an analysis of Abigael's story in the context of the early Reformation in the Netherlands, see John Exalto and Leendert Groenendijk, Child of the Reformation. Protestant Spirituality, Young Adult Literature and Confessional Competition in the Late Sixteenth Century, in: Ons Geestelijk Erf 84 (2013), 313–340.

sche clercken, lay ministers who could communicate only in their mother tongue. It is possible that he had visited the refugee congregation of Emden, at that time a centre of Reformed life. Between 1580 and 1600, the Dutch ministers received practical training in "prophet schools", in particular in Biblical exegesis.

In 1579 Gerbrandus became the first Reformed minister of Wassenaar. Initially he may have held services in his living room, because the destroyed church building was only rebuilt in 1581. Around 1600 his church had no more than eighteen members. The number of worshippers was probably greater, however; in this phase of the Reformation there were many so-called *liefhebbers* or "sympathisers of the Reformed religion" who attended church services without being full members. From 1582 onwards, Gerbrandus Jansz served the Reformed congregation of the town of Naarden. This is also where Abigael was born as one of eight children from a mother whose name is unknown. In 1594, when she was twelve years old, the family moved to the north of Holland. But Abigael's friendships in Naarden continued after the move; she possibly worked in her father's parsonage for a patron from Naarden, because she was made fine lace and in addition worked as a nurse for young children.

Abigael's friends from Naarden are mentioned a few times in the *Testament*. The opening sentence addresses itself to her "most worthy friends" in Naarden, especially "the chaste virgins, who invoke the name of God with us", which means the young adult girls who belonged to the same religious community. In her *Testament*, Abigael implored these virgins not to love the world and to abandon their "great pride". Two months before her death, she admonished them because they wore luxurious clothes. It is clear from this reference to their dress and the silver they wore, that they belonged to the upper middle class.

In 1598 Gerbrandus Jansz began serving the Reformed congregation in his birthplace Purmerend. In 1601 this congregation had only 47 male members, and the number of women will presumably have been about the same. This amounts to no more than 8 per cent of the town's population. Gerbrandus Jansz's Sunday services were presumably attended by many "sympathisers of the Reformed religion". In addition to the Reformed congregation, Purmerend also had a Mennonite congregation and an extensive Catholic community. On 21 January 1600, Abigael died in Purmerend at the age of eighteen, after having been seriously ill for eight days. She suffered from dysentery, a serious form of diarrhoea in which the patient loses a lot of blood and which, in the early modern period, usually resulted in death for children and the elderly.

The *Testament* gives us an insight into Reformed spirituality during the first two decades of the church's freedom. In the *Testament*, Gerbrandus Jansz describes a model of spirituality that he sets as an example for the reader: everyone ought to live and believe as his daughter did. It is a text that is still influenced by the diffuse "evangelicalism" of the period before 1550, and that at the same time already shows marks of mainstream Calvinism. Four of the characteristics defined by the church historian Cornelis Augustijn (1928–2008) for pre-1560 Dutch Protestant spirituality, that is, the time prior to the crystallisation of intra-Protestant confessional differences, can be clearly identified in this text: a concentration on the Bible, justification by faith alone, the contrast between flesh and spirit, and individualism.[24]

Abigael derived her great knowledge of the Bible from intensive reading; according to her biography, she read the Bible and Reformed literature "with great delight well into the night". She also paid her brother Johannes to read the Bible aloud to her when she was busy making lace. At the age of 17, Abigael made her profession of faith in church; at that stage she knew by heart the manual *Een corte undersouckinghe des gheloofs* [A Short Investigation of the Faith] (1553) by Marten Micron (1523–1559), minister of the Dutch refugee church in London. The manual contains many biblical fragments, both texts and paraphrases. Nearly all Scriptural quotations in the *Testament* were from the so-called Deux-Aes Bible, a Reformed translation from 1562 printed in Emden.[25]

The spirituality presented in the *Testament* bears an egalitarian character. Abigael's mother praised her for knowing the Scriptures better than she did herself. "Daughter", the mother said, "you have the anointing of which John spoke, you do not need anyone to teach you." To this Abigael replied: "Yes mother, they must all be taught by God." This quotation qualifies the usual image of law-abiding Calvinism with rigid enforcement of parental authority over children. The biographical appendix certainly stressed Abigael's obedience, but according to the *Testament*, in the Gerbrants family there was a relationship not of authority but of confidence and intimacy between parents and children. The roles were reversed, as it were, on Abigael's deathbed: the child comforted her parents and to mitigate their grief she confessed her hope of heaven. It was not church office or age that afforded someone spiritual authority and spiritual status, but

---

[24] C. Augustijn, Godsdienst in de zestiende eeuw, in: H. L. M. Defoer a.o., Ketters en papen onder Filips II, Utrecht 1986, 26–40.
[25] Cf. Andew Pettegree, Emden and the Dutch Revolt. Exile and Development of Reformed Protestantism, Oxford 1992.

anointing with the Holy Spirit. The words "you do not need anyone to teach you", derived from 1 John 2:27, gave rise to a strong "democratic", or at least, egalitarian consciousness, implying a big role for the laity: children and young adults could also receive the anointing, which placed them on the same spiritual level – or even a higher one – than their own parents.

Our image of Abigael may be somewhat distorted because the *Testament* is for the most part a deathbed account, stressing the faith of the dying person and her hope of eternal life. The biographical appendix has a slightly different focus, however, especially in relation to the sanctification of life. The appendix gives her "biography" by describing seven acts of Christian faith or virtues: confession of faith, church attendance, prayer, Bible reading, Psalm singing, charity, and obedience to her parents. These virtues were not identical to the traditional four cardinal virtues and three theological virtues, although these virtues are also present in the text of the *Testament*. But the cardinal and theological virtues are not distinguished from each other, given the dynamic character of Abigael's exemplary function. In this sense, the *Testament* forms a parallel with the *Devotio Moderna*, where a similar dynamic of virtues can be found.[26]

Abigael never sang a worldly song and never used secular melodies; instead she sang the Psalms of David with delight. Her choice to sing only Psalms seems to have been a reaction to the secular songbooks with romantic lyrics that were so popular among young people around 1600. After describing the Psalm singing, the appendix continues with a description of Abigael's charity by the giving of alms. When, lying on her sickbed, she saw her mother giving to the poor, she quoted Tobias about giving to the poor even when you have less than they have. The topic of excess in dress is not addressed in the biographical appendix, but in the *Testament* itself, as we have seen before.

Abigael's virtue is clearly manifested in the closing sentence of the biographical appendix: "She never went out without consent, and when she went out, she did not look out for people of leisure, but for people who talked about the Word of God. Amen." This quotation combines Abigael's obedience to her parents, her avoidance of worldly youths, and her desire to attend religious meetings instead.

By portraying the exemplary conduct of his daughter Abigael in the *Testament*, Gerbrandus Jansz depicted a model of sanctification of life, possibly adopted from the Walloon minister and student of Cal-

---

[26] Wybren Scheepsma, Medieval Religious Women in the Low Countries. The "Modern Devotion", the Canonesses of Windesheim and their Writings, Woodbridge 2004.

vin, Jean Taffin (1529–1602).[27] Abigael's *Testament* is not a biography in the proper sense; it is an account of the piety of her illness and deathbed, and may therefore be labeled a spiritual thanatography (i.e. deathbed depiction). The text was written as a model for behaviour; readers could use Abigael as an example. This thanatography was written by the author in the style of a spiritual testament. The spiritual testament as a genre originated in the tradition of the Old Testament farewell speech, such as the patriarch Jacob's for example. Such speeches are also known as the pseudepigraphic testament genre, because they were written down long after the person in question had died.[28] The *Testament* of Abigael also bears a pseudepigraphic character: her father was not sitting at her deathbed with a notebook, but put together the story after her death.

Central to the pseudepigraphic testament model is a description of the key figure's death and last words. The purpose of the text is parenesis, inducement to virtue by means of prescriptions for behaviour. The pseudepigraphic testament model was known in the late medieval Low Countries in the circles of the *Devotio Moderna* or Modern Devotion, where followers of a beloved religious leader recorded their patriarch's farewell speech; the same practice was subsequenlty also applied to women. *Paraenese* also played a key role in the *Testament* of Abigael, as is clear from the portrait of her presented to the reader as a mirror and a model of godliness. This element also emerges from the prescriptions for behaviour given to Abigael's Naarden friends.

The author of the *Testament* was influenced in particular by martyrology, a genre that also originated in the pseudepigraphic testament model. Abigael's reading material would have included books of martyrs, and this will also have influenced her devotion. Her father had been raised in a time of martyrdom, and possibly told his daughter stories about the heroes of faith. In the sixteenth and seventeenth centuries martyrs functioned as shining examples of faith for all confessions. All denominations published their own martyrologies around 1550, which were composed from the pamphlet literature that had been circulating since the 1530s, complemented with stories from early Christianity and the Middle Ages. The ideal of martyrdom as a "living embodiment" of the religious community did not first appear in the sixteenth century, but was already present in the Mid-

---

[27] For Taffin, see Exalto and Groenendijk, Child of the Reformation (note 22).
[28] Th. Mertens, Geestelijke testamenten in de laatmiddeleeuwse Nederlanden. Een verkenning van het genre, in: G. R. W. Dibbets/P. W. M. Wackers (eds.), Wat duikers vent is dit! Opstellen voor W. M. H. Hummelen, Wijhe 1989, 75–89; F. Willaert a.o. (eds.), Medieval Memory. Image and Text, Turnhout 2004.

dle Ages, although it was often transformed and sublimated into ascetical practices. The willingness to die, one of the most distinctive aspects of martyrologies, developed from the medieval *ars moriendi*.[29] In this respect the Reformation did not represent a break with the past, but an accentuation of the medieval heritage through its stress on the Bible as the source of the martyr's salvation.

When religious persecution had ended and the Reformed church could be built up in relative freedom, a need emerged for religious models on which the new generation could mirror itself – in other words, there was a need for generational transmission of ideals and of exemplary lives. The ideal of martyrdom was once again transformed into an ascetical ideal of piety. The *Testament* shows similarity with martyrologies in at least five ways. First, just as the martyrs or "blood witnesses", Abigael underwent physical suffering, which she bore patiently; according to the *Testament*, her dysentery was accompanied by loss of blood. Secondly, Abigael demonstrated firm faith, which did not waver even under critical questioning from her father. He did this to test the authenticity of her faith, just as the judges of the martyrs did. Abigael's perseverance was, thirdly, like that of the martyrs, based on her great knowledge of the Bible. Fourth, Abigael expressed her willingness to die. And a fifth similarity between Abigael and the martyrs is the girl's deathbed, which was a semi-public event, with various observers who were witnesses of her pious courage. The medieval deathbed was also a semi-public event, but it had a different character: devils and angels were visually present, the dying soul experienced deep anguish through the attacks of the devil, and good and dark powers struggled over the soul of the dying person. In the case of Abigael and the martyrs, the theatrical character of the last hour was absent: the destination of the soul had already been decided by faith.

Gerbrandus Jansz gave his daughter a place in the Christian tradition of examples, a tradition in which the "saints" lived on in Protestant fashion: the Reformation did not radically abolish saints. A distinction was made with regard to these saints between their *person* and their *virtues*. The person was not to be adored and could not be imitated, but the virtues that were represented in the example were deserving of imitation. Reformed Protestantism enhanced the *communio sanctorum*, the Christian tradition of heroes of faith and shining examples, and thereby designed a religious identity anchored in history. This went back, via the medieval witnesses of faith and the

---

[29] Brad S. Gregory, Salvation at Stake. Christian Martyrdom in Early Modern Europe, Cambridge, MA 1999.

fathers and martyrs of the early Christian church, to the Old Testament covenant with its model of the patriarchs.

In his preface, the publisher referred to Abigael as an example: this booklet, he wrote, contains Abigael Gerbrants's Christian confession of faith, a faith to which she witnessed by her life and by her death. "I hope", he added, "that this [example, J. E.] will be fruitful for many persons, who at this time (God help us!) live in vanity, that they may mirror themselves [on Abigael, J. E.]." Thus Abigael functioned as a mirror of faith and virtue in the *Testament*, an age-old function of the traditional example as a means of introspection, to lead the reader to question his progress towards holiness of life and to reflect on his own virtues compared to those of the model.

The *Testament* is explicitly addressed to the "chaste virgins" of Naarden, which indicates the gender-specific nature of the virtues represented in Abigael's story. It was to these young women that Gerbrandus Jansz presented a model of godliness as an example for imitation. The model seems to refer to a future role as wife and mother: pious, charitable and obedient, with attention to upbringing, and especially religious education by means of the Bible. It is not surprising that minister Jansz addressed the *Testament* to young female adults: they were about to enter the marriage market and were the future mothers of the young Dutch Republic's new generation. In other words, their role as future educators or models of behaviour was very important for church, state, and society.

By telling the story of Abigael Gerbrants's exemplary life, her father sought to demonstrate that the church could be soundly missionary in character. His aim in writing the *Testament* was to win over young adults for the Reformed church. At the turn of the seventeenth century, many remained undecided and had not yet made a definitive choice for a particular confession, so the future lay open.[30] The age structure of Dutch society at that time was relatively young, making it highly important to win supporters among young adults.

The exemplary model of behaviour that Gerbrandus Jansz presented was innovative in more than one respect: not only was it a contemporary model (whereas the stories of the martyrs dated from fifty years ago), but the model herself was also a young adult. The implicit message of the *Testament* was that anyone who wanted to imitate the virtues of Abigael could expect to lead a faith-filled and holy life, and have a faith-filled and triumphant death. Just as the early Reformation, Gerbrandus Jansz emphasised the necessity of a holy life; this emphasis was probably due at least in part to competition with

---

[30] Cf. Alastair Duke, The Ambivalent Face of Calvinism in the Netherlands, 1561–1618, in: id, Reformation and Revolt in the Low Countries, London 1990, 269–293.

the Mennonites. Gerbrandus Jansz wanted to show that early Calvinism gave equal weight to true doctrine and to a pious life.

5. Conclusion

It might be said by way of conclusion that looking outside normative ecclesiastical boundaries reveals the presence in early modern Protestantism of modes of sanctity and exemplariness. Using anthropological insights, it is possible to speak of "Reformed saints". These Reformed saints are best characterised as heroes of faith. This is what the language of those days reveals, a type of hero derived from the Old Testament and that is particularly evident in the examples of the martyr, the minister and the godly ruler. But Reformed saints were not just heroes, they were heroes of faith, because it was only God's grace that had made heroes of them. There are two points that distinguish the Reformed heroes of faith from the Roman Catholic saints: the former were never given an intercessory function, and miracles only played a secondary part in their "canonsation". Moreover, the virtues of the Reformed saints were not catalogued so as to suggest that they had merited salvation; distinctive characteristics for Catholic saints. But apart from these differences, there are many striking similarities between the Catholic and the Reformed saints of the early modern period.

Erinnerung im Wandel.
Kirchengebäude als Speicher historischer Information[1]

von Andreas Mertin

„Nicht jedes Gebäude hat eine Geschichte. Nur diejenigen haben im Grunde eine solche, welche entweder sehr merkwürdige Umwandelungen zum Dienste der verschiedenartigsten Zwecke erfuhren, oder an welche sich merkwürdige geschichtliche Erinnerungen, wichtige Begegnisse, entscheidende Thatsachen oder bedeutende Veränderungen für ein Land, einen Ort, einen gesellschaftlichen Verein anknüpfen."[2] Mit diesen Worten eröffnet 1848 Salomon Vögelin (1774–1849) eine Schrift über ein historisches Kirchengebäude, das uns im Folgenden noch genauer beschäftigen wird. Nun ist bereits dieser erste Satz etwas paradox formuliert: *Nicht jedes Gebäude hat eine Geschichte*. Doch, möchte man entgegnen, *jedes* Gebäude wird von Menschen mit Intentionen entworfen, von Menschen bewohnt oder genutzt und damit geradezu automatisch mit Erinnerungen, Geschichten und Gefühlen verbunden. Das gilt selbst noch für den kärgsten Raum und die kleinste Hütte. Aber wir wissen zweifelsohne, was Salomon Vögelin gemeint hat. Der Satz *Nicht jedes Gebäude hat eine Geschichte* spielt mit den Bedeutungsvariationen des Wortes *Geschichte*. Sicher, man kann aus allem Geschichte machen, aber nicht alles *verdient* es, dazu gemacht zu werden. Oder, um eine bissige Bemerkung des Soziologen Niklas Luhmann (1927–1998) aufzugreifen, „nicht ‚jeder Fabrikschlot aus Ostwestfalen' [verdient, A. M.] die Erhebung in den Rang eines nationalen Kunstdenkmals."[3] Wenn alles zur Geschichte erklärt wird, ist nichts mehr Geschichte. Salomon Vögelin präzisiert seinen einleitenden Satz nun dahingehend, dass insbesondere jene Gebäude es verdienten, geschichtsträchtig genannt zu werden, die „merkwürdige Umwandelungen" und das auch noch „zum Dienste der verschiedenartigsten Zwecke" erfahren haben. Nebenbei gesagt: Das werden jene Kirchenleitungen in Deutschland gerne hören, die gerade über die Um-

---

[1] Der Vortragsstil wurde beibehalten.
[2] Salomon Vögelin, Geschichte der Wasserkirche und der Stadtbibliothek in Zürich, Zürich 1848, Vorwort.
[3] Zit. nach Hans Ulrich Gumbrecht, Vom Nachteil der Historie für das Leben, in: Die Welt (30.7.2005).

nutzung von Kirchengebäuden nachdenken müssen und auf den Widerstand ihrer Gemeinden stoßen. Auch Umnutzung kann also geschichtsträchtig sein, ja manche „merkwürdige Umwandelung" kann unter bestimmten Voraussetzungen überhaupt erst die Bedingung dafür sein, dass etwas geschichtsträchtig wird. Die weiteren Kriterien, die Salomon Vögelin 1848 für die Bedeutsamkeit herausragender Gebäude nennt, sind „merkwürdige geschichtliche Erinnerungen, wichtige Begegnisse und nicht zuletzt Veränderungen für ein Land, einen Ort, einen gesellschaftlichen Verein." Das leuchtet ein, denn sofort fallen uns Orte und Gebäude ein, die dauerhaft mit Begegnungen und sich anschließenden Veränderungen für ein Land oder sogar für einen Kontinent verbunden sind.

Wer ist nun dieser Salomon Vögelin? Er ist ein Pfarrerssohn, selbst reformierter Pfarrer, Kirchenrat in Zürich, Archäologe, Lokalhistoriker und Publizist. Er lebte von 1774 bis 1849. Er war ein begeisternder Prediger, ein liturgisch ambitionierter Pfarrer; vor allem war er ein kunst- und kulturinteressierter Mensch und hat zahlreiche Schriften über Zürich und seine Gebäude verfasst. Das einleitende Zitat stammt aus einer dieser Schriften, genauer müsste man sagen: aus einer Schriftenreihe über die *Geschichte der Wasserkirche und der Stadtbibliothek in Zürich*. Diese Wasserkirche, so schreibt Vögelin, gehöre ganz vorzüglich in die Klasse jener Gebäude, die als geschichtsträchtig bezeichnet werden können: „Kaum eines oder vielmehr keines der alten Gebäude Zürichs hat so verschiedene und wichtige Perioden seit seiner Existenz aufzuweisen, welche sich zugleich als Epochen unserer Kulturgeschichte bezeichnen lassen, wie diese an sich unbedeutende Kapelle."[4] Und dieser Satz gilt, was Salomon Vögelin zu seiner Zeit natürlich noch nicht wissen konnte, bis in die Gegenwart des 21. Jahrhunderts, denn nach 1848 geht die bewegte Geschichte dieses Gebäudes weiter und schlägt noch einmal eine historische Volte.[5]

Die Entwicklung der Wasserkirche in Zürich interessiert mich in unserem Zusammenhang vor allem deshalb, weil ihre wechselhafte Geschichte über nun 1200 Jahre immer neue und zum Teil extrem gegensätzliche Bindungen und Erinnerungen hervorgerufen hat. Von den ersten, ins Vage verlaufenden Daten im 8. Jahrhundert, die diese Kirche mit Karl dem Großen (747/748–814) in Verbindung bringen, bis zur Zeit der Vorreformation, in der die Kirche mit Ablassgeldern

---

[4] Vögelin (wie Anm. 2), Vorwort.
[5] Ulrich Helfenstein, Geschichte der Wasserkirche und der Stadtbibliothek in Zürich, Zürich 1961; Claudia Rütsche, Die Kunstkammer in der Zürcher Wasserkirche. Öffentliche Sammeltätigkeit einer gelehrten Bürgerschaft im 17. und 18. Jahrhundert aus museumsgeschichtlicher Sicht, Bern 1997.

neu errichtet wird; von den reformatorischen Umwälzungen, die diesen „papistischen Kult- und Götzenanbetungsort" in einem Götzenkrieg zu zerstören trachteten über die merkantile Nutzung des Ortes bis zur bürgerlichen Ingebrauchnahme und schließlich zur religiösen Neunutzung in der Gegenwart. Immer war den Menschen dieses Gebäude entweder heilig, oder eben gerade deshalb unheilig, nützlich oder wegen seiner Nutzung unangemessen profaniert, kulturell bedeutsam oder schon jenseits der Grenze eines kulturellen Kultortes.

Wenn wir also fragen: *Was ist uns heilig?* oder etwas abgemildert: *Was ist für uns bedeutsam?* dann müssen wir immer zurückfragen: zu welcher Zeit, in welcher Funktion, im Blick auf welches Gefühl? Und diesen Wandel der Gefühle und der Bindungen, den kann man gut am Beispiel der Wasserkirche verfolgen, nicht zuletzt deshalb, weil sich über diese ganze Zeit hinweg immer wieder Zeitgenossen über das Gebäude und seine Bedeutung für die jeweilige Zeit geäußert haben.

Darüber hinaus gibt es natürlich eine höchst reizvolle Parallele zum heutigen Veranstaltungsort, der Johannes a Lasco (1499–1560) Bibliothek in Emden. Gestoßen bin ich auf dieses Beispiel, weil in einem kunsthistorischen Grundlagenwerk darauf hingewiesen wurde, dass eines der ersten Kunstmuseen, die öffentlich zugänglich waren, eben nicht das Fridericianum in Kassel oder der Louvre in Paris, sondern seit 1629 eine Kirche in Zürich sei.[6] Dem wollte ich nachgehen. Ich begreife das Kirchengebäude und seine Geschichte sozusagen als eine *Zwiebel der Erinnerung*, bei der sich nach und nach immer mehr Schichten freilegen bzw. entdecken lassen. Ich beabsichtige im Folgenden keine Rekonstruktion der Geschichte der Wasserkirche, sondern interessiere mich für die Emotionen und Gedanken, die die Menschen, wenn man den schriftlichen Überlieferungen folgt, mit dem Gebäude verbinden.

1. Erinnerung: Der mythische Kern

Der mythische Kern der Kirche[7] rankt sich um *Felix und Regula*, die beiden Stadtheiligen von Zürich. Ihre Legende ist erstmals in der

---

[6] Walter Grasskamp, Museumsgründer und Museumsstürmer. Zur Sozialgeschichte des Kunstmuseums, München 1981; Grasskamp bezieht sich dabei auf Germain Bazin/Jane van Nuis Cahill, The Museum Age (L'Art témoin), Brüssel 1967.
[7] Vgl. Walter J. Hollenweger, Schöpferische Liturgie, in: Rainer Bürgel (Hg.), Umgang mit Raum. Dokumentation über den 16. Evangelischen Kirchbautag Kassel 1976, Gütersloh, 1977, 89–98, hier 89: „Es gibt beobachtbare Tatsachen, die uns zeigen, dass eine Kirche ohne Mythos, ein Glaube ohne Mythos von der Mehrheit der Christen (inklusive der Pfarrer), ganz zu schweigen von den Nichtchristen, nicht

ersten Hälfte des 8. Jahrhunderts schriftlich fixiert worden[8] und erzählt die Geschichte zweier Mitglieder der Thebäischen Legion, die wegen ihres christlichen Glaubens nach Zürich flüchteten und dort von kaiserlichen Häschern gefangen und auf einer kleinen Insel im örtlichen Fluss Limmat enthauptet wurden. Einer späteren Erweiterung der Legende nach schritten die Getöteten danach mit ihren Köpfen in der Hand selbst 40 Schritte den Berg hinauf zu ihrer Grabstätte. Der Hinrichtungsort soll nun jene Insel in der Limmat gewesen sein, auf der später die Wasserkirche errichtet wurde, der Bestat-Bestattungsort jener Märtyrer, an dem heute das Großmünster steht. Dort werden dann auch die ersten durch die Märtyrer bewirkten Wunder geschildert. Nach und nach verbindet sich eine spezifische Volksfrömmigkeit mit dem Ort der Hinrichtung, nicht zuletzt deshalb, weil sich dort ein Findling befindet, auf dem die Enthauptung der Märtyrer vollzogen worden sein soll. 1480 schreibt ein Augustinerchorherr namens Marrtin von Bartenstein (lebte um 1480) dazu: *„Do machtent die christen menschen eyn cappell an der statt vff dem steyn über das blut, das sy vergossen hatten."*[9] Eine andere Erzählung führt diesen ersten Kapellenbau auf eine durch ein Wunder bewirkte Anordnung Karls des Großen zurück.[10] Letztlich wird hier der Rahmen für das konstruiert, was Menschen in vorreformatorischen Zeiten als *heiligen* Ort erfahren haben, also ein Bruch in der Homogenität des Raumes, für den dann der Kirchenbau ein Bild darstellen soll. Für die Menschen war dort, wo der Findling zu sehen war, ein Bruch in der Homogenität des Raumes[11], eine besondere Stelle, die sie nach und nach in ihrer Erinnerung als wirkungsmächtigen, heilsamen und daher heiligen Ort ansahen.

2. Erinnerung: Der Ort der Wunder

An die Stelle des ersten romanischen Gebäudes muss irgendwann nach 1280 ein frühgotischer Bau mit zwei Altären getreten sein, der somit auch vom Erfolg einer nicht zuletzt vom örtlichen Stift betriebenen regionalen Verortung des Heiligen kündet. Martin von Barten-

---

verstanden werden kann. Das ist deshalb so, weil Kommunikation von Informationen ohne Mythenrahmen sich in allen Bereichen menschlichen Wissens als undurchführbar erwiesen hat."
[8] St. Gallen, Stiftsbibliothek, Cod. Sang. 225, p. 473-478.
[9] Zit. nach Vögelin (wie Anm. 2), 5.
[10] Ebd.
[11] Mircea Eliade, Das Heilige und das Profane. Vom Wesen des Religiösen, Frankfurt am Main 1984, 23: „ein heiliger Ort stellt einen Bruch in der Homogenität des Raumes dar; dieser Bruch ist durch eine ‚Öffnung' symbolisiert, die den Übergang von einer kosmischen Region zur anderen ermöglicht".

stein schreibt 1480 rückblickend über die religiöse Wirksamkeit der Wasserkirche: „Vnd geschahen do alle zit on underlassung grosse wunder vnd zeichen".[12] Ehrlicherweise muss man zugeben, dass diese Wunder und Zeichen aber erst richtig einzusetzen begannen, als die Wasserkirche in den Besitz des Stifts übergegangen war. Und da die Menschen diesen Ort und das auf ihm stehende Gebäude aber nun als wirkungsmächtig ansahen, spendeten sie für die Kirche so viel, „dass die Zahl der Altäre wie der sie betreuenden Kapläne sich bis zum Ende des fünfzehnten Jahrhunderts auf sechs vermehrte."[13] Zwei davon waren den Stadtheiligen gewidmet, einer den heiligen drei Königen, einer Stephanus und Laurentius, einer dem heiligen Antonius und einer dem Heiligen Kreuz.[14] Eine kleine Kapelle zwischen zwei Großkirchen, die allein sechs Altäre samt Kaplänen hatte! Zu diesem Erfolg trug sicher nicht zuletzt eine geschickte Inszenierung der Erinnerungskultur bei, durch die sich ein Miniatur-Pilgerpfad zwischen dem Fraumünster in Zürich als Reliquienort, der Wasserkirche als Hinrichtungsstätte und dem Großmünster als Grablege der Stadtheiligen ergab. Erinnerung will kultiviert und inszeniert werden. Dadurch wurde die Wasserkirche zur „hochheilige[n] Kapelle, welche der Grund und Ursprung des Heils, ja des Daseins unserer ganzen Stadt geworden" – wie eine Verlautbarung von 1274 bekanntgab.[15] Aus den Chroniken der Stadt Zürich ergibt sich, dass 1418 „unter einem großen Gedränge zuschauenden Volkes ‚arme Frauen in der Wasserkilchen' tanzeten", also einen Veitstanz aufführten.[16] Die Stadtverwaltung trug ihren Teil zur Bedeutungssteigerung bei, indem sie öffentliche Prozesse unter einem Vordach der Wasserkirche abhielt und, wie es damals für Kirchen allgemein üblich war, einige städtische Veranstaltungen in die Kirche verlegte. So wurde die kleine Kapelle zur populärsten Kirche Zürichs, hier schlug das Herz der Stadt.

3. Erinnerung: Der Bildersturm

Als Huldrych Zwingli (1484–1531) 1519 in Zürich tätig wurde und reformatorisches Gedankengut verbreitete und sich 1523 überdies konkret gegen die Bilder aussprach, musste die Wasserkirche geradezu als Inbegriff dessen gelten, wogegen er anging. Hier konzentrierte sich die populäre Heiligenanbetung – und hier wurde

---

[12] Vögelin (wie Anm. 2), 5.
[13] Helfenstein (wie Anm. 5), 7.
[14] Vögelin (wie Anm. 2), 12.
[15] Zit. nach Vögelin (wie Anm. 2), 9.
[16] Ebd., 13.

Bilderkult betrieben, so dass die Kirche in den Augen der Reformatoren als wahre „Götzenkirche" erschien. Heinrich Bullinger (1504–1575) hat in seiner Reformationsgeschichte von 1564 unter dem Stichwort „Götzenkrieg" eine interessante Beschreibung der nun folgenden Vorgänge gegeben: „Alls von anfang dises Götzenkriegs ettliche anhübend uß dem kylchen Zürych die Bilder ryssen, erkandt sich ein radt, das nieman solte keine Bilder uß der kylchen thun, sy werind dann sin. Und durch das mittel kamend der götzen vil uß den kylchen. Und des 20 Juny wurdent geordnet die 5 lutpriester, Zwingli, Engelhart, Leo, und zu inen 2 man von der Canstafel, ouch von yeder zunfft einer, all des radts, und zu disen der Buro und werchmeister der Statt, mit Schmiden, Schlossern, Steinmetzen, zimmerlüten und bölknächten. Die sind in die kylchen gangen, habend die nach inen zu beschlossen, und alle bilder, nitt one arbeit, hinwäg gethan. Die mitt der zyt alle zerbrochen, verbrent und zu nüty gemacht sind. [...] Und innet 13 tagen warend alle kylchen, in der Statt, gerumpt. Da fast kostliche werck der Malery und Bildschnitzery, insbesonders ein Schöne kostliche taafel, in der wasserkylchen, und andere kostliche und schöne werk zerschlagen wurdent. Das die aberglöubigen übel beduret, die rächt glöubigen aber für ein großen frölichen gottsdienst hieltend."[17] Das Ergebnis des Bildersturms hat drei Jahrhunderte später Franz Hegi (1774–1850) auf einer Kupfertafel festgehalten bzw. imaginiert: eine leere sonnendurchflutete Kirche, an der nur auffällt, dass vor dem Altar der alte Schacht zum Findling, also die Erinnerung an den Ursprungs-Mythos sorgsam freigehalten wurde. Ansonsten blicken wir hier auf einen Kirchenraum, der von vielen Menschen weltweit als typisch reformierter Kirchenraum erinnert würde: ganz reduziert, ohne Bilder und Figurenschmuck. In Wirklichkeit wurde die Wasserkirche aber gar nicht zum reformierten Gottesdienst genutzt, sondern – eben weil sie als Götzenkirche erinnert wurde – stillgelegt.

4. Erinnerung: Der Handelsplatz

Das führt uns zur vierten Erinnerung, die mit diesem Gebäude verknüpft ist und die man als ihre merkantile Inbesitznahme bezeichnen könnte. Hatte bis dahin immer schon ein gewisser Handel unter dem hölzernen Vordach der Wasserkirche stattgefunden, so wurde nun nach 20 Jahren des Leerstandes um 1545 eine Markhalle in der Kirche eingerichtet. Das war für die Händler so ertragreich, dass sie 1581 in die Kirche zwei Zwischenböden einzogen, um das große Raumvolumen besser für zusätzliche Warenlager nutzen zu können.

---

[17] Heinrich Bullinger, Reformationsgeschichte. Band 1, Frauenfeld 1838, 175.

Fast alle alten Kirchen, die wir kennen, haben im Laufe ihrer Geschichte zeitweise einmal ein derartiges Schicksal erlitten, aber hier war der Absturz von der „Heiligen Kapelle" zur Markthalle doch sehr groß. Unser Zeuge, der reformierte Pfarrer und Lokalhistoriker Salomon Vögelin, fasst das so in Worte: „Das Schicksal unserer Kapelle macht somit auch eine wichtige Epoche unserer Handelsverhältnisse anschaulich. Aber daß sie, ursprünglich für die höchsten geistigen Zwecke erbaut, nun den rein materiellen Interessen dienstbar gemacht; daß sie aus einem ‚Gotteshause' zu einem Lagerhause für Kaufmannsgut herabgewürdigt, und dazu ihre architektonische Schönheit traurig verunstaltet wurde; daß in ihren untern Räumen, wo einst stille feierliche Andacht waltete, jetzt das laute verworrene Geschrei der Käufer- und Verkäufer-Stimmen ertönte, oben aber, von wo herab sonst die hellen und erhebenden Töne der Orgel erklangen, nun dumpfes Gepolter von hin und her geworfenen Waarenballen das Ohr erschütterte und beleidigte – das war der Wasserkirche tiefste Erniedrigung!"[18] Man muss auf die Ambivalenz dieser Beschreibung achten, die geradezu un-reformierten Zwischentöne, die Vögelin hier anschlägt. Zum einen ist er ganz mit der Zeit, wenn er den erfolgreichen Handel beschreibt, der in Zürich stattfindet. Dann aber schlägt sein Entsetzen über die Differenz zwischen ursprünglichem Zweck des Gebäudes und der späteren Nutzung durch. Auf der einen Seite „höchste geistige Zwecke", auf der anderen „rein materielle Interessen". Auf der einen Seite „architektonische Schönheit", auf der anderen Seite funktionalistische Verunstaltung. Auf der einen Seite „stille feierliche Andacht", auf der anderen Seite „lautes verworrenes Geschrei". Auf der einen Seite „die hellen und erhebenden Töne der Orgel", auf der anderen Seite das „dumpfe Gepolter", das „das Ohr erschüttert". Besser hätte auch ein katholischer Kritiker die wahrnehmbaren Folgen der Reformation für das Gebäude nicht auf den Begriff bringen können. Offenkundig geht Vögelin davon aus, dass Kirchengebäude *mehr* als nur räumliche Umfassung des Gottesdienstes sind, dass sie einen Mehrwert besitzen, der durch profanen Gebrauch minimiert werden kann. Wenn es aber schon einem Reformierten in seiner Erinnerung an die ursprüngliche Funktion dieser Kirche so geht, wie mussten dann Katholiken von diesem „Frevel" denken?

5. Erinnerung: Das Ärgernis

Die Wasserkirche – und damit komme ich zur fünften Erinnerung – war vor allem für die zahlreichen durchreisenden katholischen Pilger

---

[18] Vögelin (wie Anm. 2), 34.

auf dem Weg zum Kloster Einsiedeln bzw. weiter nach Santiago de Compostela ein Problem. Sie machten hier Rast und stießen auf ein Gebäude, das der äußeren Form nach eine Kirche war, im Inneren aber eine Markthalle beherbergte. Da musste man ja notwendig an Joh 2,16 denken: *Macht meines Vaters Haus nicht zum Kaufhaus!* War das repräsentativ für die Praxis der Reformierten?

Der reformierte Pfarrer und Antistes Johann Jakob Breitinger (1575–1645) schreibt deshalb 1643 an den Rat der Stadt Zürich über die Wasserkirche: „Euch den alten Unsren Gnädigen Herren ist zum Theil selbs, zum Theil aus Euerer Lobl. Voreltern Mund gar unverborgen, wie daß gleich von Anfang unserer Christlichen Reformation und hernach allen frommen verstendigen vatterlendischen Herzen sehr widrig gynn, daß die jetzig Wasserkilchen zwaren gleich gesehen einer Kilchen, und der außeren Form nach ein Kilchen verblieben, darneben in alweg mißbrucht, entgestet und zum Kouffhauß gemachet worden. Darum vil Ehrenleuth gewünscht, daß gleich anfangs der Reformation die Wasserkilchen wer uf den Boden geschliffen, oder in andere Gestalt were veeendert worden, zur Abschaffung der Ergenuß der Papisten."[19] Es wird nicht ganz deutlich, was den obersten Protestanten Zürichs mehr ärgert: die Nutzung der Kirche als Markthalle und Warenlager (die ihm als Reformiertem ja eigentlich gleich sein könnte) oder der verächtliche Blick der „Papisten" und der Bildungsbürger über den Umstand, dass Reformierte ein früheres Kulturgut so zuschanden kommen ließen. Vermutlich war es letzteres.

Breitingers Argumentation hat übrigens eine interessante Parallele in Martin Luthers (1483–1546) Argument zum Kirchenbau in seiner *Kirchenpostille* von 1522. Da sagt Luther zu Zweck und Nutzen des Kirchenbaus und den Folgen, wenn dieser nicht mehr vorliegt: „Denn keyn ander ursach ist kirchenn zu bawenn, ßo yhe eyn ursach ist, denn nur, die Christen mugen tzusammenkomen, betten, predigt horen und sacrament emphahen. Und wo dieselb ursach auffhoret, sollt man dieselben Kirchen abbrechen, wie man allen andern hewßeern thutt, wenn sie nymmer nütz sind."[20] Kirchenpädagogisch gesprochen sind sich also Luther und Breitinger einig: Bevor es zu einer falschen Nutzung kommt, sollte man ein Kirchengebäude lieber abreißen, vor allem damit es nicht zu Missverständnissen kommt.

---

[19] Zit. nach Vögelin (wie Anm. 2), 39, Anm. 1.
[20] So Luther in der Kirchenpostille 1522 (WA 10/I, 1, 252).

6. Erinnerung: Die Kulturrevolution

Das Unbehagen am Status quo müssen aber einige Zürcher auch schon in den Jahrzehnten zuvor mit ihm geteilt haben. Jedenfalls kommt es in der ersten Hälfte des 17. Jahrhunderts im Blick auf die Wasserkirche faktisch zu einer Art Kulturrevolution, meiner sechsten Erinnerung.[21] 1629 kommen in Zürich vier junge Wissenschaftler aus begüterten Familien zusammen und sprechen in einer abendlichen Runde darüber, dass eine Kulturstadt wie Zürich eigentlich so etwas wie eine jedermann zugängliche öffentliche Bibliothek brauche, ein Magazin des geteilten Wissens sozusagen. Ein Magazin, das ausgestattet werden müsse mit Bücher- und Sachspenden der Mitbürger. Ihr Mentor, Professor Heinrich Ulrich (1665–1730), bestätigt sie in ihrem Anliegen, und so beginnen sie eifrig mit ihrer Sammlung. Der erste Beitrag zur Bibliothek war übrigens die zweibändige illustrierte Koberger Bibel von 1483 mit 109 Holzschnitten. Die jungen Männer sind so erfolgreich, dass in kürzester Zeit ihr privater Raum für die Lagerung der Bücher zu klein wird. Daher beantragen sie 1631 beim Rat der Stadt Zürich, ihnen die oberen Räume in der Wasserkirche „zur bequemen und öffentlichen Aufstellung" ihrer Bibliothek zu Verfügung zu stellen. Der Rat sagt nicht nur zu, sondern finanziert auch den notwendigen Umbau. Die Wasserkirche teilt sich nun in drei Ebenen: unten die Markthalle, darüber die eigentliche Bibliothek und auf der dritten Ebene eine Art Kunst- und Raritätenkammer, die vor allem Münzen und Medaillen, naturwissenschaftliche Geräte, aber auch Porträts und andere Bilder enthält. Diese öffentliche Bürger-Bibliothek mit angeschlossenem Museum ist sicher etwas Einzigartiges in Europa, wenn sie auch dem Trend der Zeit entsprang, ehemals private Sammlungen der Allgemeinheit zugänglich zu machen.[22] In der öffentlichen Wahrnehmung und damit auch in der Erinnerung wurde die Wasserkirche nun zunehmend mit ihrem Nutzen als Bibliothek und Museum verbunden. Sie wurde damit vom einstigen Kultort über den zwischenzeitlichen Handelsort schließlich zum Kulturort. Jeder dieser Orte hat aber seine eigene Form der Erinnerung – und das wirkt auch nach dem Ende der jeweiligen Periode weiter fort. Die Frage, die sich als nächste stellte, war, in welchem Verhältnis der frühere Kultort zum jetzigen Kulturort stand.

---

[21] Vgl. zum Folgenden Vögelin (wie Anm. 2), 39ff.
[22] Wenige Jahre später (1661) erwarb das reformierte Basel das sogenannte Amerbach-Kabinett mit 9000 Büchern und zahlreichen berühmten Gemälden und Kunstwerken und macht es 1671 öffentlich zugänglich. Dieses war aber der Universität Basel zugeordnet.

7. Erinnerung: Die Macht des Kirchenraums

Was macht ein Raum mit seinen Inhalten? Dürfen Bilder wieder an einen Ort gebracht werden, der doch Erinnerungsort reformatorischen Bildersturms ist? Dieser Frage gilt die siebte Erinnerung. Der erwähnte Antistes Breitinger, der den Aufbau der Bibliothek stark förderte, hatte gegenüber dem Ausbau der Kunstkammer dagegen starke Bedenken. Bücher schön und gut, aber Bilder als Ausstellungsstücke in einer stillgelegten Kirche? Er mahnte zunächst verhalten an, „daß, um allbereits [hervor, A. M.]blickenden Mißbräuchen zu begegnen, vorderst Maß gehalten werde mit Aufstellung von Conterfaiten fremder und dazu solcher Personen, derenthalben keine Gewißheit, daß sie unserer wahren christlichen Confession recht zugethan oder günstig gewesen seyend ...; deßnahen daß an diesem Orte einige musikalische Instrumente, wie die Narren haben, oder unter was Schein man sie aufbrächte, nicht geduldet werden, da man solcher Dinge weder für den obern noch untern Theil der Kirche bedürfe, wohl aber dieselben allerhand Verdacht und Gedanken sowohl bei unsern Nachbarn als bei unsern eigenen Leuten verursachen müßten, was alles besser vermieden bliebe."[23]

Da er sich nicht durchsetzen konnte, konkretisiert er seine Einwände: insbesondere eine der Bibliothek gestiftete kleine Orgel ärgert ihn. Auf ihr wurde natürlich auch gespielt, so dass nach außen hin der akustische Eindruck entstand, in Zürich würde die Reformation quasi kirchenmusikalisch rückgängig gemacht. Auch einige der ausgestellten Bilder seien unerträglich, so „daß er ein Stück solcher Abgötterei mit eigener Hand abgerissen und zu nichte gemacht" habe.[24] Ebenso inkriminierte er die als Kulturgut ausgestellten Reliquienkästchen. Es bestünde die Gefahr, dass aus der *Bibliotheca* eine *Iconotheca* werde, was im Blick auf die frühere Geschichte des Gebäudes höchst problematisch sei. Er schreibt an die Leiter der Bibliothek, worum es ihm geht: „Aussert den Kilchen zieret Eure Häuser mit ehrbaren Kunststücken Euers Gefallens. Dulden wir doch die Bildnisse des Mahomets, des Pabsts, des Türken. – Aber, liebe Herren! Hüthet Euch vor allem Schein des Bösen, und zweifelt nit, daß das ganze Pabstthum einen solchen Anfang genommen von ... Dingen, die Niemand für Sünd gehalten oder denken können, daß mit der Zeit das Christenthum gerathen würde in ein solch Heidenthum."[25]

---

[23] Vögelin (wie Anm. 2), 49.
[24] Ebd. 50. Es reichte schon, dass ein Bildnis den lutherischen Gustav II. Adolf (1594–1632) zeigte, um seinen Zorn zu erregen.
[25] Zit. ebd. 53, Anm. 59.

Bei aller Liberalität im privaten Umgang mit Bildern, so gilt das nicht für jeden Kontext. Das alte Kirchengebäude ist es, das seine Besorgnis erregt. Es könnte sein, so sein Einwand, dass der Raum wirkungsmächtiger ist als man dachte und das Gebäude unter der Hand beginnt, die darin ausgestellten Gegenstände zu heiligen. Erinnerung hat eine gefährliche Eigendynamik. Und die musste unter Kontrolle der reformierten Theologie bleiben.

8. Erinnerung: Der Erfolg des Kulturmodells

Die Einwände von Antistes Breitinger vermochten die Bibliothekare und die Zürcher Öffentlichkeit nicht zu überzeugen, allzu erfolgreich war das Modell einer in eine frühere Kirche eingebauten Bibliothek mit angeschlossener Kunstkammer und später sogar mit einem Vortragssaal. Die achte Erinnerung gilt daher den Gründen für den Erfolg dieses Kulturmodells. Letztlich besagt das Handeln der Bibliothekare ja, dass der Gewinn des räumlichen Rahmens höher zu schätzen sei als die Gefahr der fortdauernden Sakralisierung. Sie wollen vom Sakralraum den kulturellen Mehrwert abschöpfen, ohne den Preis des Sakralismus zu bezahlen. Die Frage ist, ob das funktioniert. Zumindest aber ist das Modell einer Kirche, in die man geht, nicht um zu beten oder Andacht zu halten, sondern um zu lesen und mit anderen darüber zu debattieren, so erfolgreich, dass der Bibliothek immer mehr Bücher und Gelder zufließen. Der neu eingerichtete Vortragssaal wird nun dringend für die Bücher benötigt. Das führt zu einem kompletten Umbau der Inneneinrichtung, der nun auf der einen Seite den kirchlichen Charakter wieder stärker hervorhebt, insofern er das ganze Kirchenschiff wieder sichtbar macht, auf der anderen Seite dem Ganzen aber eine ästhetische Anmutung gibt, wie wir sie von den etwas früher entstandenen Tempeln der Hugenotten kennen. Universitätsflair und kirchlicher Versammlungsraum verschmelzen. Vielleicht wird die Wasserkirche erst mit diesem Umbau zu einer mehrstöckigen Bibliothek zu einem wirklichen reformierten Versammlungsraum. Damit wäre die Metamorphose vollzogen und der ursprüngliche Kultcharakter des Raumes endgültig verabschiedet, um nun als Tempel der Wissenschaft zu dienen: „Sie stand nun auch in ihrem Innern wiederum da als ein Tempel, zwar nicht mehr zur Verehrung jener Märtyrer oder Schutzheiligen, zu deren Ehren sie einst erbaut ward, wohl aber als ein höherer – als ein Tempel der Weisheit und Wissenschaft, wie schon die Alten die Bibliotheken nannten, auf dessen innerer einfacher Ausschmückung das Auge mit Wohlgefallen ruhte ... Fortdauernd gewährt Fremden und Einheimischen beim Eintritt in das Innere dieses Tempels die Weite und Höhe des Raumes, die beiden hohen auf Säulen ruhenden Galerien, die

Bekleidung der Wände mit Büchern bis zu oberst hinauf ..., die überall entgegenkommende Ordnung, Reinlichkeit, Bequemlichkeit einen überraschenden Anblick und erfüllte viele mit angenehmen Erstaunen."[26] Zumindest bis ins 20. Jahrhundert hat das gerade Geschilderte seinen Bestand. Ein altes Foto aus dem Jahr 1900 zeigt den Raumeindruck von oben. Man erkennt darauf nicht nur die Fülle an Folianten in den Regalen und auf den Brüstungen der Emporen, sondern auch zahlreiche Gelehrtenbüsten im unteren Raum und großformatige Gemälde über den Büchern in der dritten Etage. Die ebenfalls auf dem Foto abgelichteten ausgestopften Tiere (Krokodil und Schwertfisch) sind zwischenzeitlich verschwunden.

9. Erinnerung: Der reformierte Versammlungsraum

Unsere Geschichte wäre damit zu Ende, wenn es nicht noch im 20. Jahrhundert eine überraschende Wende gegeben hätte, die die Erzählung um die neunte Variante der Erinnerung ergänzt. Im 19. Jahrhundert stieß die Bibliothek endgültig an ihre Grenzen. 1916 wird in Zürich am Zähringerplatz eine neue Stadtbibliothek gebaut, in die die bisherigen Buchbestände umziehen, während die Reste der Kunst- und Raritätenkammer auf andere Museen verteilt werden. Die bürgerliche Bibliotheksgesellschaft der Wasserkirche löst sich nach 287 Jahren des Bestehens im Mai 1916 auf. Der „Tempel der Weisheit und Wissenschaft" steht nach fast 300 bzw. 400 Jahren wieder leer. Es folgt eine längere Auseinandersetzung über die künftige Nutzung des Gebäudes. „Schliesslich wurde sie in ihren ursprünglichen Zustand zurückversetzt und dient seit 1943 der zürcherischen Landeskirche wieder als Gotteshaus. Mit freudig bewegten Worten begrüsste man damals das Ereignis: ‚Im Verlaufe der Jahrhunderte ist an diesem Bauwerk viel und arg gesündigt worden. Ohne Respekt für seinen Charakter und ohne Verständnis für seine Schönheit wurde es verschandelt. Nun aber sind die üblen Zutaten beseitigt.'"[27] Auch das ist eine Form der Erinnerungskultur. Selbst wenn sich die Aussage eher auf die barocken Einbauten der Kirche als auf ihre Nutzungen bezieht, ist es doch interessant, dass die neuen reformierten Nutzer sich vorbehaltlos positiv auf die ursprüngliche katholische Konzeption der Kirche (ihren Charakter und ihre Schönheit) beziehen. In einem Informationsblatt zur Wasserkirche ist zu lesen: „1940/41 entfernte man die barocken Einbauten aus der leer stehenden Wasserkirche und baute sie in einen Kirchenraum um." Das ist insofern interessant, als es unterstellt, die barocken Einbauten seien der

---

[26] Vögelin (wie Anm. 2), 82.
[27] Helfenstein (wie Anm. 5), 14.

Wahrnehmung als Kirchenraum hinderlich. Vor dem Hintergrund des reformierten Kirchenbaus – mit einer Fülle barocker Kirchen samt Emporen – will das überhaupt nicht einleuchten. Der Umbau geschah aber in einer Zeit, in der das „Ursprüngliche" und nicht das „Gewordene" geschätzt wurde. Dazu passen die von Augusto Giacometti (1877–1947) gestalteten Chorfenster, die das Leben Jesu samt Kreuzigung wenn auch im Kontext eines modernen Menschen zeigen.
Heute gliedert sich die Wasserkirche in verschiedene Erinnerungsorte. Die Kirche selbst erscheint so, wie sie nach Zwinglis Bildersturm 1524 ausgesehen haben mag. Sie wird einmal in der Woche für den Gottesdienst genutzt. Ein archäologischer Teil erlaubt den Zugang zum „Märtyrerstein" der Stadtheiligen Felix und Regula, deren Heiligenlegende ausführlich erzählt wird. Manche Besucher, so schreibt eine Zeitung, „legen Kerzen und Blumen nieder, andere umarmen den Stein."[28]

10. Erinnerung: Die Erinnerung im Wandel

Ich komme zum Schluss. *Die Erinnerung im Wandel* – ist das nun die eierlegende Wollmichsau? Von allem etwas? Der freigelegte Findling als anbetungswürdiger Hinrichtungsort im Basement der Kirche? Die auf Schautafeln erzählte Geschichte dieses Ortes zur Vergegenwärtigung seiner Bedeutung? Der Hinweis auf den potentiellen kulturellen Veranstaltungsort? Mittwoch bis Freitag von 14 bis 17 Uhr, Samstag 12 bis 17 Uhr für die private Andacht geöffnet? Hinter dem Taufstein der gekreuzigte Christus im Chorfenster von Giacometti? Und sonntags um 18 Uhr der reformierte Gottesdienst? Der christliche Versammlungsraum wie früher als Wegekirche auf den Chor als Zentrum ausgerichtet? Und dienstags um 7:30 Uhr eine Morgenandacht? Ist es das, was von dieser Kirche in Erinnerung bleibt, ein postmodernes Patchwork von Geschichte und Geschichten – zum Beispiel für mein Patenkind, das gerade in Zürich studiert und sich vielleicht mal in diese Kirche verirrt? Was würde es erfahren? Was von der katholischen Volksfrömmigkeit des 15. Jahrhunderts atmet der Raum noch, was von der merkantilen Geschäftigkeit des 16. Jahrhunderts, was von den Bücherwelten des 17. bis 19. Jahrhunderts und was von den vielen erregten Debatten, die in diesem Raum über die Jahrhunderte geführt wurden? Oder atmet man froh auf, weil diese „üblen Zutaten beseitigt" wurden? Aber sind sie das?

---

[28] http://www.tagesanzeiger.ch/zuerich/stadt/Zuerichs-verschollene-Heilquelle/story/16578854 (Zugriff: 1.12.2015).

Meine erste Erinnerung an diesen Ort war eine kurze Notiz in einem Fachbuch über die Geschichte der Museen, die die Wasserkirche nicht einmal beim Namen nannte. Nur dass in einer nicht mehr genutzten Kirche in Zürich 1629 die Geschichte der öffentlichen Museen begonnen hat. Nun, das Datum stimmte nicht und auch war es nicht wirklich ein Museum. Aber es war ein Mythos, der erzählt werden konnte und der, wie ich meine, in die Tradition der Reformierten passt.

Frühere Raummythen gehen niemals ganz unter. Darin hatte Antistes Breitinger Recht, wenn er mit seinem Einwand auf die fortdauernde Wirkungsmacht des Gebäudes verwies. Unrecht hatte er in seiner Schlussfolgerung. Denn diese kann nicht lauten, auf alles Anstößige, sprich: alles zur Erinnerung Verleitende – also die „üblen Zutaten" – zu verzichten. Die Konsequenz muss lauten: einen reformierten Umgang damit zu pflegen. Das entspricht dem, was Walter Hollenweger (geb. 1927) einmal als den Vorbildcharakter der Bibel bezeichnet hat: „Die Kriterien zur Unterscheidung des Mythos im Allgemeinen und des ‚wahren Mythos' werden aus dem Umgang der biblischen Schriftsteller mit dem ihnen vorliegenden Mythenmaterial erhoben."[29] Wir werden daran gemessen, wie wir uns die Geschichte erinnernd aneignen und deuten und nicht daran, ob es uns gelingt, deren Spuren auszulöschen.

Am Anfang meiner Ausführungen stand der Satz von Salomo Vögelin: „Nicht jedes Gebäude hat eine Geschichte. Nur diejenigen haben im Grunde eine solche, welche entweder sehr merkwürdige Umwandelungen zum Dienste der verschiedenartigsten Zwecke erfuhren, oder an welche sich merkwürdige geschichtliche Erinnerungen, wichtige Begegnisse, entscheidende Thatsachen oder bedeutende Veränderungen für ein Land, einen Ort, einen gesellschaftlichen Verein anknüpfen." Wenn das die Kriterien für Orte der Erinnerung sind, dann gehört eben nicht nur die ursprüngliche Gestalt der Wasserkirche aus dem Jahr 1487, sondern jede ihrer einzelnen Erinnerungsstationen dazu. Im Zusammenhang entsteht daraus ein neuer Raummythos für die Gegenwart, der Auskunft gibt über die Geistesgegenwart einer Religion bzw. Konfession – der reformierten. Die Geschichte der Wasserkirche ist daher hoffentlich noch nicht zu Ende.

---

[29] Hollenweger (wie Anm. 7), 90.

Der Weg zur Heiligung?
Kirchenzucht in Tradition und Erinnerung

von Judith Becker

Im Jahr 1980 wurde ein junger Pfarrer auf eine vakante Pfarrstelle in Siegen gewählt. Er begann mit Gottesdienst, Konfirmandenunterricht, Seelsorge, lernte die Gemeinde kennen – und sah, was er in seinem Pfarramtsbüro von seinem Vorgänger geerbt hatte.[1] Zum Erbe gehörten Abendmahlskarten, die an Gemeindeglieder ausgeteilt wurden, nachdem sie für würdig zum Abendmahl befunden worden waren. Vor jedem Abendmahlsbesuch mussten sich die Gemeindeglieder bei Pfarrer oder Presbyteriumsmitgliedern präsentieren, und nur denjenigen, die ein als christlich wahrgenommenes Leben führten und die richtigen Glaubensgrundsätze vertraten, wurde eine Karte ausgehändigt. Im Abendmahlsgottesdienst wurden die Karten eingesammelt, sodass die Gemeindeleiter kontrollieren konnten, ob sich tatsächlich nur die „würdigen" Gemeindeglieder zur Abendmahlsfeier erhoben.
Der junge Pfarrer war schockiert. War tatsächlich bis zur Zeit seines Vorgängers die Kirchenzucht in Siegen so streng durchgeführt worden? Nachforschungen ergaben, dass die Kirchenzucht zwar in den letzten Jahren nicht mehr ausgeübt worden war, aber viele der älteren und auch manche der jüngeren Gemeindeglieder erinnerten sich aus dem eigenen Erleben oder Erzählungen noch an die Zucht. Als ich zwanzig Jahre später als Vikarin in diese Gemeinde kam, war die Erinnerung daran immer noch wach. Sie äußerte sich zum einen in einer großen Abendmahlsscheu: Man hatte Angst, nicht würdig zum Abendmahlsgenuss zu sein und durch einen unwürdigen Abendmahlsbesuch ins Verderben zu geraten. Zum anderen äußerte sich die Erinnerung in einer strikten Ablehnung jeder Rede von möglichem Gericht, von der Notwendigkeit einer Entscheidung im Glauben, von Gottes Anspruch an den Menschen. Viele Gemeindeglieder wollten im Jahr 2000 ausschließlich von der Liebe Gottes hören, insbesondere diejenigen mittleren Alters. Die jüngeren und älteren standen

---

[1] Interview mit B. H. und W. H., Norden, 17.3.2015.

Themen wie Sünde, Entscheidung, Gericht deutlich aufgeschlossener gegenüber.[2]
Diese Geschichte stammt aus einer liberalen Siegener, nicht einer streng pietistischen Gemeinde; wichtig an ihr ist die Bedeutung, die die Kirchenzucht in manchen reformierten Gegenden, auch in Deutschland, in der Erinnerung heute noch hat bzw. vor 15 bis 20 Jahren noch hatte, und wie aus dieser Erinnerung Erwartungen bis hin zu Handlungsanweisungen entstehen.
In diesem Artikel möchte ich fragen, wie die Kirchenzucht, die gemeinhin als Charakteristikum der Reformierten gilt, ursprünglich gemeint war, wie ihre schlechte Reputation entstanden ist und wie der reformierte Protestantismus heute Fragen der Kirchenzucht diskutiert. Dabei werde ich auch untersuchen, in welcher Beziehung die Kirchenzucht zu einer angenommenen Heiligkeit der Gemeindeglieder bzw. zur Heiligkeitsforderung an die Gemeinde stand. Sollte sie die Reinheit und damit die Heiligkeit der Gemeinde garantieren? Dies ist die im reformierten Selbstverständnis wohl am weitesten verbreitete Ansicht. Doch stimmt sie mit der historischen Realität überein, oder wie ist es zu ihr gekommen?
Dieser Artikel nähert sich dem Thema in vier Schritten. Zunächst werden Konzeptionen von Kirchenzucht im reformierten Protestantismus zur Zeit der Reformation erörtert. Dann folgt eine knappe Darstellung der Entwicklungen in der Geschichte der Kirchenzucht und ihrer Wahrnehmungen. In einem dritten Schritt werden Lehre und Gesetze zur Kirchenzucht im reformierten Protestantismus Deutschlands heute diskutiert. Am Ende stehen einige abschließende Überlegungen.

1. Konzeptionen von Kirchenzucht im reformierten Protestantismus zur Zeit der Reformation

Der reformierte Protestantismus zeichnete sich schon zur Zeit der Reformation durch eine große Vielfalt aus. Daher können im Folgenden nur drei der wirkmächtigsten und/oder originellsten Konzeptionen vorgestellt werden, die der Reformatoren Johannes Calvin (1509–1564) und Johannes a Lasco (1499–1560) sowie die des Heidelberger Katechismus.[3] Es ist zu fragen, welche Bedeutung die Kir-

---

[2] Dies machten persönliche Gespräche deutlich, in denen die Gemeindeglieder selbst solche Themen einleiteten (zustimmend oder ablehnend) sowie Reaktionen auf bestimmte Predigttexte, z.B. Lk 13,22–27 (Predigttext Buß- und Bettag, Reihe V).
[3] Calvin und zu Teilen auch a Lasco waren von Martin Bucer (1491–1551) beeinflusst, der die Kirchenzucht in deutsche Kirchenordnungen prominent einführte. Inwieweit der Ireniker Bucer als „reformiert" zu gelten hat, ist bis heute umstritten.

chenzucht für die Ekklesiologie und innerhalb der Abendmahlslehre jeweils besitzt und ob und inwiefern sie auf die Heiligkeit der Einzelnen oder der Gemeinde bezogen ist.

Johannes Calvin hat mit seiner *Institutio christianae religionis* ein Grundlagenwerk geschaffen, das weit verbreitet und fast überall im reformierten Protestantismus rezipiert wurde.[4] Calvin betont wiederholt, dass die Kirche eine *ecclesia permixta* ist, in der Erwählte und nicht Erwählte, potenziell Heilige und Unheilige, Würdige und Unwürdige zusammenkommen. Diese können nicht durch Menschen voneinander getrennt und unterschieden werden.[5] Die Kirche sei zwar heilig und die Menschen in ihr seien Heilige, aber diese Heiligkeit bestehe nicht in der Substanz der Menschen, in ihrem Sein, sondern allein durch Gott.

Calvin unterstreicht ausdrücklich, dass die Menschen sich nicht von der Kirche trennen dürfen, wenn sie sie für nicht heilig halten. Egal, wie wenige „wahrhaft" Heilige in der Kirche sein mögen, die Menschen dürfen laut Calvin trotzdem kein eigenes Urteil fällen. Denn sie könnten nicht erkennen, wer wirklich heilig ist. Calvin sagt aber auch, dass die Kirchenzucht unter anderem deshalb nötig sei, damit die Gemeindeglieder nicht Selbstjustiz übten. Zum Beweis, dass die Unreinheit anderer weder ansteckend noch gefährlich sei, verweist Calvin auf Jesus und die Apostel: „Sie wußten, daß die, welche mit reinem Gewissen an den gleichen heiligen Handlungen teilnahmen, durch die Gesellschaft der Bösen in keiner Weise befleckt wurden."[6] Sündenvergebung sei in der Kirche jederzeit möglich.

---

[4] Johannes Calvin, Inst., 1559, in: Peter Barth/Wilhelm Niesel/Dora Scheuner (Hg.), Joannis Calvini opera selecta, 5 Bde., Bd. III–V, München 1967–74. Die deutsche Übersetzung folgt: Johannes Calvin, Unterricht in der christlichen Religion. Inst., nach der letzten Ausgabe übersetzt und bearbeitet von Otto Weber, Neukirchen-Vluyn ⁵1988. Zu Calvins Biographie vgl. u.a. Christoph Strohm, Johannes Calvin. Leben und Werk des Reformators (Beck'sche Reihe 2469), München 2009; Herman J. Selderhuis (Hg.), Calvin-Handbuch (Theologen-Handbücher), Tübingen 2008; Wilhelm H. Neuser, Calvin (Sammlung Göschen 3005), Berlin 1971; Herman J. Selderhuis, Johannes Calvin. Mensch zwischen Zuversicht und Zweifel. Eine Biografie, Gütersloh 2009; Bruce Gordon, Calvin, New Haven u.a. 2009; Yves Krumenacker, Calvin. Au-delà des légendes, Montrouge 2009. Zu Calvins Ekklesiologie vgl. Judith Becker, Reformierter „Gemeindeaufbau" in Westeuropa. Zur Verbreitung von calvinischer Ekklesiologie, in: Irene Dingel/Herman J. Selderhuis (Hgg.), Calvin und Calvinismus. Europäische Perspektiven (VIEG Beiheft 84), Göttingen 2011, 263-279; dies., Die Königsherrschaft Gottes bei Calvin und im frühen reformierten Protestantismus, in: Irene Dingel/Christiane Tietz (Hgg.), Die politische Aufgabe von Religion. Perspektiven der drei monotheistischen Religionen (VIEG Beiheft 87), Göttingen 2001, 277–297.
[5] Vgl. Calvin, Inst. IV (wie Anm. 4), 1,3.
[6] Ebd., 1,19.

Mit ihrer Predigt und ihrer Ordnung solle die Kirche die Gläubigen wie eine Mutter erziehen, wobei „Ordnung" für Calvin zunächst tatsächlich die Kirchen- und weniger die Lebensordnung meint. Er redet folglich von festgelegten Gottesdienstzeiten und von der Ämterordnung.[7] Zentral ist dabei die Gemeinsamkeit, die Einheit in der Gemeinde.

Daneben gibt es bei Calvin freilich auch die Sittenzucht, die Aufgabe des Kirchenrats ist. Deren wichtigste Aufgaben sind Ehrbarkeit und Ordnung, wobei die Ehrbarkeit wesentlich das öffentliche Ansehen der Gemeinde bewahren soll, während mithilfe der Ordnung Gehorsam und Zucht eingeübt und Friede und Ruhe in der Gemeinde garantiert werden sollen. Als Beispiel für die Ehrbarkeit führt Calvin die Abendmahlsfeier an, in der keine „unheiligen Gastmähler" gefeiert werden sollen.[8] Es geht ihm also weniger um den Lebenswandel der Gemeindeglieder als vielmehr um das Leben der Gemeinde als Gemeinde.[9]

Der Sinn der Kirchenzucht sei einzig die Erhaltung der Kirche. Dabei habe die Kirche ausschließlich die geistliche Gewalt, und diese dürfe nur durch die Gemeinschaft, nicht durch Einzelne ausgeübt werden:[10] „Wie also die heilbringende *Lehre* Christi die *Seele der Kirche* ist, so steht die *Zucht* in der Kirche an der Stelle der *Sehnen*: sie bewirkt, daß die Glieder des Leibes, jedes an seinem Platz, miteinander verbunden leben. [...] Die Zucht ist also gleichsam ein *Zügel*, mit dem alle die zurückgehalten und gebändigt werden sollen, die sich trotzig gegen die Lehre Christi erheben, oder auch gleich einem *Sporn*, um die gar zu wenig Willigen anzutreiben, zuweilen aber auch gewissermaßen eine väterliche *Rute*, mit der solche, die sich ernstlicher vergangen haben, in Milde und im Einklang mit der Sanftmut des Geistes Christi gezüchtigt werden sollen."[11]

Calvin denkt sich die Gemeinde als Körper, als Leib Christi, in dem die Kirchenzucht gleich den Sehnen eine erhaltende und aufbauende Aufgabe hat. Durch das Bild des Leibes vermittelt, steht hier die Einheit im Vordergrund.

Bei der Beschreibung des Ablaufs der Kirchenzucht orientieren sich alle Reformatoren an Matthäus 18: Bei Sünden, die nicht öffentlich bekannt sind, sollen die Menschen zunächst unter vier Augen er-

---

[7] Vgl. ebd., 1,4.5; 10,28f.
[8] Ebd., 10,29.
[9] Vgl. ebd.: „So lassen sich alle kirchlichen Satzungen, die wir als heilig und heilsam annehmen, in zwei Hauptstücken zusammenfassen: die einen beziehen sich nämlich auf Gebräuche und Zeremonien, die anderen auf die Zucht und den Frieden".
[10] Vgl. ebd., 11.
[11] Ebd., 12,1.

mahnt werden. Erst wenn sie sich uneinsichtig zeigen, sollen sie öffentlich, das heißt im Kirchenrat, ermahnt werden. Wer weiterhin renitent bleibt, soll aus der Gemeinschaft der Gläubigen ausgeschlossen werden. Öffentliche Sünden werden sofort öffentlich im Kirchenrat behandelt; schwere Sünden mit dem Bann belegt. Wie nahezu alle Reformatoren, betont Calvin den Unterschied zwischen Bann und Verfluchung. Der Bann schließe die Möglichkeit von Umkehr und Wiederaufnahme ebenso ein wie das Bewusstsein, dass Menschen andere nicht aus dem Reich Gottes ausschließen können, während die Verfluchung die ewige Verdammnis impliziere.[12]

Die Kirchenzucht hat verschiedene Zielsetzungen, die unter drei Aspekten gebündelt werden können. Erstens der kirchliche Aspekt: Der Kirche als Leib Christi und vor allem ihrem Haupt, Christus selbst, dürfe keine Schande gemacht werden. Zweitens der brüderliche und schwesterliche Aspekt, *„daß nicht die Guten*, wie es zu geschehen pflegt, durch den fortgesetzten Umgang mit den Bösen *verdorben werden.*"[13] An dritter Stelle nennt Calvin den persönlichen Aspekt: Die Sünder sollen durch die Zucht zur Umkehr bewegt werden. Auch bei diesen Aspekten geht es also weniger um Heiligkeit als vielmehr um Ehrbarkeit und Ordnung und um den Erhalt des Leibes Christi und seiner (Mit-)Glieder.

Heiligkeit und vor allem Würdigkeit kommen in der *Institutio* erst bei der Besprechung der Sakramente ins Spiel. Doch hier redet Calvin zunächst nicht von der Kirchenzucht. Heiligkeit ist keine Voraussetzung für die Teilnahme an den Sakramenten, im Gegenteil, die Sakramente sollen auf dem Weg des Glaubens, der nicht vollkommen ist, helfen. Ihre Wirkung erhalten sie von Gott. Die einzige Einschränkung liegt laut Calvin darin, dass sie den Ungläubigen nicht nützen. Weil aber die Menschen den Glauben nicht selbst erzwingen können, benötigt es den Heiligen Geist, „der unseren Verstand und unser Herz öffnet und für solches Zeugnis auffassungsfähig macht."[14] Die Heiligkeit steht also auch in diesem Zusammenhang bei Gott und nicht beim Menschen.

Erst in der Besprechung des Abendmahls wird die Frage von Gläubigkeit und Ungläubigkeit sowie Würdigkeit und Unwürdigkeit mit Blick auf das Tun des Menschen diskutiert. Auch hier betont Calvin jedoch, dass Christus der Aktive sei und dass seine Anwesenheit, seine Präsenz im Abendmahl, nicht von Glauben und Würdigkeit der

---

[12] Ebd., 12,2–4.9f.
[13] Ebd., 12,4.
[14] Ebd., 14,17; vgl. auch ebd., 7–9.

Teilnehmer abhänge.¹⁵ Im Abendmahl werden die Teilnehmer seiner Lehre zufolge zu einem Leib, zu einer untrennbaren Gemeinschaft, denn sie bilden gemeinsam den Leib Christi.¹⁶

Erst in Abschnitt 40 des Abendmahlskapitels beginnt Calvin, sich ausführlich mit dem unwürdigen Genuss zu beschäftigen. Hier erklärt er, das Abendmahl bringe den Gläubigen Heil, während es „für alle, deren Glauben es nicht nährt und festigt und die es nicht zum Bekenntnis seines Lobes und zur Liebe erweckt", zu einem „verderblichen Gift" werde.¹⁷ Deshalb sei laut Paulus die Selbstprüfung vonnöten.

Sofort darauf verwehrt sich Calvin indessen gegen die Auffassung, ein Mensch müsse „im Stande der Gnade" sein, um das Abendmahl würdig empfangen zu können.¹⁸ Auf keinen Fall dürfe das Abendmahl genutzt werden, um die Gewissen der Gläubigen zu „peinigen und quälen". Es müsse immer klar sein, dass der Mensch in sich selbst nicht heilig sein könne und nicht rein und gerecht, sondern dass er dies nur durch Gott erlangen könne. „Daher besteht jene *Würdigkeit*, die wir Gott als einzige und beste bringen können, darin, daß wir unsere *Niedrigkeit* und sozusagen unsere *Unwürdigkeit* vor ihn tragen, damit er uns durch seine Barmherzigkeit seiner würdig mache [...]."¹⁹ Calvin ist es zuallererst um das Gewissen und die Gewissheit der Gläubigen zu tun und um das Wissen, dass Heiligkeit allein von Gott kommen und nicht durch ein menschliches Handeln bewirkt werden kann. Daher schreibt er die Beziehung zwischen Kirchenzucht und Heiligkeit sehr klein, und ebenso die zwischen Kirchenzucht und Reinheit.

Auf Calvins Dogmatik und Ekklesiologie kann sich die Kirchenzucht als Abendmahlszucht folglich nicht berufen und auch nicht die reformierte Erinnerung von Kirchenzucht als Übung zur Bewahrung oder gar Erwirkung von Reinheit. Seiner Lehre zufolge sollte die Kirchenzucht der Einheit in der Kirche und der Vergewisserung des Einzelnen dienen. Dass dies in Genf schon zu seinen Lebzeiten anders praktiziert wurde, wird noch zu zeigen sein.

---

[15] Ebd., 17,33: „Christus reicht diese geistliche Speise *allen* dar, *allen* bietet er diesen geistlichen Trank. [...] Soll nun die Zurückweisung, die solche Leute üben, etwa die Wirkung haben, dass Speise und Trank ihre Natur verlieren? [...] Und das ist die Unverkürztheit des Sakraments, die die ganze Welt nicht zu verletzen vermag: daß Christi Fleisch und Blut den Unwürdigen *nicht weniger wahrhaftig gegeben* wird als den auserwählten Gläubigen Gottes."
[16] Ebd., 17,38.
[17] Ebd., 17,40.
[18] Ebd., 17,41.
[19] Ebd., 17,42.

Johannes a Lasco wurde 1550 zum Superintendenten der Fremdengemeinde in London berufen, wo er eine autonome Gemeinde nach den Regeln aufbaute, die er in der Bibel zu finden meinte.[20] Dazu verfasste er eine Kirchenordnung, die theologische Abhandlung und Liturgie zugleich war.[21] Im Gemeindeaufbau spielte die Kirchenzucht nach Matthäus 18 eine zentrale Rolle. Mithilfe dieses Vorgehens sollte die Gemeinde als Gemeinde erhalten werden. Im Zentrum von a Lascos Gemeindekonzeption steht die Gemeinschaft. Die Gemeinde sollte communio corporis Christi sein, die Gemeinschaft des Leibes Christi. A Lasco betont stark den Leib-Aspekt. Die Gemeindeglieder sind untereinander untrennbar verbunden wie Glieder an einem Leib. Gleichzeitig sind sie miteinander über das Haupt, Christus, verbunden. Bei a Lasco gibt es also eine vertikale wie eine hori-

---

[20] Zu a Lascos Biographie vgl. u.a. Henning P. Jürgens, Johannes a Lasco in Ostfriesland. Der Werdegang eines europäischen Reformators (SuRNR 18), Tübingen 2002; ders., Johannes a Lasco. Ein Leben in Büchern und Briefen. Eine Ausstellung der Johannes a Lasco Bibliothek vom 15.10. –28.11.1999 (Veröffentlichungen der Johannes a Lasco Bibliothek Große Kirche Emden 1), Wuppertal 1999; ders., Johannes a Lasco 1499–1560. Ein Europäer des Reformationszeitalters (Veröffentlichungen der Johannes a Lasco Bibliothek Große Kirche Emden 2), Wuppertal 1999; Christoph Strohm (Hg.), Johannes a Lasco (1499–1560). Polnischer Baron, Humanist und europäischer Reformator. Beiträge zum internationalen Symposium vom 14. –17. Oktober 1999 in der Johannes a Lasco Bibliothek Emden (SuRNR 14), Tübingen 2000; Ulrich Falkenroth, Gestalt und Wesen der Kirche bei Johannes a Lasco, Diss. Georg-August-Universität, Göttingen 1957; Harold O. J. Brown, John Laski: a Theological Biography. A Polish Contribution to the Protestant Reformation, PhD diss. Harvard University, Cambridge 1967; Dirk W. Rodgers, John à Lasco in England (AmUSt.TR 168), New York u.a. 1994. Zu a Lascos Kirchenordnung und ihrer Praxis vgl. u.a. Judith Becker, Gemeindeordnung und Kirchenzucht. Johannes a Lascos Kirchenordnung für London (1555) und die reformierte Konfessionsbildung (SMRT 122), Leiden u.a. 2007; Michael Springer, Restoring Christ's Church. John a Lasco and the Forma ac ratio (St. Andrews Studies in Reformation History), Aldershot 2007; Anneliese Sprengler-Ruppenthal, Mysterium und Riten nach der Londoner Kirchenordnung der Niederländer (ca. 1550–1566), Köln 1967.
[21] Johannes a Lasco, Forma ac ratio tota ecclesiastici Ministerii, in peregrinorum, potissimum vero Germanorum Ecclesia: instituta Londini in Anglia, per Pientissimum Principem Angliae etc. Regem *Edvardvm*, eius nominis Sextu: Anno post Christum natum 1550. Addito ad calcem libelli Priuilegio suae Maiestatis, Frankfurt 1555, in: Abraham Kuyper (Hg.), Joannis a Lasco Opera tam edita quam inedita duobus voluminibus comprehensa, 2 Bde., Bd. 2, Amsterdam u.a. 1866, 1–283. Vgl. auch Martin Micron, Kirchenordnung, wie die unter dem christlichen könig auß Engelland Edward dem VI. in der statt Lonfen in der niderlendischen gemeine Christi durch kön. majest. mandat geordnet und gehalten worden, mit der kirchendiener und eltesten bewilligung, durch herrn Johannes von Lasco, freiherren in Polen, superintendenten derselbigen kirchen in Engelland, in lateinischer sprach weitleuftiger beschrieben, aber durch Martinum Micronium in eine kurze summ verfasset und jetzund verdeutschet. (Heidelberg: Johannes Mayer, 1565), in: Emil Sehling (Hg.), Die evangelischen Kirchenordnungen des XVI. Jahrhunderts, Bd. VII,2,1 (bearb. v. Anneliese Sprengler-Ruppenthal), Tübingen 1963, 552–667.

zontale Verbundenheit. Diese doppelte Verbundenheit ist in ihrer Hervorhebung für die Reformationszeit ungewöhnlich.
Weiterhin wird die Gemeinschaft dadurch akzentuiert, dass in allen agendarischen Texten und in den Gebeten immer wieder vom „Wir" die Rede ist, a Lasco also durchgängig in der ersten Person Plural formuliert. Damit wird der Gemeinde die Bedeutung der Gemeinschaft stets vor Augen gehalten.
Das Fundament der Gemeinde als communio corporis Christi liegt im Abendmahl. Dort wird die Gemeinde als Gemeinschaft gebildet, befestigt und gleichzeitig in der gemeinsamen Feier abgebildet, mit den Sinnen erfahrbar und für die Augen sichtbar. Das Abendmahl soll die Gemeinde zusammenschweißen und richtet ihren Blick auf das Haupt, Christus, der für die Menschen gestorben ist. Die Gemeinschaft wird auf diese Weise im Mahl vergegenwärtigt.
Für die Mitglieder der Fremdengemeinde, von denen viele nach London geflohen waren, war die Vergewisserung ein wichtiger Bestandteil des Glaubens und der Abendmahlsfeier. Im Abendmahl konnten sich die Gemeindeglieder der Gemeinschaft mit Christus vergewissern und symbolisch erleben, dass sie in dieser Gemeinschaft Heil und ewiges Leben erlangen würden. Das Ziel aber des menschlichen Lebens und aller kirchlichen Vollzüge sollte die Ehre Gottes sein.
A Lasco hatte bei der Gründung der Gemeinde vom englischen König Edward VI. (1537–1553) die Aufforderung erhalten, die Gemeinde auf biblischer Grundlage aufzubauen.[22] Sie sollte sich

---

[22] Vgl. Diarmaid MacCulloch, Thomas Cranmer. A Life, New Haven/London 1996. Zu den Fremdengemeinden in London vgl. Andrew Pettegree, Foreign Protestant Communities in Sixteenth-Century London, Oxford 1986; ders., The French and Walloon Communities in London, 1550–1688, in: Ole Peter Grell/Jonathan I. Israel/Nicholas Tyacke (Hgg.), From persecution to toleration: the glorious revolution in England, Oxford 1991, 77–96; Ole Peter Grell, Calvinist Exiles in Tudor and Stuart England, Aldershot 1996; Philippe Denis, Les Eglises d'Etrangers à Londres jusqu'à la mort de Calvin. De l'église de Jean Lasco à l'établissement du calvinisme, Thèse de Licence Université de Liège, Liège 1974; Charles G. Littleton, Geneva on Threadneedle Street: The French Church of London and its Congregation, 1560–1625, PhD diss. University of Michigan, Ann Arbor 1996; Randolph Vigne/Charles G. Littleton (Hgg.), From strangers to citizens: the integration of immigrant communities in Britain, Ireland and colonial America, 1550–1750. Proceedings of a conference convened in London on April 5–7, 2001 by the Huguenot Society of Great Britain and Ireland, Brighton u.a. 2001; Frederick A. Norwood, The Strangers' „Model Churches" in Sixteenth-Century England, in: Franklin Hamlin Littell (Hg.), Reformation studies; essays in honor of Roland H. Bainton, Richmond 1962, 181–196; Christoph Strohm, Discipline and integration: Jan Laski's Church Order for the London Strangers' Church, in: Randolph Vigne/Charles G. Littleton (Hg.), From strangers to citizens: the integration of immigrant communities in Britain, Ireland and colonial America, 1550–1750. Proceed-

unmittelbar an der apostolischen Tradition orientieren und so zu einem Vorbild für die Reformation der englischen Kirche werden. In der Tat erklärt a Lasco die Bestimmungen in der Kirchenordnung immer wieder mit biblischen Vorgaben, so auch im Fall der Kirchenzucht. Sie müsse, wie in der Bibel vorgegeben, durchgeführt werden, weil sie eine Einsetzung Christi sei. Neben Matthäus 18 verweist der Londoner Superintendent auch auf weitere biblische Grundlagen, das Lukasevangelium, den ersten Korintherbrief, den ersten Brief an die Thessalonicher, den Hebräerbrief.[23]

Im ersten Korintherbrief sieht a Lasco wie die meisten Theologen, die sich hiermit beschäftigen, die Beziehung zwischen Kirchenzucht und Abendmahl begründet, zumal Paulus dort die Beziehung zwischen Abendmahl und Gemeinschaft ebenfalls grundlegt. Im Gegensatz zu anderen reformierten Theologen dieser Zeit legt a Lasco den Schwerpunkt aber nicht auf 1 Kor 11,29, wo es heißt, dass unwürdige Abendmahlsteilnehmer und -teilnehmerinnen sich selbst zum Gericht essen und trinken, sondern auf 1 Kor 11,32: „wenn wir aber von dem Herrn gerichtet werden, so werden wir gezüchtigt, damit wir nicht samt der Welt verdammt werden." A Lasco richtet den Blick über die Züchtigung hinaus auf das Ziel, das in der gesamten Kirchenordnung immer wieder deutlich wird: die Umkehr des reuigen Sünders, seine Wiederaufnahme und schließlich seine Rettung.

Seine Kirchenordnung ist von Rufen zur Umkehr, von Pausen, in denen ein reuiger Sünder aufstehen und Buße tun könnte, durchzogen. Stets verleiht a Lasco der Hoffnung auf Umkehr und Rettung Ausdruck. Dies ist eine seiner Besonderheiten. Zwar finden sich der Gedanke an Umkehr oder die Hoffnung auf Umkehr auch bei anderen Theologen, aber nicht in der intensiven Betonung wie bei a Lasco. Metanoia ist in dieser Konzeption das Ziel der Kirchenzucht. Alles führt darauf hin.

Aus der Betonung der Gemeinschaft folgt zudem, dass die einzelnen Gemeindeglieder nicht nur allgemein, sondern ganz konkret zur gegenseitigen Ermahnung, mithin zur gegenseitigen Übung der Kirchenzucht, aufgerufen werden. Sie sollen sich bei diesen Ermahnungen an der Bibel orientieren. Dazu werden sie immer wieder in Predigten und Abkündigungen angeleitet.[24] Eine solche Konzeption ließ sich in einer Freiwilligengemeinde wie der Londoner Fremden-

---

ings of a conference convened in London on April 5–7, 2001 by the Huguenot Society of Great Britain and Ireland, Brighton u.a. 2001, 25–37; sowie Becker, Gemeindeordnung und Kirchenzucht (wie Anm. 20) und Springer, Christ's Churches (wie Anm. 20).
[23] Vgl. a Lasco, Forma ac ratio (wie Anm. 21), 171.
[24] Vgl. z.B. ebd., 172, 185, 204.

gemeinde natürlich ganz anders durchführen als in einer Ortsgemeinde wie Emden.

Für a Lasco ist die Kirchenzucht daneben aber auch die zentrale Praxis zur Begründung und Erhaltung der Gemeinschaft. Sie ist nur möglich, weil die Gemeinde als communio corporis Christi besteht. Gleichzeitig bewahrt sie, nachdem die Gemeinschaft einmal etabliert wurde, die Gemeinde als communio corporis Christi. Als Ziel der Kirchenzucht steht also nicht die Reinheit oder Würdigkeit, die Heiligkeit, im Zentrum, sondern die Gemeinschaft. Zugleich sollte die Zucht die Abendmahlsgemeinde schützen, sowohl nach innen, als auch nach außen vor übler Nachrede.[25] Dies war für die Gemeinde in einer Minderheitensituation von großer Bedeutung.

Da der Erhalt der Gemeinschaft das höchste Ziel der Zucht war, galt es, mithilfe der Kirchenzucht Probleme zu lösen und Streit zu schlichten sowie, selbstverständlich, Verhaltensweisen zu korrigieren, die als nicht christlich wahrgenommen wurden. Die Gemeinde sollte nicht nur der mystische Leib Christi sein, sondern auch innerweltlich in Frieden und Eintracht leben. Die Kirchenratsprotokolle aus London zeigen, welch einen großen Teil seiner Zeit der Kirchenrat auf Streitschlichtung verwandte.

Neben diesem stark betonten Gemeinschaftsaspekt gab es freilich auch ein auf das Individuum bezogenes Ziel der Kirchenzucht: die Umkehr und schließlich das Heil des Sünders. Dabei unterstreicht a Lasco, dass Gott der Autor der menschlichen Handlungen sei, dass er den Menschen zur Umkehr leite und dass er in der Gemeinde herrsche. Dies wird in der Kirchenordnung in der steten Anrufung Gottes um Umkehr und im fortwährenden Dank an Gott ausgedrückt.

Das Individuum, der einzelne Mensch, profitiert von der Kirchenzucht, indem sie ihn anleitet, innerhalb der communio corporis Christi nach der Ordnung Christi zu leben. Die – nach a Lascos Konzeption – liebevollen Ermahnungen der Schwestern und Brüder im Glauben und unter vier Augen sollen den Menschen immer wieder auf den rechten Weg zurückführen. Dadurch bleiben er oder sie in der Gemeinschaft.

In der öffentlichen Praxis der Kirchenzucht sieht a Lasco die liebevollen Ermahnungen durch die Beschämung ergänzt. Diese soll die Menschen zur Ordnung Christi und in die Gemeinschaft zurückführen. Dazu dient seiner Meinung nach auch die Exkommunikation, deren Ziel die Wiederaufnahme ist. Mit dem Ausschluss aus der Gemeinde glaubt a Lasco den Menschen zugleich aus dem Reich Gottes ausgeschlossen. Er ist überzeugt, dass der Mensch auf diese

---

[25] Vgl. ebd., 160.

Weise am eigenen Leib erfährt, wie es ist, wenn „das Fleisch verdirbt", und dass er deshalb umkehren wird.[26]
Der gleichzeitige Ausschluss aus der sichtbaren Kirche und dem Reich Gottes ist in der Konzeption der Gemeinde als communio corporis Christi begründet. Wenn die Gemeinde tatsächlich der Leib Christi ist, dann muss die Entfernung eines Gliedes aus der sichtbaren Gemeinschaft dieses Glied auch von der unsichtbaren Gemeinde trennen, sonst bestünde doch ein für Menschen nachvollziehbarer Unterschied zwischen der Gemeinde und dem Leib Christi. Zwar weiß auch a Lasco, dass die sichtbare Kirche immer ecclesia permixta ist, aber dieses Wissen spielt bei der Konzeption der Kirchenzucht aufgrund der großen Bedeutung der Vorstellung der communio corporis Christi keine Rolle.
Wird ein Mensch in die Gemeinde wieder aufgenommen, so wird er gleichzeitig auch in das Reich Gottes wieder aufgenommen und dies ist das Ziel der Kirchenzucht und der Fluchtpunkt von a Lascos Beschreibung.
Die Kirchenzucht ist inhaltlich und weitgehend auch formal unabhängig vom Abendmahl. Sie soll jederzeit durchgeführt werden, nicht nur anlässlich von Abendmahlsgottesdiensten. Dies versuchten die Ältesten den Gemeindegliedern den Kirchenratsprotokollen zufolge mehrfach mit entsprechenden Ermahnungen, entweder allgemein im Gottesdienst oder anlässlich konkreter Kirchenzuchtfälle, zu vermitteln.[27]
Zusätzlich war sie in der Gemeinde integraler Bestandteil der Abendmahlsfeier. Vor der Austeilung der Elemente wurden die Namen der Ausgeschlossenen verlesen. Dies demonstriert, dass die Zucht eben auch dem Erhalt der Abendmahlsgemeinschaft diente. Dabei ging es zum einen darum, dass das Abendmahl nicht gefeiert werden konnte, wenn Zwietracht in der Gemeinde herrschte. Diese hätte den Frieden und die Eintracht, mithin die Gemeinschaft, zer-

---

[26] Vgl. 1 Kor 5,5; a Lasco, Forma ac ratio (wie Anm. 21), 208.
[27] Kirchenratsprotokolle existieren erst für die Zeit nach der Neugründung der Gemeinde 1560, dann als zwei getrennte Gemeinden: Aart Arnout van Schelven (Hg.), Kerkeraads-Protokollen der Nederduitsche Vluchtelingen-Kerk te Londen 1560–1563 (Werken uitgegeven door het Historisch Genootschap, Derde Serie 43), Amsterdam 1921; A.J. Jelsma/O. Boersma (Hg.), Acta van het consistorie van de Nederlandse gemeente te Londen 1569–1585 (RGP Kleine Serie 76), 's-Gravenhage 1993; Elsie Johnston (Hg.), Actes du consistoire de l'Église française de Threadneedle Street, Londres, vol 1, 1560–1565 (PHSL, Quarto Series 2), Frome 1937; Anne M. Oakley (Hg.), Actes du consistoire de l'Église française de Threadneedle Street, Londres, vol. 2, 1571–1577 (PHSL, Quarto Series 48), London 1969; Eglise française de Londres, Archives of the French Church London, MS 3, Actes de l'an 1578 [=1579] à 1588, London; Eglise française de Londres, Archives of the French Church London, MS 4, Actes de l'an 1589 à 1615, London.

stört. Zum anderen fürchtete a Lasco, ein unreines Glied könne die anderen Glieder des Leibes infizieren.[28] Es ging ihm nicht darum, dass der Körper automatisch als unrein angesehen wird, wenn ein Glied unrein ist, sondern um die konkrete Gefahr, dass andere Menschen sich an Glauben oder Lebenswandel dieses Einen orientieren könnten.

Das Ziel der Kirchenzucht war die Erbauung der Gemeinde,[29] eine Stärkung, da durch die Zucht jedes Glied des Leibes Christi wusste, wo es hingehörte und was es zu tun hatte.

Das gemeinsame Leib-Sein wurde der Gemeinde in den Gebeten, Abkündigungen und Ermahnungen anlässlich der Kirchenzucht vor Augen geführt, indem die Sünden des Einen als Sünden aller bezeichnet wurden und indem die Gemeinde aufgefordert wurde, aufgrund des Fehlverhaltens des Einen ihr eigenes Fehlverhalten zu bedenken und vor allem mit dem Einen gemeinsam über seine Sünde zu weinen, sich gemeinsam über die Umkehr zu freuen und gemeinsam für sie zu danken: „[...] dass sie [die Gemeinde, J. B.] wirklich ihre Sünden mit deinen Sünden zusammenbindet und deinen Fehltritt als ihren eigenen Fehltritt bedenkt, – sie verbindet ihre Gebete mit deinen Gebeten für deine Sünde, verbindet auch ihre Tränen mit deinen Tränen, klagt sich mit dir zusammen an und erfleht auch mit dir zusammen Gottes Gnade."[30]

Die Kirchenzucht ist in dieser Konzeption mithin vollständig auf die communio corporis Christi bezogen und in ihr begründet. Heiligkeit und Heiligung spielen nur eine untergeordnete Rolle.

Im deutschsprachigen Raum und darüber hinaus wurde die reformierte Lehre wesentlich durch den Heidelberger Katechismus vermittelt.[31] Dort wird die Notwendigkeit der Selbstprüfung in den

---

[28] Vgl. a Lasco, Forma ac ratio (wie Anm. 21), 172, 208.
[29] Vgl. z.B. ebd., 171.
[30] Ebd., 190.
[31] Wilhelm H. Neuser (Bearb.), Heidelberger Katechismus von 1563, in: Heiner Faulenbach/Eberhard Busch im Auftrag der Evangelischen Kirche in Deutschland (Hgg.), Reformierte Bekenntnisschriften II,2, Neukirchen-Vluyn 2009, 167–212; Kirchenordnung, wie es mit der christlichen lehre, heiligen sacramenten und ceremonien in des durchleuchtigsten, hochgebornen fürsten und herren, herrn Friderichs, pfaltzgraven bey Rhein, des heiligen römischen reichs ertzdruchsessen und churfürsten, hertzogen in Bayrn etc., churfürstenthumb bey Rhein gehalten wirdt. [vom 15.11.1563], in: Emil Sehling (Hg.), Die evangelischen Kirchenordnungen des XVI. Jahrhunderts, Bd. XIV (bearb. v. J. F. Gerhard Goeters), Tübingen 1969, 333–408. Zum Heidelberger Katechismus vgl. Matthias Freudenberg/J. Marius J. Lange van Ravenswaay, Geschichte und Wirkung des Heidelberger Katechismus. Vorträge der 9. Internationalen Emder Tagung zur Geschichte des Reformierten Protestantismus (Emder Beiträge zum reformierten Protestantismus 15), Neukirchen-Vluyn 2013;

Mittelpunkt der Lehre gerückt, sowohl im Katechismus selbst als auch in der kurpfälzischen Kirchenordnung von 1563, in die er ursprünglich eingebettet war. Daneben steht, ebenfalls betont, das Schlüsselamt und damit die Notwendigkeit der Fremdprüfung und der möglichen Exkommunikation.[32]

Der Katechismus ist in die drei Teile „Von des Menschen Elend", „Von des Menschen Erlösung", „Von der Dankbarkeit" gegliedert, denn das Ziel von Katechismus und ebenso von jeder Predigt sollte die Vermittlung von Sündenerkenntnis, Erlösung und Dankbarkeit sein.[33] Die Sakramente und die Kirchenzucht werden im zweiten Teil in den Fragen 65–85 behandelt. Zuvor war festgestellt worden, dass sich die Gläubigen als Glieder der erwählten Gemeinde verstehen sollen und in ihr das ewige Leben finden. In der Frage 55 zur Gemeinschaft der Heiligen ist der Gemeinschaftsaspekt stärker als die Heiligkeit betont.[34]

Bei der Behandlung des Abendmahls steht die Gewissheit der Sündenvergebung an erster Stelle, ihr folgt die Vereinigung mit Christus durch den Heiligen Geist. Zentral für die Kirchenzucht sind die Fragen 81–85. Dort wird zunächst geklärt, wer am Abendmahl teilnehmen darf, und zwar diejenigen, die erstens ihre Sünden erkannt haben und sie bedauern, die zweitens an die Sündenvergebung durch Christus glauben und die drittens zudem fest entschlossen sind, „ir leben zu bessern. Die unbußfertigen aber und heuchler essen und trincken inen selbst das gericht."[35] Hier wird also gleichzeitig ein sehr hoher Anspruch an die Abendmahlsteilnehmerinnen und -teilnehmer gestellt und ihnen wird sehr deutlich und vor allem sehr auf angsteinflößende Weise gedroht: mit Gericht und möglicher ewiger Verdammnis. Zwar betont der Heidelberger Katechismus immer

---

darin zur Entstehung insbes. Peter Opitz, Der Heidelberger Katechismus im Licht der „Schweizer" Katechismustradition(en), 9–35; Karla Apperloo-Boersma/Herman J. Selderhuis, Macht des Glaubens – 450 Jahre Heidelberger Katechismus, Göttingen 2013; Christoph Strohm/Jan Stievermann, Profil und Wirkung des Heidelberger Katechismus. Neue Forschungsbeiträge anlässlich des 450jährigen Jubiläums (SVRG 215), Gütersloh 2015.

[32] Zum Streit um die Exkommunikation in der Kurpfalz und insbesondere zu Thomas Erastus vgl. Ruth Wesel-Roth, Thomas Erastus. Ein Beitrag zur Geschichte der reformierten Kirche und zur Lehre von der Staatssouveränität (VVKGB 15), Lahr/Baden 1954; Charles D. Gunnoe, Thomas Erastus and the Palatinate. A Renaissance physician in the Second Reformation (Brill's series in church history 48), Leiden 2011; Thomas Maissen, Thomas Erastus und der Erastianismus. Der innerreformatorische Streit um die Kirchendisziplin in der Kurpfalz, in: Christoph Strohm/Jan Stievermann (Hgg.), Profil und Wirkung (wie Anm. 31), 189–206.

[33] Kirchenordnung (wie Anm. 31), 143, 148ff.

[34] Die Glaubensgerechtigkeit wird im *Heidelberger Katechismus* intensiv behandelt.

[35] Frage 81, in: Reformierte Bekenntnisschriften (wie Anm. 31), 196.

wieder, dass die Menschen nicht heilig sind und nicht heilig sein können – ja, er beginnt mit der Sünde und der Notwendigkeit der Sündenerkenntnis eines jeden Menschen –, die Grenze zwischen richtiger, christlicher Sündenerkenntnis sowie richtigem, gewissem Glauben, der zum Abendmahl befähigt, einerseits und Unbußfertigkeit und Heuchelei andererseits ist jedoch offensichtlich schwer zu ziehen.

Dies mag ein Grund sein, weshalb sich die folgenden vier Fragen auf die Abendmahlszulassung und das Schlüsselamt beziehen und damit Erkenntnis und Bestätigung der Befähigung zur Abendmahlsteilnahme externalisieren. Wer durch Bekenntnis oder Lebenswandel ungläubig erscheine, müsse vom Abendmahl ausgeschlossen werden, denn sonst werde die ganze Gemeinde schuldig und Gottes Zorn gewiss. Das Schlüsselamt, mit dem der Himmel auf- bzw. zugeschlossen werde, solle durch Predigt und „Christliche Bußzucht" geübt werden. In der Predigt werde die Lehre verbreitet und auf diese Weise der Himmel auf- bzw. zugeschlossen.

In der Kirchenzucht schließlich, die in Frage 85 und damit am Schluss des zweiten Teils behandelt wird, lehrt der Heidelberger Katechismus den Ablauf der Kirchenzucht nach Matthäus 18. Wichtig ist, dass er nicht nur den Ausschluss aus der Gemeinde, sondern auch die Wiederaufnahme behandelt. Beim Ausschluss unterscheidet sich der Heidelberger Katechismus wesentlich von früheren reformierten Lehren: Hier heißt es, dass diejenigen, die von den Sakramenten ausgeschlossen werden, gleichzeitig nicht nur aus der Gemeinde, sondern auch aus dem Reich Gottes ausgeschlossen werden. Im Gegensatz zu Calvin lehrt der Heidelberger Katechismus daher die Wirkung der Kirchenzucht nicht nur innerweltlich und in der ecclesia visibilis, sondern auch in Bezug auf die Ewigkeit und die ecclesia invisibilis.

Die drei zentralen und für das reformierte Verständnis von Kirchenzucht wirkmächtigen Aspekte sind folglich die starke Betonung der Selbstprüfung, die ausführliche Darlegung der Kirchenzucht und die Lehre, dass die Kirchenzucht von zentraler Bedeutung für die Mitgliedschaft im Reich Gottes sei.

Durch die Stellung dieser Fragen innerhalb des Katechismus, am Ende des Teils über des Menschen Erlösung, scheint es, als sei die Kirchenzucht von grundlegender Bedeutung, ja möglicherweise der Höhepunkt der Lehre von der Erlösung des Menschen. Bei richtiger Selbstprüfung und rechter Durchführung der Kirchenzucht könnten die Gläubigen des Eingangs ins Reich Gottes gewiss sein. Schlechte Selbstprüfung und falsch oder gar nicht durchgeführte Kirchenzucht hingegen könnten fatale Folgen zeitigen. Das Problem der Kriterien, anhand derer richtige Sündenerkenntnis, echtes Vertrauen und sichere Absicht, von nun an noch stärker zu glauben und das Leben weiter zu bessern, erkannt werden können, bleibt allerdings bestehen. Aufgrund seiner weiten Verbreitung und der Nutzung als Lehrbuch über Jahrhunderte hat der Heidelberger Katechismus zweifellos zum Verständnis der Kirchenzucht als Übung zur Reinhaltung der Gemeinde beigetragen. Die Unsicherheit in den Kriterien wird die Abendmahlsscheu derer, die diese Lehren ernst nahmen, verstärkt haben. In der Kurpfalz wurde diese Tendenz durch die in der Kirchenordnung vorgeschriebene Abendmahlsvorbereitung und Durchführung der Abendmahlsfeier, bei denen jeweils wiederum diese Aspekte hervorgehoben wurden, intensiviert.[36]

2. Entwicklungen in der Geschichte der Kirchenzucht und ihre Wahrnehmungen

Schon zur Zeit der Reformatoren und erst recht in der zweiten Hälfte des 16. Jahrhunderts wurde die Kirchenzucht mancherorts rigoros durchgeführt. Dafür gab es, je nach Ort, Gemeinde und Situation, vornehmlich zwei Gründe. In einigen Gegenden fand eine Vermischung von kirchlicher und obrigkeitlicher Zucht statt. Dann sollten die Gläubigen oft weniger zu „Heiligen" als vielmehr zu guten Bürgerinnen und Bürgern erzogen werden. Die Kirchenzucht übernahm obrigkeitliche Aufgaben; im Kirchenrat konnten auch Abgeordnete des Stadtrates sitzen, so zum Beispiel auch in Emden gegen Ende des Jahrhunderts.[37]

---

[36] Kirchenordnung (wie Anm. 31), 190–195.
[37] Zu den Bemühungen des Emder Kirchenrats um Unabhängigkeit vom Stadtrat vgl. Becker, Gemeindeordnung und Kirchenzucht (wie Anm. 20), 107–119, 133–166; Heinz Schilling, Reformation und Bürgerfreiheit. Emdens Weg zur calvinistischen Stadtrepublik, in: Bernd Moeller (Hg.), Stadt und Kirche im 16. Jahrhundert (SVRG 190), Gütersloh 1978, 128–161; ders., Reformierte Kirchenzucht als Sozialdisziplinierung? Die Tätigkeit des Emder Presbyteriums in den Jahren 1557–1562 (Mit vergleichenden Betrachtungen über die Kirchenräte in Groningen und Leiden sowie mit einem Ausblick ins 17. Jahrhundert), in: Wilfried Ehbrecht/ders. (Hgg.), Niederlande und Nordwestdeutschland. Studien zur Regional- und Stadtgeschichte Nordwestkontinentaleuropas im Mittelalter und in der Neuzeit. Franz Petri zum 80. Geburtstag (Städteforschung, Reihe A: Darstellungen 15), Köln/Wien 1983, 261–327; ders., Sündenzucht und frühneuzeitliche Sozialdisziplinierung: Die calvinistische presbyteriale Kirchenzucht in Emden vom 16. bis 19. Jahrhundert, in: Georg Schmidt (Hg.), Stände und Gesellschaft im alten Reich (VIEG, Beiheft 29), Stuttgart 1989, 265–302; Menno Smid, Kirche zwischen Burg und Rathaus. Ein Beitrag zur Emder Stadtgeschichte und zum Verhältnis von Staat und Kirche in Emden, in: Kollegium der Ostfriesischen Landschaft (Hg.), Res Frisicae. Beiträge zur ostfriesischen Verfassungs-, Sozial- und Kulturgeschichte (Abhandlungen und Vorträge zur Geschichte Ostfrieslands 59), Aurich u.a. 1978, 131-150; ders., Die Bedeutung von Theologie und Kirche für die „Emder Revolution", in: Hajo van Lengen (Hg.), Die

Ähnlich war Genf zur Zeit Calvins organisiert. Auch dort hatte der Stadtrat Einfluss auf den Kirchenrat; in den ersten Jahren waren die Ältesten vom Stadtrat bestimmt.[38] Zugleich strebte Calvin danach, Genf zu einer „christlichen" Stadt zu machen und die Genfer zu „guten Christen" zu erziehen. Seine öffentlichen Konflikte mit Rat und Bürgern sind wohlbekannt.[39] Calvins Vorgehen wurde weniger als liebevolles Ermahnen und Erhalten auf dem Weg ins Reich Gottes wahrgenommen als vielmehr als diktatorische Klerikerherrschaft, davon geben die Kirchenratsprotokolle beredte Auskunft. Seine Auseinandersetzung mit Sebastian Castellio (1515–1563) und sein Vorgehen gegen den Antitrinitarier Michel Servet (1509/11–1553) verstärkten diese Wahrnehmung, wenn der Servet-Prozess auch vom Reichsrecht gedeckt war.[40]

Insgesamt spielte die Frage der Außenwahrnehmung der Gemeinde, die schon Johannes a Lasco angedeutet hatte, vielerorts eine große Rolle. Glauben und Verhalten der Gemeindeglieder sollten standardisiert werden. Dies ist zumindest der Eindruck, der bei vielen Gemeindegliedern entstand und der prägend für die Wahrnehmung wurde. Die Interessen der Gemeindeleitung, gerade wenn sie theologischen Idealen folgte, waren nicht immer zu erkennen. Dies lag zum Teil an der politischen und kirchenpolitischen Situation, zum Teil

---

„Emder Revolution" von 1595: Kolloquium der Ostfriesland-Stiftung am 17.3.1995 zu Emden, Aurich 1995, 39–48; Friedrich Weber, Sendrecht, Policey und Kirchenzucht. Kirchenrechtsbildung und religiös-ethische Normierung in Ostfriesland und Emden bis Ende des 16. Jahrhunderts (Theion. Jahrbuch für Religionskultur 9), Frankfurt 1998.

[38] Vgl. dazu auch die Genfer Kirchenordnung: Peter Opitz, Die Ordonnances ecclésiastiques (1541) 1561, in: Eberhard Busch/Alasdair Heron/Christian Link/ders./Ernst Saxer/Hans Scholl (Hgg.), Calvin-Studienausgabe, Bd. 2: Gestalt und Ordnung der Kirche, Neukirchen-Vluyn 1997, 227–279.

[39] Vgl. William G. Naphy, Calvin and the Consolidation of the Genevan Reformation, Manchester 1994; Christian Grosse, L'excommunication de Philibert Berthelier. Histoire d'un conflit d'identité aux premiers temps de la Réforme genevoise (1547–1555), Genf 1995; als kurze Überblicke vgl. Robert M. Kingdon, The Control of Morals in Calvin's Geneva. In honor of Harold J. Grimm, in: Lawrence P. Buck u. Jonathan W. Zophy (Hg.), The Social History of the Reformation, Columbus 1972, 3–16; ders., The First Calvinist Divorce, in: Raymond A. Mentzer (Hg.), Sin and the Calvinists. Morals Control and the Consistory in the Reformed Tradition (SCES 32), Kirksville 1994, 1–14; Robert M. Kingdon, Adultery and Divorce in Calvin's Geneva, Cambridge/London 1995; Robert M. Kingdon, Kirche und Obrigkeit, in: Herman J. Selderhuis (Hg.), Calvin-Handbuch (Theologen-Handbücher), Tübingen 2008, 349–355. Vgl. auch Christian Grosse, Les rituels de la cène. Le culte eucharistique réformé à Genève (XVIe–XVIIe siècles) (THR 443), Genf 2008.

[40] Verbreitet wurde die Sicht vor allem durch Stefan Zweig, Castellio gegen Calvin oder ein Gewissen gegen die Gewalt (Fischer-Taschenbücher 2295), Frankfurt am Main 1990.

aber auch an den Personen, die im Kirchenrat wirkten, und an den Gemeindegliedern. Kaum einer verhielt sich den Idealen Calvins oder a Lascos entsprechend, auch wenn sich manche Kirchenräte durchaus Mühe gaben, sie umzusetzen. Gerade in die Streitschlichtung und in das Bemühen um Frieden in der Gemeinde – in jeder Hinsicht – investierten sie viel Zeit und Energie.

Neben der politischen Intention, die Heinz Schilling im Rahmen der Konfessionalisierungsforschung ausführlich thematisiert hat,[41] gab es noch eine zweite, innerkirchliche Entwicklung, welche das Bild der Kirchenzucht als strikter Sittenzucht in der reformierten Erinnerung geprägt hat. In Schottland führte John Knox (1514–1572) nach seiner Rückkehr aus dem Exil ab 1559 ein strenges Regiment.[42] Er versuchte, gerade weil er sich im Konflikt mit der Obrigkeit befand und selbst lange im Exil gelebt hatte, nun unerbittlich eine reformierte Kirche in Schottland aufzubauen. Seine Maßnahmen, unter anderem das Psalmen-Singen vor dem Schlafzimmerfenster der Königin, sind legendär. Aber auch die Kirchenzucht wurde streng durchgeführt. Vor allem in Knox' Nachfolge wurde die Kirchenzucht in Schottland immer stärker zu einer Strafzucht.[43] Der Aspekt der Gemeinschaft, der liebevollen Ermahnung und des brüderlichen oder schwesterlichen Zurückführens auf den rechten Weg ging darüber mehr oder weniger verloren.

Den Gemeindegliedern wurden Abendmahls-Münzen ausgehändigt, mit denen sie sich ausweisen mussten, wenn sie am Abendmahl teilnehmen wollten. Ähnliches ist auch aus anderen Gegenden Europas bekannt, und auch die Abendmahlskarten, die der Siegener Pfarrer 1980 in seinem Pfarramts-Schrank fand, dienten diesem Zweck. In Schottland (und nicht nur in Schottland) wurde zudem ein Büßerge-

---

[41] Vgl. z.B. Heinz Schilling, Reformierte Kirchenzucht als Sozialdisziplinierung? (wie Anm. 37); ders., "History of Crime" or "History of Sin"? Some Reflections on the Social History of Early Modern Church Discipline, in: E. I. Kouri/Tom Scott (Hgg.), Politics and Society in Reformation Europe. Essays for Sir Geoffrey Elton on his Sixty-Fifth Birthday, Houndmills 1987, 289–310; ders., Die Konfessionalisierung im Reich. Religiöser und gesellschaftlicher Wandel in Deutschland zwischen 1555 und 1620, in: HZ 246 (1988), 1–45; ders., Sündenzucht und frühneuzeitliche Sozialdisziplinierung (wie Anm. 37); ders., Discipline: The State and the Churches in Early Modern Europe, in: Herman Roodenburg/Pieter Spierenburg (Hgg.), Social Control in Europe, Vol. 1, 1500-1800, Columbus 2004, 25–36.

[42] Vgl. Roger A. Mason, John Knox and the British Reformations (St Andrews Studies in Reformation History), Aldershot 1998.

[43] Vgl. z.B. Geoffrey Parker, The ‚Kirk By Law Established' and Origins of ‚The Taming of Scotland'. Saint Andrews 1559-1600, in: Raymond A. Mentzer (Hg.), Sin and the Calvinists. Morals Control and the Consistory in the Reformed Tradition (SCES 32), Kirksville 1994, 159–198; Michael F. Graham, Social Discipline in Scotland, 1560–1610, in: ebd., 129–157.

wand eingeführt, das die Menschen in der Kirche tragen mussten, sodass sie sofort als überführte Schuldige zu erkennen waren. Die Zahl der Gottesdienste, in denen sie so auftreten mussten, berechnete sich nach der Schwere des Vergehens und der Einsicht der Betroffenen. Ähnliches gilt für den Büßerstuhl, der ebenfalls in Schottland genutzt wurde. Auf ihm mussten die reuigen Sünderinnen und Sünder, zumeist im Angesicht der Gemeinde, sitzen und so für jeden sichtbar Sühne tun.

Theologische Abhandlungen zur Begründung von Büßergewand und Büßerstuhl sind kaum überliefert, aber ihre Methode war eher die Beschämung als die liebevolle Zurechtweisung, das Ziel eher die Heiligkeit als Friede und Einheit in der Gemeinde. Mithilfe solch rigoroser Maßnahmen wollte man die Gläubigen zur Heiligkeit führen. Geblieben ist der schlechte Ruf der Kirchenzucht, zumal Büßergewand und Büßerstuhl wirkmächtige Bilder abgeben, die viel stärker im Gedächtnis bleiben und besser in die kollektive Erinnerung eingehen als Gespräche unter vier Augen, die zur Versöhnung führen und ohne öffentlichen Aufruhr einhergehen.

Die Auffassung der Kirchenzucht als im reformierten Sinne notwendig wurde vom 17. bis ins 19. Jahrhundert hinein in Dogmatiken vertreten und hat noch bis zur Mitte des 20. Jahrhunderts die reformierte Theologenausbildung geprägt. Mit dieser von vielen reformierten Theologen als dritte *nota ecclesiae* verstandenen Praxis wollte man sich nicht nur vom Luthertum abgrenzen, sondern man glaubte die Zucht auch in der Bibel eingesetzt und daher nach Christi Befehl notwendig – eine Auffassung, die Johannes Calvin explizit abgelehnt hatte. Definition und Bedeutung der Kirchenzucht in den wichtigsten reformierten Dogmatiken soll im Folgenden kurz nachgezeichnet werden.[44]

Eduard Böhl (1836–1903) verfasste 1887 eine *Dogmatik*, die als erste reformierte Gesamtdarstellung seit 1698 angesehen werden kann.[45] Dort vertritt er die Ansicht: „nur dort, wo sie sich finden [die drei *notae ecclesiae*, J. B.], ist auch die sichtbar organisierte Kirche eine apostolische und Christus gemäße."[46] Mithilfe der Schlüsselgewalt öffnen oder verschließen die Amtsträger den Gläubigen laut

---

[44] Der Umgang mit der Kirchenzucht im reformierten Pietismus erfordert eine eigenständige Untersuchung. Zweifellos spielen auch Erfahrungen aus Pietismus, Erweckung und Neupietismus in gegenwärtige Wahrnehmungen der Kirchenzucht hinein. Dabei handelt es sich aber stärker um Praktiken als um Lehren, die in diesem Artikel im Fokus stehen.
[45] Vgl. Thomas Schirrmacher, Vorwort, in: Eduard Böhl, Dogmatik, Hamburg/Bonn 2004 (1887), 11.
[46] Böhl (wie Anm. 45), 487.

Böhl die „Heilsverdienste Christi".⁴⁷ Durch die Predigt und die Kirchenzucht werde den Gläubigen mitgeteilt, was Gott über sie beschlossen habe. Damit sollten sie auf dem Weg zum ewigen Leben unterstützt bzw. auf diesen zurückgeführt werden. Zwar unterstreicht auch Böhl, dass nur Gott die letzte Entscheidung treffen könne, dennoch traut er den Menschen viel zu: aufgrund der Vorherrschaft Gottes könne der Amtsträger „nur in Übereinstimmung mit seinem Herren diese Befugnis recht und heilsam ausüben."⁴⁸ Die Möglichkeit der Ausübung und auch die Folgen für das ewige Leben bezweifelt Böhl indes nicht. Die Exkommunikation wird erklärt und biblisch begründet, die Wiederaufnahme kurz angedeutet. Hier ist die Lehre des Heidelberger Katechismus folglich stärker als die Konzeptionen früherer Reformatoren in die Dogmatik eingegangen.

Heinrich Heppe (1820–1879) hatte Ende der 1850er Jahre begonnen, die reformierte Dogmatik in Vorlesungen zu explizieren, indem er Aussagen aus verschiedenen Bekenntnisschriften und von unterschiedlichen Reformatoren zusammenstellte. 1861 erschien *Die Dogmatik der evangelisch-reformierten Kirche* zuerst im Druck. 1934 wurde sie von Ernst Bizer (1904–1975) überarbeitet herausgegeben. Hier wird in der Zusammenstellung von Bekenntnissen und Lehren der Reformationszeit implizit eine eigene Konzeption vermittelt. Das Buch hat viele Generationen reformierter Theologiestudenten geprägt.

In der *Dogmatik* wird betont, nur diejenigen, die sich selbst geprüft hätten, dürften am Abendmahl teilnehmen. Daraus folgt, dass das Abendmahl nur denjenigen gereicht wird, die fähig sind, sich selbst zu prüfen. Es dürfe also nicht an Kinder oder „Wahnsinnige" ausgeteilt werden.⁴⁹ Als Begründung wird, wie üblich, die Drohung mit dem Gericht angeführt.

Heppe/Bizer erklären freilich wie Calvin, Anfechtungen seien kein Hinderungsgrund, selbst wenn der Mensch ihnen „vorübergehend erliege", denn das Abendmahl solle ja gerade den Glauben stärken.⁵⁰ Heiligkeit spielt in dieser Konzeption keine Rolle, wohl aber die Würdigkeit. Die Heiligkeit kommt erst bei der Diskussion der Ekklesiologie zum Tragen, als die Kirche mit dem Apostolikum als heilig erklärt wird. Die Heiligkeit der Kirche wird zum einen in Christus begründet, der „ihr einziges Heilsgut" sei und zum anderen in den

---

⁴⁷ Ebd., 488.
⁴⁸ Ebd.
⁴⁹ Heinrich Heppe/Ernst Bizer, Die Dogmatik der evangelisch-reformierten Kirche, Neukirchen-Vluyn ²1958, 504.
⁵⁰ Ebd.

Gemeindegliedern, die sich durch ihre Beziehung zu Christus „gereinigt" wüssten.[51]
Hier wird also die Heiligkeit tatsächlich auf die einzelnen Menschen bezogen, ja sogar die Heiligkeit der Kirche in der Heiligkeit der Individuen begründet, nicht umgekehrt. Daher ist auch die Kirchenzucht in dieser Konzeption von fundamentaler Bedeutung. Heppe/Bizer bezeichnen sie als „Lebenszucht"[52] und machen damit deutlich, welcher Aspekt der Kirchenzucht im Vordergrund steht. Glaube und Lehre treten gegenüber dem rechten Verhalten zurück.
Die Gemeindeleiter besitzen laut Heppe/Bizer die Schlüsselgewalt, aufgrund derer sie den Menschen „mit unzweifelhafter Gewißheit" mitteilen können, ob ihnen das Himmelreich offensteht oder verschlossen ist.[53] Durch den Prediger spreche Gott selbst. Das Bewusstsein der möglichen Distanz zwischen den menschlichen Einsichten und Gottes Sicht, das Calvin ausdrücklich hervorgehoben hatte und das auch bei a Lasco noch durchschien, ist hier völlig verschwunden.
Heppe/Bizer vollziehen die seit vielen Jahrhunderten bekannte, aber von den Reformatoren zumeist abgelehnte Unterscheidung zwischen Abendmahlsausschluss (kleinem Bann) und Exkommunikation (großem Bann), lehnen aber die Verfluchung als endgültigen Ausschluss aus dem Reich Gottes ab und erklären vielmehr Umkehr und Wiederaufnahme zum Ziel der Kirchenzucht: „Denn der Zweck der Kirchenzucht ist die Reinhaltung und Erbauung der Kirche und die Rettung des Sünders."[54] Hier kommen also die beiden Aspekte zusammen, die vorher zumeist getrennt die Auffassung der Kirchenzucht geprägt hatten: die Reinheit der Gemeinde und die Rettung des Einzelnen. Die Bedeutung der Reinheit der Gemeinde erschließt sich aus der Grundlegung der Kirche in der Heiligkeit ihrer Glieder. Wenn die Existenz der Kirche (zumindest zum Teil) auf der Heiligkeit ihrer Glieder beruht, kann die Mitgliedschaft von „unreinen" oder „unwürdigen" Menschen nicht toleriert werden. Diese Auffassung war lange prägend und hat vor allem aufgrund der großen Be-

---

[51] Ebd., 526. Vgl. 526f.: „Sie ist *heilig* und *infallibel*, d. h. sie ist in derselben Weise im Leben und der Erkenntnis des Glaubens befestigt, wie ihre Glieder, die erwählten und berufenen Gläubigen, es sind, welche niemals in Todsünden fallen oder von dem selig machenden Grund der Wahrheit abweichen können. Daher ist die Kirche wohl nicht ohne Mängel der Erkenntnis und des Lebens; aber, von der Gnade bewahrt, kann dieselbe niemals die ihr geschenkte Gerechtigkeit Christi ganz verlieren, die Grundlehren des Evangeliums verleugnen und mit wirklich absichtlichem Ungehorsamen und beharrlich gegen Gott sündigen, so daß sie also jederzeit im wesentlichen Besitz der Gnade und der selig machenden Erkenntnis bleibt."
[52] Ebd., 528.
[53] Ebd., 532.
[54] Ebd., 533.

deutung von Heppe/Bizer in der Theologenausbildung im 19. und 20. Jahrhundert reformierte Auffassungen bis in die Gegenwart mitgestaltet. Sie unterscheidet sich deutlich von den Lehren der Reformatoren.

3. Kirchenzucht im reformierten Protestantismus Deutschlands heute

Von dieser Auffassung hat sich der größere und einflussreichere Teil der Reformierten in Deutschland inzwischen verabschiedet, nur in der kollektiven Erinnerung ist sie noch präsent. In diesem dritten Abschnitt ist zu fragen, wie Kirchenzucht heute gelehrt bzw. vermittelt wird. Dazu werden Dokumente herangezogen, die in der reformierten Kirche bzw. in reformierten Gemeinden in Gebrauch sind: Liturgien und Materialien für den Konfirmandenunterricht.

Der Konfirmandenunterricht wird selbstverständlich in verschiedenen Gemeinden ganz unterschiedlich durchgeführt, und nicht alle Gemeinden benutzen Lehrbücher. In der Evangelisch-Reformierten Kirche gibt es kein allgemein genutztes, spezifisch reformiertes, Lehrbuch. Nur ein – allerdings nicht weit verbreitet bzw. genutztes – Lehrbuch bezieht sich unmittelbar auf den Heidelberger Katechismus.[55] Die meisten anderen sind allgemeiner gehalten. In vielen reformierten Gemeinden in der unierten westfälischen Landeskirche wird das *Kursbuch Konfirmation* von Hans-Martin Lübking (geb. 1948) benutzt.[56] Dass die Kirchenzucht dort explizit behandelt wird, ist nicht zu erwarten. Vielmehr wird zu fragen sein, wie Ekklesiologie und Abendmahl dargestellt werden, ob es dort Anklänge an die Zucht gibt und wie insgesamt der Umgang mit Schuld und Vergebung sowie mit den Geboten gelehrt wird, den Themen, die theologisch im Hintergrund der Kirchenzucht stehen.

Im Kapitel zur Kirche werden Aufgaben der Amtsträger, Gottesdienstarten und der Sinn des Gottesdienstbesuchs thematisiert. Dem Abendmahl nähert sich das Lehrbuch von der Frage des gemeinsamen Essens (im Fragebogen lauten die Alternativen: „Isst du am liebsten/ allein vor dem Fernseher/ gemeinsam mit deiner Familie/ in der Schule/ mit Freundinnen und Freunden bei einer Fast-Food-Kette? – Was ist Dir am Essen wichtig?/ Dass es schmeckt/ Dass es gesund ist/ Dass es billig ist/ Dass Du satt wirst"[57]). Intensiv werden

---

[55] Vgl. Günter Twardella, Bausteine zum Heidelberger Katechismus. Erster Teil: Unterrichtsbuch, Zweiter Teil: Arbeitsblätter, Wuppertal 1982.
[56] Hans-Martin Lübking, Kursbuch Konfirmation. Ein Arbeitsbuch für Konfirmandinnen und Konfirmanden, Gütersloh 2013.
[57] Ebd., 58.

die Argumente um die Teilnahme von Kindern am Abendmahl behandelt. Vergewisserung und Stärkung kommen nur am Rande vor, Gemeinschaft etwas intensiver, vor allem im Blick auf die Konfirmandengruppe, Sündenvergebung wird nicht ausdrücklich angesprochen. Unter der Überschrift „Alle sind eingeladen" wird knapp die Geschichte eines Abendmahlsgottesdienstes in einer Justizvollzugsanstalt beschrieben. Dabei liegt die Betonung auf der Einladung an alle, nicht auf Schuld und Vergebung. Die anschließende Aufgabe lautet: „Wenn es ein solches Feierabendmahl auch in eurer Gemeinde gibt, könntet ihr euch als Konfirmandengruppe daran beteiligen. Ihr könnt etwas vorbereiten, das Brot backen, den Raum schmücken, mitfeiern und auch eure Eltern mitbringen."[58] Es ist also nicht nur die Kirchenzucht, sondern die ganze Frage der Sündenvergebung, die lange und in vielen Traditionen das Zentrum des Abendmahlsverständnisses bildete, aus der Abendmahlslehre im Konfirmandenunterricht getilgt.

Ein Kapitel steht unter der Überschrift „So wie ich bin". Dort findet sich eine Doppelseite zu Schuld und Vergebung.[59] Die Konfirmandinnen und Konfirmanden werden mithilfe einer Geschichte dazu angeleitet, sich mit moralisch richtigem Verhalten und schlechtem Gewissen auseinanderzusetzen. Ein kurzer Fragebogen fragt ab, welche Verhaltensweisen für verzeihlich und unverzeihlich gehalten werden.[60] Als biblische Beispielgeschichte wird Zachäus angeführt.

Recht und Unrecht werden am intensivsten im Zuge der Diskussion der Zehn (bzw. nach Lübking: 13) Gebote behandelt. Hier kommen Lebensregeln ebenso zur Sprache wie eine zeitgemäße Auslegung der Zehn Gebote. Die Todesstrafe wird diskutiert, sowie mögliche Definitionen von Diebstahl und dessen angemessene Bestrafung. Vor allem aber sollen die Jugendlichen gestärkt werden, für ihre Überzeugung einzutreten und „moralisch richtig" zu handeln.[61]

Das Ziel des Unterrichts ist somit die Stärkung der Jugendlichen für ein christlichem Verständnis entsprechendes Leben; die Frage von Schuld und Vergebung wird nur am Rande thematisiert, ebenso wie die Gottesbeziehung. Das wichtigste Thema neben der Ethik ist in diesen Kapiteln die Gemeinschaft, wobei auch sie gegenüber der individuellen Entscheidung, was ethisch richtig sei, zurücktritt. Es ist also nicht nur die Kirchenzucht aus der Lehre ausgeklammert, sondern der gesamte theologische Inhalt, auf den sie sich bezog.

---

[58] Ebd., 59.
[59] Vier Seiten sind Freundschaft und Liebe gewidmet.
[60] Ebd., 87f.
[61] Dazu dienen unter anderem Beispielgeschichten von Sophie Scholl („Weiße Rose") und Martin Luther King.

Anders sieht das in Günter Twardellas (geb. 1931) *Bausteinen zum Heidelberger Katechismus* von 1982 aus.[62] Durch den direkten Bezug auf den Heidelberger Katechismus finden sich hier auch Schuld und Vergebung. Nicht alle Fragen des Katechismus finden in die *Bausteine* Eingang, und die explizite Behandlung der Kirchenzucht ist ausgeschlossen. Schulderfahrungen, Vergebung, Gewissheit werden jedoch diskutiert und stehen vor Ethik und Lebensführung im engeren Sinne. Der zwölfte Baustein bündelt alles in der Behandlung des Gebets.

Der fünfte Baustein beschäftigt sich mit der Rechtfertigungslehre. Eine theologische Einführung erinnert an die wichtigsten theologischen Topoi innerhalb der Rechtfertigungslehre und beginnt mit dem „Allein durch den Glauben".[63] Die folgenden didaktischen Überlegungen schlagen indessen die Reihenfolge „Gewissen" – „Jesus Christus und sein Heilshandeln" – „Glaube" vor, um die Jugendlichen bei ihrer Lebenserfahrung abzuholen.[64] Durch Arbeitsblätter angeleitet und ausgehend von biblischen Geschichten, soll auch über die Erkenntnis von Schuld und den Umgang mit Schuld gesprochen werden. Der Schwerpunkt liegt auf der Vergebung.

Im Baustein sieben zu Kirche und Gemeinschaft wird unter anderem gefragt, warum in der Kirche Gemeinschaft nicht immer so gelebt wird, wie sie theologisch gedacht ist und wie kirchennahe Jugendliche sie vielleicht auch erwarten. Der Baustein verweist auf Gott als Tröster und Ermutiger.[65]

Die Sakramente werden in Baustein acht: „Ich werde in meinem Glauben gestärkt" behandelt.[66] Die theologische Reflexion verweist auf die „Errettung des Menschen" durch „das Kreuzesopfer Christi" und sieht beim Abendmahl die Gemeinschaft im Fokus.[67] Das didaktische Ziel ist die Gewissheit. Ein Arbeitsblatt, das zur Meditation anregen soll, zeigt ein helles Kreuz auf dunklem Hintergrund. Während dem Betrachter aus dem Hintergrund die Wörter „Schuld", „Sünde", „Angst" und „Not" in großen Lettern entgegenkommen, steht auf dem hellen Kreuz neben Brot und Wein „Ich bin gewiß: DU nimmst mich an". Das „Du" prägt die Mitte des Bildes.

In dieser Konzeption sind die Gedanken von Schuld und Sündenvergebung sowie von Gemeinschaft und Ermutigung zentral. Im Unterricht werden die *Bausteine* vermutlich nicht nur aufgrund des

---

[62] Twardella (wie Anm. 55).
[63] Ebd., 56.
[64] Ebd., 57.
[65] Vgl. ebd., 77.
[66] Ebd., 81–89.
[67] Ebd., 82.

ausgeprägten theologischen Ansatzes, sondern auch wegen ihrer kalligraphischen Gestaltung eher selten genutzt.

Die Reformierte Liturgie behandelt Schuld und Vergebung in Gebeten und liturgischen Texten. Die Rechtfertigung des Sünders, die Heilung des gebrochenen Menschen, spielt eine zentrale Rolle. Zwar betont die Liturgie, dass die Kirche nicht nur auf Verzweifelte und Verletzte schauen dürfe, sondern dass auch Glückliche der Fürbitte bedürften, in den Texten steht jedoch eindeutig die Erfahrung und mithin die Sünde im Vordergrund.

In der Behandlung des Abendmahls werden je nach Abendmahlsordnung Sündenvergebung, Vergewisserung, Trost und Stärkung oder Gemeinschaft hervorgehoben. Die Würdigkeit wird nicht infrage gestellt, wohl aber wird das Sündenbewusstsein bzw. der Gedanke, versagt zu haben, im Gebet vor Gott gebracht: „Allmächtiger Gott, wir haben gesündigt gegen dich und unsere Mitmenschen in Gedanken, Worten und Taten, im Bösen, das wir getan, und im Guten, das wir unterlassen haben, durch Unwissenheit, Schwachheit und bewusste Schuld. Es tut uns ernstlich leid, und wir bereuen unsere Sünden."[68] Das deutliche Ziel der Abendmahlsfeier in der Reformierten Liturgie sind Trost und Stärkung. Auch deshalb spielt die Frage der Würdigkeit keine Rolle mehr.

Der Zeitgeist zeigt sich stärker noch in den Formularen zur Einführung kirchlicher Mitarbeiterinnen und Mitarbeiter. Bei der Einführung von Presbyterinnen und Presbytern wird die Kirchenzucht nicht ausdrücklich erwähnt. Ein Anklang findet sich im Lesungstext aus dem ersten Petrusbrief, Kapitel 5: „Die Ältesten unter euch ermahne ich, der Mitälteste: Weidet die Herde Gottes, die euch anbefohlen ist; achtet auf sie [...]".[69] Bemerkenswert ist die Anrede an die neuen Presbyterinnen und Presbyter durch den oder die Vorsitzende des Presbyteriums. Dort heißt es unter anderem: „Im Beruf und in der Öffentlichkeit sollen Sie Ihr Christsein leben und der Gemeinde mit Ihren Erfahrungen dienen. Wir bitten und ermahnen Sie, Bekenntnis und Ordnung unserer Kirche zu achten, gewissenhaft mit dem Geld der Gemeinde umzugehen und sich so zu verhalten, dass Ihr Zeugnis nicht unglaubwürdig wird."[70] Es scheint, als wäre der Passus über die Durchführung der Kirchenzucht durch den Hinweis auf die richtige Verwaltung des Geldes ersetzt worden.

---

[68] Peter Bukowski/Arend Klompmaker/Christiane Nolting/Alfred Rauhaus/Friedrich Thiele (Hgg.), Reformierte Liturgie. Gebete und Ordnungen für die unter dem Wort Gottes versammelte Gemeinde, Neukirchen-Vluyn 1999, 354.
[69] Ebd., 532; 1. Petr, 5,1f. (in Auszügen).
[70] Ebd., 534.

Im Formular für die Einführung neuer Mitarbeiterinnen und Mitarbeiter in der Evangelisch-altreformierten Kirche sieht das anders aus. Dort werden die neuen Mitarbeiterinnen und Mitarbeiter deutlich ausführlicher als in der allgemeinen reformierten Agende in Bezug auf ihre Aufgaben unterwiesen, und hier wird im Blick auf die Ältesten gesagt: „Durch Ihren Dienst soll die Gemeinde sich ihrer Berufung bewusst bleiben, ein Königreich von Priestern und ein heiliges Volk zu sein (Ex 19,6/ 1 Petr 2,9). Indem Sie als Vertrauenspersonen und als das Gewissen der Gemeinde in dieser Zeit tätig sind, ermutigen Sie Ihre Schwestern und Brüder in der Nachfolge Christi, unseres Herrn." Die Ältesten sollen die Pastorinnen und Pastoren in ihrer Arbeit unterstützen. Aufgabe des Kirchenrats sei es, gemeinsam „alle, die zur Gemeinde gehören, zu ermutigen, zuerst nach dem Reich Gottes und seiner Gerechtigkeit zu trachten".[71] Dies ist die einzige Stelle, an der angedeutet wird, Presbyterinnen und Presbyter könnten die Aufgabe haben, Gemeindeglieder in Glauben und Lebenswandel zu unterstützen. Eine gegenseitige Unterstützung der Gemeindeglieder untereinander – gegenseitige Ermahnungen gar – sind indessen nicht vorgesehen.[72]

Aus dem Gedanken an die Heiligung der Gemeindeglieder ist in der Reformierten Liturgie die Suche nach ihrer Heilung geworden. Dabei hat die Kirchenzucht offensichtlich keine Aufgabe.

4. Schluss

Die Kirchenzucht, die ursprünglich vor allem dem Erhalt der Gemeinde als Leib Christi, als Gemeinschaft, dienen und zugleich Menschen auf den Weg zum ewigen Leben (zurück)führen sollte, ist schon in der zweiten Hälfte des 16. Jahrhunderts eine Buß- und dann auch eine Strafzucht geworden, in deren Zentrum die Heiligkeit von Gemeinde und Gemeindegliedern stand. Diese Konzeption wurde in der reformierten Tradition lange fortgeführt und lebte im 19. Jahrhundert mit den Dogmatiken von Böhl und Heppe/Bizer neu auf, die bis zur Mitte des 20. Jahrhunderts wirksam waren. Die Kirchenzucht wurde damit zu einer Praxis, die von den Gemeindegliedern als bedrohlich wahrgenommen werden konnte und in der Außenwahrneh-

---

[71] Ebd., 549. Bei den Einführungsfragen werden Älteste und Diakone zur Verschwiegenheit verpflichtet (ebd., 550).
[72] Nach der Einführung der neuen Amtsträger/innen wird allerdings auch die Gemeinde aufgefordert, „sie zu begleiten in euren Gebeten und mit ihnen im Dienst unseres Herrn tätig zu sein" (ebd., 551). Im Fürbittengebet (552f.) spiegeln sich die Erfahrungen der NS-Zeit.

mung reformierter Kirchen zum Eindruck großer Strenge und Rigorosität beitrug.
Verstärkt wurden diese Wahrnehmungen zum einen durch die Drohung mit dem Gericht, die Christinnen und Christen, die Glauben und Lehre ernst nahmen, häufig Angst einjagten. Zum anderen gab es starke Bilder von Büßergewand und Büßerstuhl, die – zusammen mit den weit verbreiteten Abendmahlsmünzen oder -karten – die Wahrnehmung prägten. Und solche Bilder sind allemal wirkmächtiger als theologische Abhandlungen.
Als Gegenreaktion wurde in der zweiten Hälfte des 20. Jahrhunderts nicht nur die Praxis der Kirchenzucht in Deutschland meistenorts abgeschafft, sondern auch die Lehre häufig als falsch abgelehnt. Die Evangelische Kirche im Rheinland hat inzwischen auch Erinnerungen an die Kirchenzucht aus ihrer Kirchenordnung gestrichen. Während Presbyterinnen und Presbyter in der Evangelischen Kirche von Westfalen bei ihrer Amtsübernahme noch versprechen: „Ich gelobe vor Gott und dieser Gemeinde, das mir übertragene Amt im Gehorsam gegen Gottes Wort gemäß dem Bekenntnisstand dieser Gemeinde und nach den Ordnungen der Kirche sorgfältig und treu auszuüben. Ich gelobe, über Lehre und Ordnung in dieser Gemeinde zu wachen, die mir anvertrauten Aufgaben und Dienste zu übernehmen und dazu beizutragen, dass in der Gemeinde Glaube und Liebe wachse",[73] werden ihre Kollegen aus dem Rheinland lediglich aufgefordert, sich „im vielfältigen Dienst der Gemeinde"[74] einzubringen. Auch die Abendmahlsvorbereitung mit möglicher Beichte, die sich in der westfälischen Kirchenordnung findet, gibt es im Rheinland nicht mehr.[75]
Von dem Verschwinden von Kirchenzucht und Suche nach Heiligkeit aus Ordnungen und Liturgien kann selbstverständlich nicht unmittelbar auf das Verschwinden aus der kollektiven Erinnerung oder dem Selbstverständnis der Reformierten geschlossen werden. Ordnungen und Liturgien sind vielmehr Indikatoren, die einem allgemeinen Trend eher nachfolgen als vorausgehen. Sie sind Hinweise auf die Praxis, und in der Praxis wird auch das Selbstverständnis „praktiziert", geübt, neu eingeübt. Dasselbe gilt für das Unterrichtsmaterial, das Rückschlüsse auf die Lehre zulässt. Mit der Lehre aber wird das neue Selbstbewusstsein und Selbstverständnis vermittelt.

---

[73] EKvW, Kirchenordnung, Art. 36, Abs. 2: http://www.kirchenrecht-westfalen.de/showdocument/id/5732#s1350003 (Zugriff: 5.3.2015).
[74] EKiR, Kirchenordnung, Art. 43, Abs. 1: http://www.kirchenrecht-ekir.de/showdocument/id/3060#s10000059 (Zugriff: 5.3.2015).
[75] Vgl. EKvW, Kirchenordnung, Art. 187.

Für die Gegenwart können Wahrnehmungen der Kirchenzucht durch Reformierte lediglich anhand von Interviews etabliert werden. Ego-Dokumente sind nur selten zugänglich, groß angelegte Untersuchungen existieren nicht. Gespräche, ob als offizielle Interviews oder eher informell, aber weisen alle in dieselbe Richtung: Die Kirchenzucht wird als negativer Druck und Bevormundung abgelehnt, zudem vermittele sie ein falsches Gottesbild. Das Bemühen um ein positives Menschen- und Gottesbild wiederum vermitteln auch die neueren Lehrbücher, Agenden und normativen Texte. Die Suche nach Heiligkeit scheint durch die Suche nach einem ethisch „richtigen" Leben, der auch einmal strafende durch den „lieben" Gott ersetzt.

Die ursprüngliche reformatorische Konzeption der Kirchenzucht, bei der Gemeinschaft und Friede vor Heiligkeit standen, ist in der Praxis allzu häufig konterkariert worden, wenn Heiligkeit gewaltsam anerzogen werden sollte. So wurde die Kirchenzucht zu einer negativ besetzten Erinnerung.

„… in schwere Bedrängnis geraten"?
Reformierte Erinnerungsnarrative im 20. Jahrhundert

von Hans-Georg Ulrichs

1. Konfessionelle Erinnerungskulturen und Erinnerungsorte

„Wie Parteien und Verbände besitzen auch die Kirchen ein spezifisches kollektives Gedächtnis, dessen Inhalte tradiert werden, entfaltet, vereidigt und stets auch aktualisiert. Dieses Gedächtnis hat die Funktion, Gleichgesinnte zu verbinden, sie zu stabilisieren sowie zu mobilisieren. Es ist emotional besetzt, verfährt dementsprechend eklektisch und zielt weniger auf generelle als vielmehr spezielle eigene, also kirchlich-konfessionelle Wertvorstellungen. Fraglos existiert ein solches Verständnis der Kirchengeschichte nach wie vor in [… den, H.-G. U.] Konfessionen. Unbestreitbar besitzt es auch ein eigenes Gewicht, insbesondere im Blick auf seine legitimierende und Identität stiftende Funktion."[1] So umschreibt Martin Greschat (geb. 1934) das Phänomen des konfessionellen kollektiven Gedächtnisses. Anders als Greschat, der nach dieser Deskription vor einem „kirchlich-konfessionelle[m] Ghetto" in der Kirchengeschichtsschreibung warnt und diese lieber ökumenisch, europäisch oder global betreiben möchte, wage ich im Folgenden in zweifacher Hinsicht einen konfessionellen Blick: Einerseits ist das Objekt meiner Betrachtungen trotz aller Kontextberücksichtigungen konfessionell begrenzt und andererseits bin ich als wissenschaftliches Subjekt konfessionell festgelegt: Ich schreibe als reformierter Kirchenhistoriker mit an der eigenen Erinnerungskultur.[2]

Ich werde im Folgenden eine Interpretation vorschlagen, ein Bild zeichnen und weiß darum, dass auch andere Interpretationen und

---

[1] Martin Greschat, Kirchliche Zeitgeschichte. Überlegungen zu ihrer Verortung, in: ThLZ 139 (2014), 291–310, hier 298.
[2] Weise formuliert Jürgen Moltmann: „Wir stehen im Erinnern unserer Vergangenheit nicht neutral gegenüber. Die gegenwärtigen Interessen bestimmen auch die Filter unseres Bewusstseins, durch die wir Vergangenheiten erinnern. Die erinnerungsleitenden Interessen verändern sich mit der jeweils erfahrenen Gegenwart und der jeweils erstrebten Zukunft. Geschichte im Großen ‚muss immer wieder umgeschrieben' werden". Vgl. seinen titelgleichen Beitrag in ders. (Hg.), Das Geheimnis der Vergangenheit. Erinnern – Vergessen – Entschuldigen – Vergeben – Loslassen – Anfangen, Neukirchen-Vluyn 2012, 83–122, hier 85f.

andere Bilder möglich sind. Ich gehe dabei nicht allein der Frage nach, was gegenwärtig über das 20. Jahrhundert[3] erinnert wird, sondern vor allem, was in bestimmten Phasen im zurückliegenden Jahrhundert jeweils aktuell erzählt und erinnert wurde und was damit das Selbstverständnis der Reformierten in Deutschland ausmachte: Was also waren Signaturen der Reformierten nach ihrem Selbstverständnis – und kritisch wäre zu fragen: Waren dies tatsächliche Signaturen? Auch wenn es banal ist: Differenzen von Selbst- und Fremdwahrnehmung können auch in der Konfessionsgeschichte nicht ausgeschlossen werden, ebenso können Intention und Funktion konfessionellen Agierens differieren. Weitere Kontrollfragen drängen sich auf: Inwieweit waren die aus den Quellen wie Akten und Publikationen zu erhebenden vorherrschenden Meinungen eben die Meinungen der Herrschenden in der eigenen Konfession? Wie kann man post festum historiographisch Gerechtigkeit walten lassen? Denn was erinnert wird, was sich als Erinnerungskultur etabliert und sich in Erinnerungsorten manifestiert, ist die Geschichte der „Sieger".[4] Wie erhebt man das und wie geht man mit dem um, was – aus welchen Gründen auch immer – vergessen wurde?

Und aufs Ganze geschaut: Existiert eine aktuelle Grundannahme im Blick auf diese Konfessionsgeschichte des reformierten Protestantismus in Deutschland, die nun ihrerseits Leitfragen präjudizieren könnte und möglicherweise so auch einen methodischen Zugriff nahelegt – und eben andere aus dem Blick verliert? Jedenfalls ist der „Erfahrungsraum der Kirchengeschichte" (Michael Beintker, geb. 1947) nicht objektiv vorgegeben, sondern vor unserem „Erwartungshorizont" (Reinhart Koselleck, 1923–2006) steht ein Objekt unserer Betrachtung und insofern eine Konstruktion. Wir archivieren nicht nur, sondern aktualisieren. Das kann aber nachvollziehbar getan werden und durchaus auch in einem selbstkritischen Habitus und nicht nur zur affirmativen Selbstlegitimation, sondern – um zwei starke psychologische Begriffe zu verwenden – neben den „Stolz" tritt die „Trauer" als leitendes Interesse. Die Zeit der sich lediglich selbst vergewissernden „Heldengeschichten" ist selbst vergangene Geschichte. Kirchen- und Konfessionsgeschichte hat weder apologetische noch polemische Funktionen.

Wir leben nicht ohne Erinnerungen, weder individuell noch kollektiv. Und diese Erinnerungen werden gepflegt. Die Erinnerungskultur

---

[3] Vgl. das ungemein anregende Buch von Hartmut Lehmann, Das Christentum im 20. Jahrhundert: Fragen, Probleme, Perspektiven (KGiE IV/9), Leipzig 2012.
[4] Dieter Langewiesche (geb. 1943) spricht von „Erinnerungskonkurrenz" und von „umkämpften" Erinnerungsgeschichten, vgl. ders., Erinnerungsgeschichte. Ihr Ort in der Gesellschaft und in der Historiographie, in: SZRKG 100 (2006), 13–30, hier 15, 18.

kennt verschiedene Medien, offen und heimlich wirkende Narrative, medial unterstützt durch materiale Manifestationen wie Denkmäler und Gebäude oder auch durch kollektive Jubiläumsfeiern. Die historiographische Mode der Erinnerungsorte hat wohl schon ihren Zenit überschritten, konnte sich allerdings auch im Kanon der wissenschaftlichen Ansätze etablieren und kann deshalb unaufgeregt benutzt werden. Erfreut wurde dieser neue Anstoß in unterschiedlichen Kontexten produktiv aufgenommen, dabei war der Anlass gerade auch aus Sicht der Historiographie alles andere als erfreulich. Der französische Historiker Pierre Nora (geb. 1931) stellte besorgt fest, dass in der Nation kein einheitliches Milieu mehr existierte. Ein gemeinsames Bewusstsein innerhalb der französischen Nation durch Erinnern und durch Tradition/Narration, das aktualisierende Identitätsstiftende, eine gemeinsame Erinnerungskultur verschwand mehr und mehr. Daraufhin arbeitete Nora mit Erinnerungsorten (lieux de mémoire)[5], um überhaupt noch Angebote für eine gemeinsame Nationalgeschichte machen zu können. Dieses Konzept, das unter Orte nicht nur konkret vorfindliche, sondern auch andere „topoi" wie Personen und Themen versteht, bei denen sich das Erinnern sogar vom historischen Kern lösen kann, ließ sich einigermaßen problemlos auf andere Nationen und Gruppen übertragen, auf andere Nationalgeschichten[6] und auch auf Religions- und Konfessionsgeschichten.[7] Überall suchen erodierende Milieus und Gruppen nach identitätsstiftenden Angeboten. Auch das reformierte Milieu in Deutschland[8] erodiert, zumal dieses ohnehin auf Grund seiner geographischen Disparatheit immer nur im Plural existierte. Einstmals reformierte Hochburgen wie der Niederrhein, das Siegerland, die Stadt Emden wurden im Laufe des 20. Jahrhunderts immer weniger als reformierte Milieus wahrgenommen. Man wähnte sich irgendwie immer in einer refor-

---

[5] Pierre Nora (Hg.), Les Lieux de mémoire, 7 Bde., Paris 1984–1992.
[6] Für Deutschland vgl. Etienne François/Hagen Schulze (Hgg.), Deutsche Erinnerungsorte, 3 Bde., München 2001; vgl. auch dies. (Hgg.), Deutsche Erinnerungsorte. Eine Auswahl, Bonn/München 2005.
[7] Vgl. Christoph Markschies/Hubert Wolf (Hgg.), Erinnerungsorte des Christentums, München 2010. Dort will man allerdings eher das Konzept der *memoria* zu Grunde gelegt wissen (ebd., 11). Ein Werkstattbericht über die Anwendung von kirchlichen Erinnerungsorten im 20. Jahrhundert ist: Philipp Ebert u.a., Wo finden wir uns? Evangelische und katholische Erinnerungsorte im Deutschland des 20. Jahrhunderts, in: Mitteilungen zur Kirchlichen Zeitgeschichte 6 (2012), 11–44.
[8] In anderen Ländern gibt es reformierte Milieus, die zwar auch im Schwinden begriffen sind, aber noch existieren und deshalb eine lebendige Erinnerungskultur vorzuweisen haben. Zum Beispiel der Niederlande vgl. George Harinck u.a. (Hgg.), Het gereformeerde geheugen. Protestantse herinneringsculturen in Nederland, 1850–2000, Amsterdam 2009. Ein wahrer Thesaurus reformierter Erinnerungskultur der Niederlande: Willem Bouwman, Het Gereformeerdenboek, Zwolle 2009.

mierten Diaspora – freilich gab es auch Verbindendes, etwa bestimmte theologische Strömungen.
Erinnerungsorte sind ein zeitgemäßes Medium des Erinnerns, also so etwas wie ein „Angebot" und ein Postulat für Gruppen, die ihre Identität bewahren wollen – und im guten Fall werden solche Erinnerungsorte in historischer Betrachtung vor- und aufgefunden, denn sie haben sich selbstverständlich und allgemeinverbindlich imponiert und wurden und werden innerhalb des Milieus tradiert. Aber gewiss ist es auch möglich, Erinnerungsorte aktuell zu kreieren. Dann muss gefragt werden, wer es aus welchem Interesse heraus unternimmt, Erinnerungsorte etablieren zu wollen. Erinnerungsorte erscheinen insofern en vogue, als sie in der Regel eher eklektisch und essayistisch dargestellt werden: Aus den einzelnen Steinchen möge dann so etwas wie ein Mosaik-Gesamtbild entstehen. Es werden zwar umfangreiche Bücher über Erinnerungsorte publiziert, diese sind jedoch in aller Regel Sammelbände mit zahlreichen Einzel-Beiträgen – mit solchen Mosaiksteinchen soll ein Gesamtbild zu erahnen sein.
Ich möchte im Folgenden nicht nur Erinnerungsorte wie spots aufführen, sondern gehe umgekehrt von einem Stück zu analysierender Geschichte aus und versuche hier sowohl eine Charakterisierung als auch eine neue Epocheneinteilung – und dafür dienen Erinnerungsorte als Medium. Dadurch gerät explizit und implizit das Selbstverständnis der Akteure stärker in den Blick, Kontinuitäten und Diskontinuitäten könnten neu gesehen, Zäsuren anders wahrgenommen werden, freilich ohne die allgemeinhistorischen Kontexte zu ignorieren.
In den drei folgenden Unterabschnitten werde ich jeweils für einen zeitlichen Abschnitt einen Erinnerungsort vorschlagen, den „historischen Kern" nachzeichnen, mögliche und wahrscheinliche Assoziationen und die Symbolik des Ortes erkunden sowie die Funktion im jeweils aktuellen Erinnern erörtern. Von wem oder was grenzt man sich ab? Wie wird aus dem Narrativ ein behaviour? Gibt es auch über Epochengrenzen hinweg Langzeitwirkungen? Die Erinnerungsorte werden also real, symbolisch und funktional dargestellt.

2. Reformierte Erinnerungsorte im 20. Jahrhundert

2.1. Das erste Drittel des 20. Jahrhunderts: Wuppertal - „Die Stadt auf dem Berge". Renaissance und Selbstbehauptung einer Konfession

Zu Beginn des 20. Jahrhunderts wirkte das Wuppertal als ein Epizentrum der reformierten Renaissance. Hier konnte man es sich sogar leisten, innerhalb des Reformiertentums zahlreiche Gruppen auszubilden, die allerdings oft durch erhebliche Schnittmengen verbunden blieben: landeskirchliche Reformierte mit der 1835 erkämpften Rheinisch-Westfälischen Kirchenordnung, Kohlbrüggianer und „Freunde des Heidelberger Katechismus", Reformierte in den Kontexten der Gemeinschaftsbewegung, später auch „Jungreformierte". Weithin bekannte Gestalten des 19. Jahrhunderts im Wuppertal waren Friedrich Adolf Krummacher (1774–1837), Friedrich Wilhelm Krummacher (1796–1868), Hermann Friedrich Kohlbrügge (1803–1875) und Paul Geyser (1824–1882), die das Image des reformierten Wuppertal begründeten. Aus Elberfeld kamen entscheidende Impulse zur Gründung des Reformierten Bundes 1884, hier fand 1885 die erste Hauptversammlung des Reformierten Bundes statt, hier wurde durch Heinrich Calaminus (1842–1922) und andere die Reformierte Kirchenzeitung herausgegeben.

In Elberfeld existierte um die Jahrhundertwende die reichsweit größte reformierte Gemeinde. Bekannte Prediger, publizistische Bemühungen und kirchliche Initiativen machten das Wuppertal weithin bekannt. Stichworte und Jahreszahlen aus dem ersten Drittel des 20. Jahrhunderts illustrieren dies: Seit 1892 gab es Bemühungen um eine praktisch-theologische Ausbildungsstätte, 1904 kam es zur Einrichtung des reformierten Kandidatenstiftes, das dann 1928 als altpreußisches Predigerseminar anerkannt wurde. Ebenfalls 1928 konnte die propädeutisch arbeitende Theologische Schule in Elberfeld eröffnet werden. Die wichtigen Hauptversammlungen des Reformierten Bundes 1919 und 1934 fanden in Elberfeld bzw. in Barmen statt. Die Jubiläen 1909 (Johannes Calvin, 1509–1564) und 1913 (Heidelberger Katechismus) wurden federführend in Elberfeld bzw. in Barmen begangen. Der Reformierte Bund veranstaltete seine Theologischen Wochen von 1925 bis 1931 in Elberfeld. Vom Wuppertal aus wurden die kirchenpolitischen „Kämpfe" geplant und ausgeführt, nicht zuletzt von Hermann Albert Hesse (1877–1957). Der so genannte „reformierte Aufbruch" in den 20er Jahren ist untrennbar mit Wuppertal

verbunden.⁹ Wuppertal war Erinnerungsort und realer Erlebnisraum.¹⁰
Die Stadt entstand 1929 durch Zusammenschluss mehrerer Städte und Orte und erhielt 1930 den Namen „Wuppertal". Wuppertal war die stilisierte Hochburg¹¹ einer konfessionellen Minderheit. Es existierten auch andere reformierte Hochburgen, Städte und Regionen, aber diese erlangten doch nicht eine derart überragende und übertragene Bedeutung. Das weltweit ausstrahlende Genf¹² besaß in Deutschland trotz des Calvin-Jubiläums 1909 nicht den Ruf eines symbolischen Zentralortes. J. F. Gerhard Goeters (1926–1996) sprach vom „allseits anerkannte[n] Vorort Elberfeld"¹³, was ich hier zu Wuppertal erweitern möchte.
Mit Wuppertal wurde „reformiert" als „Konfession" im Sinne einer Bekenntnis- und Gruppenzugehörigkeit assoziiert. Für Reformierte selbst bedeutete dieser Stadtname Stärkung der eigenen konfessionellen Identität und Positionierung im Gesamtprotestantismus. An vielen Orten und in der Fläche marginalisiert, erfuhr man sich hier als Majorität. Hier und hiermit konnte man Erfahrungen konfessioneller Marginalisierungen verarbeiten und zu Apologetik und Verteidigung übergehen, hier konnte man sich auch Polemik leisten. Die Stadt stand für konfessionelles Selbstbewusstsein und für Abwehrstärke. Eine „Stadt" hat Mauern, ist eine Schutz- und Trutzburg. Hier wehrte man ab: die anderen Konfessionen, die die Reformierten zu dominieren trachteten, aber auch unerwünschte Minderheiten in den eigenen Reihen. Gab es ohnehin nicht viele liberale Theologen unter den Reformierten – eine seltene Ausnahme war Erich Foerster (1865–1945) in Frankfurt –, in Wuppertal hätten sie gewiss keine

---

⁹ Vgl. Hans Helmich, Die Wuppertaler Gemeinden von 1918–1933 (SVRKG 106), Köln 1992, 121–126.
¹⁰ Zum zentralen Erlebnisraum des Protestantismus vgl. Silvio Reichelt, Der Erlebnisraum Lutherstadt Wittenberg. Genese, Entwicklung und Bestand eines protestantischen Erinnerungsortes (Refo500 Academic Studies 11), Göttingen 2013.
¹¹ Auch Karl Barth nannte Elberfeld 1928 die „reformierte[.] [...] Hochburg", so in einem Brief an Wilhelm Niesel vom 10.11.1928, in: Matthias Freudenberg/Hans-Georg Ulrichs (Hgg.), Karl Barth und Wilhelm Niesel. Briefwechsel 1924–1968, Göttingen 2015, 68; noch 1954 konnte Barth „Wuppertal" in Anführungszeichen setzen und meinte damit eine bestimmte Art des reformierten Protestantismus, so im Brief vom 31.12.1954, in: ebd., 249.
¹² Vgl. Jan Rohls, Genf, in: Markschies/Wolf, Erinnerungsorte (wie Anm. 7), 44–63.
¹³ J. F. Gerhard Goeters, Vorgeschichte, Entstehung und erstes Halbjahrhundert des Reformierten Bundes, in: 100 Jahre Reformierter Bund. Beiträge zur Geschichte und Gegenwart, hg. im Auftrage des Moderamens des Reformierten Bundes von Joachim Guhrt, Bad Bentheim 1984, 12–37, hier 37 (auch in: ders., Beiträge zur Union und zum reformierten Bekenntnis, hg. von Heiner Faulenbach/Wilhelm H. Neuser [Unio und Confessio 25], Bielefeld 2006, 339–356).

Chance gehabt. In Wuppertal „herrscht vielfach die Mentalität vor, die Kirche lebe in einer ständigen Bedrohung", wie Hans Helmich (1933–2012) feststellte.[14] Und darin gefasst konnte der Kirchenpolitiker Hermann Albert Hesse (1877–1957) 1925 das konfessionelle Selbstbewusstsein aussprechen: „Wir Reformierten in Deutschland sind in den letzten 150 Jahren in schwere Bedrängnis geraten."[15]
„Ein feste Burg ist" – unser Bekenntnis! So haben es die Reformierten in und mit Wuppertal erlebt. So lag es nahe, diese Stadt mit einer religiösen Anspielung zu versehen: „Die Stadt auf dem Berge" (vgl. Mt 5,14), später nach 1945 erhielt der Standort der Kirchlichen Hochschule und des Missionshauses die Bezeichnung „Heiliger Berg".
In und mit Wuppertal verstanden sich die Reformierten also als die Bedrängten, die dennoch standhaft blieben. „Wir sind die Aufrechten und beugen uns nicht", „Wir geben unser Bekenntnis, unsere Konfession nicht preis", „Wir kapitulieren nicht!", das wären wohl typische Ausdrucksformen des damaligen reformierten Lebensgefühls gewesen. Mithin war es auch kein Wunder, dass eine Berufung ins Wuppertal für reformierte Theologen als große Ehre galt. Gleich vier außergewöhnliche Pastoren aus Ostfriesland nahmen den Ruf an: Hermann Albert Hesse (berufen 1916), Hermann Klugkist Hesse (1884–1949, berufen 1920), Karl Immer (1888–1944, berufen 1927) und Harmannus Obendiek (1894–1954, berufen 1931).
Durch die Kirchliche Hochschule, durch das Predigerseminar sowie durch einige bedeutende reformierte Repräsentanten wie Wilhelm Niesel (1903–1988) und Peter Bukowski (geb. 1950)[16], durch kirchlich-konservative Funktionäre wie Superintendent Heinrich Höhler (1907–1995) sowie durch charismatische Prediger wie Gustav-Adolf Kriener (1924–1996) blieb Wuppertal bis in das letzte Quartal des 20. Jahrhunderts ein herausgehobener reformierter Ort, in dem sich beispielsweise selbstverständlich die Geschäftsstelle des Reformierten Bundes befand (bis 2005). Aber Erinnerungsorte ändern sich, gerade auch dann, wenn der historische Kern und der konkrete Anhalt schwinden. Dachte man im ersten Drittel des 20. Jahrhunderts an Wuppertal, dann vergegenwärtigte man sich, dass das Reformiertentum trotz aller Bedrängnisse voller Kraft und Geist, bedeutsam und

---

14 Helmich (wie Anm. 9), 136.
15 Hermann Schürhoff-Goeters, Wilhelm Goeters (1878–1953). Aus seinem Nachlass und den Erinnerungen seiner Familie, Mönchengladbach 2007, 141.
16 Zu den Moderatoren des Reformierten Bundes vgl. Hans-Georg Ulrichs, Von Brandes bis Bukowski. Die Moderatoren des Reformierten Bundes, in: ders. (Hg.), Der Moderator. Ein Dank für Peter Bukowski, Hannover 2015, 23–70. Zu Bukowski ebd., 71–111: „Es muss uns nicht geben, aber es gibt uns." Ein Vierteljahrhundert als Repräsentant der Reformierten in Deutschland. Peter Bukowski im Interview.

lebendig war – wenn reformierte Zeitgenossen mit etwas historischer Bildung heute an Wuppertal denken, werden sie wehmütig, auch wenn einige reformierte Institutionen und Denkmäler dort noch aufzufinden sind. Aber nicht einmal mehr auf den zweiten Blick erschließt sich dem heutigen Besucher, dass Wuppertal und „reformiert" einst nahezu Synonyme waren.[17]

2.2. Das zweite Drittel des 20. Jahrhunderts: Karl Barth – „der von Gott gesandte Lehrer". Bekenntnis und Dogma
Auch Karl Barth (1886–1968) hat sich der Attraktivität des Wuppertaler Reformiertentums nicht entziehen können.[18] Und so verknüpft sich der reformierte Erinnerungsort im zweiten Drittel des 20. Jahrhunderts mit dem des ersten Drittels, nämlich durch die Barmer Theologische Erklärung.[19] Mit und nach der Ersten freien reformierten Synode am 3./4. Januar 1934 schwenkte der Reformierte Bund mit seinem neuen Moderator Hermann Albert Hesse ganz auf Barth-Linie ein. Die erste Bekenntnissynode der Deutschen Evangelischen Kirche Ende Mai 1934 wurde von Zeitgenossen und Zeitzeugen als ein „Wunder" geradezu pfingstlichen Ausmaßes erlebt und erinnert, und der Hauptverfasser hatte ohnehin seine Freude an der eigenen Legendenbildung: Während bei einem Vorbereitungstreffen die lutherischen Vertreter im Basler Hof in Frankfurt nach dem Mittagessen geschlafen hätten, habe die reformierte Kirche – sc. Barth – dieses wichtige theologische Dokument aufs Papier geworfen. Er galt fortan als wichtigster Lehrer in der Bekennenden Kirche und vollends nach 1945 in ganz Deutschland und vielen Teilen der Welt, besonders bei Reformierten.[20]
Hier muss weder der „historische Kern" der überragenden Bedeutung Karl Barths, sein Werdegang noch die theologische Rezeption in Erinnerung gerufen werden. Zweifelsohne gehört die Barmer Theologische Erklärung aus Barths Feder zu den herausragenden und den grundsätzlichen orientierenden theologischen Dokumenten des 20. Jahrhunderts, zumal für die reformierten Konfessionsgeschwister des

---

[17] Das gleiche muss auch für das frühere „Genf des Nordens" festgestellt werden: Emden war bis zur ersten deutschen Demokratie ein hervorgehobener reformierter Ort. Vgl. Hans-Georg Ulrichs, Eine „Gelegenheit, mit den unbekannten Vätern der reformierten Kirche bekannt zu machen". Das Reformationsjubiläum 1917 in Emden und bei den Reformierten in Deutschland, in: KZG 26 (2013), 238–261.
[18] Helmich (wie Anm. 9), 129–136.
[19] Zur Barmer Theologische Erklärung als Erinnerungsort vgl. Ebert (wie Anm. 7), 20–25. Vgl. auch Manuel Schilling, Das eine Wort Gottes zwischen den Zeiten. Die Wirkungsgeschichte der Barmer Theologischen Erklärung vom Kirchenkampf bis zum Fall der Mauer, Neukirchen-Vluyn 2005.
[20] Im niederländischen Reformiertentum gab und gibt es allerdings auch entschiedene Barth-Gegner.

Hauptverfassers. Barmen und Barth werden zusammen erinnert, gelegentlich nahezu synonym benutzt. Die *Kirchliche Dogmatik* (KD) ist ein materialisiertes Denkmal für den Erinnerungsort Karl Barth. Unvergessen bleibt für Theologengenerationen das haptische Erleben der KD-Bände und die optische Dominanz: Der hessische Pfarrerssohn Friedrich Christian Delius (geb. 1943) durfte am „Sonntag, an dem ich Weltmeister wurde", das Endspiel der Fußball-Weltmeisterschaft 1954 am Radio im Arbeitszimmer seines Vaters erleben. Neben dem Rundfunkgerät steht ihm die KD vor Augen, die da mächtig im Regal thronte.[21]

Die KD steht für Barth als den Lehrer der Dogmatik. Hatten die Bände I/1 (München 1932) und I/2 (Zollikon/Zürich 1938) noch Startauflagen von 3000 Exemplaren, so sanken die Bände aus den Kriegsjahren unter 1000. Der Verkauf von Barth-Büchern war seit 1938 in Deutschland verboten. Nach 1945 starteten die Bände mit 6000 und 7000 Exemplaren, hinzu kamen bedeutende und mehrfache Neuauflagen der früheren Bände.[22] Vermutlich erreichten die deutschsprachigen Ausgaben geschätzte 20.000 Exemplare pro Band. Hunderte – vor allem reformierte – Pfarrer und Theologen erwarteten ein Vierteljahrhundert lang die jeweils neu erscheinenden Bände und begannen sofort mit der Lektüre; wahrscheinlich noch viel mehr aber schafften die Lektüre angesichts des Alltagsgeschäfts gar nicht und waren angewiesen auf die Zusammenfassungen und Rezensionen der Bände, etwa in der Reformierten Kirchenzeitung (RKZ). So musste die KD gar nicht gelesen werden, um dennoch zu wirken. Heute liegen zahllose Exemplare in den Antiquariaten, wo sie in der Regel für € 150,- bis 200,- zu haben sind. Zumeist wird in den Katalogen vermerkt, dass das Papier gebräunt sei. Das liegt einerseits an der Qualität des Papiers, andererseits aber auch daran, dass viele Barth-„Schüler" wie der „Meister"[23] Pfeife rauchten[24], und so riecht die alte KD auch – und so riecht „reformiert". Theologische Schülerschaft und konfessionelle Prägung lassen sich also olfaktorisch identifizieren – und akustisch, denn ein anderer angeeigneter Habitus ist eine für reformierte Ohren eher schwer nachvollziehbare Beliebtheit für die Musik des Katholiken Wolfgang Amadeus Mozart (1756–1791) – auch das ist ebenfalls nur durch die Gefolgschaft Barths zu erklären.

---

[21] Friedrich Christian Delius, Der Sonntag, an dem ich Weltmeister wurde. Erzählung, Reinbek bei Hamburg 1994, 104.
[22] Freundliche Auskünfte von Peter Zocher, Karl Barth-Archiv, Basel.
[23] So nannten neben Kornelius Heiko Miskotte (1894–1976) unzählige Schüler ihren Lehrer Barth.
[24] Schüler Rudolf Bultmanns (1884–1976) bevorzugten dagegen Zigaretten. Diese beiden Schüler-Gruppen konnten sich wirklich nicht riechen.

Mit dem Erinnerungsort Barth gab es einen ständigen Rückbezug auf die „tapfere" und radikale Rolle im so genannten Kirchenkampf. Es entwickelte sich selbst bei den nicht mehr unmittelbar Beteiligten das Selbstverständnis: Wir waren damals die „Tapferen" und konnten widerstehen, weil wir die bessere Theologie hatten. Dies war ein derart erfolgreiches Narrativ, dass ein gänzlich des Konfessionalismus' Unverdächtiger wie Hans-Ulrich Wehler (1931–2014) zum Kirchenkampf resümieren konnte, dass „alle calvinistischen Pfarrer [...] zur ‚Bekennenden Kirche' [stießen, H.-G. U.]".[25] „Konfession" bedeutete hier nicht mehr – wie im Zusammenhang des Erinnerungsortes Wuppertal – eine konfessionelle Bestandserhaltung, sondern ein aktuelles Bekennen auf Grund der richtigen Lehre. Solches Bekennen konnte, selbst wenn es nicht intendiert war, politisch funktional, nämlich widerständig wirken. Dogmatik und Lehre waren dabei entscheidende Kriterien.

Der Barthianismus ist natürlich realhistorisch nicht leicht zu quantifizieren, aber es entsteht doch für die Zeit nach 1945 der Eindruck einer durchaus machtvollen Gruppe, die über einigen Einfluss bei Lehrstuhlbesetzungen, Ehrenpromotionen und in Kirchenleitungen verfügte. „Kirchenpolitisch" konnte Barth, was Personen anging, eigenwillige Kursbestimmungen vornehmen: Man grenzte den im Kirchenkampf tapferen Wilhelm Boudriot (1892–1948) aus und bezichtigte ihn eines Deutschnationalismus, während man den durch seine Mitgliedschaft in der Nationalsozialistischen Deutschen Arbeiterpartei (NSDAP) kompromittierten Otto Weber (1902–1966) 1945 umgehend salvierte. Barth selbst hatte durch Schüler in aller Welt teils unmittelbaren, gewiss aber mittelbaren Zugriff auf akademische Karrieren und auf kirchliche Entscheidungsprozesse – und dadurch waren viele Multiplikatoren, die die Öffentlichkeit und die breite Masse prägten, ihrerseits geprägt. Gerade bei den Reformierten wurde theologisch nahezu alles barthianisch interpretiert, etwa die Jubiläen zu Calvin 1959 und zum Heidelberger Katechismus 1963. Im Gegensatz zu diesem beschriebenen Einfluss herrschte bei Barth selbst, bei seinen Schülern und in den von ihnen beeinflussten Ausbildungsorten und Kirchenleitungen das Gefühl, sich in einem permanenten Abwehrkampf zu befinden: gegen konfessionalistische Lutheraner[26], gegen die Bultmannschule, gegen Existentialismus und

---

[25] Hans-Ulrich Wehler, Deutsche Gesellschaftsgeschichte, Band 4: Vom Beginn des Ersten Weltkriegs bis zur Gründung der beiden deutschen Staaten 1914–1949, München 2003, 804.
[26] Der scheiternde Hans Asmussen (1898–1968) berichtete aus einer Gremiensitzung: „[...] die Reformierten waren sehr böse und zum Teil auch sehr ungezogen." Die Protokolle des Rates der Evangelischen Kirche in Deutschland, Band 2:

Skeptizismus, gegen die Dibelius-Kirche und den Adenauer-Staat. Das allgemein vorherrschende kirchliche Krisenbewusstsein in den 50er/60er Jahren war bei den Reformierten nochmals binnenkirchlich potenziert. In der reformierten Szene herrschte so etwas wie ein barthianischer Habitus vor: Es wurde eine steile, damit auch eine strenge Theologie gelehrt und kommuniziert, gepredigt und darin unterwiesen; sie ließ nur wenig Spielraum für Lehre und Leben. Man konnte vollmächtig und selbstbewusst auftreten, klagte aber doch darüber, ständig auf der Hut sein zu müssen, um Gefahren für den Glauben und die Kirche abwehren zu können. Richtige Theologie stellte in eine beständige Bekenntnissituation. Gemeindeglieder ihrerseits mussten annehmen, dass sich ein Pfarrer und Theologe eben so zu verhalten habe. Man war theologisch im Recht, selbst wenn man die Kirchen leer predigte und an den Schülern vorbei unterrichtete. Die Geschichte des Barthianismus auf Gemeindeebene und also in kirchlicher Breite wäre noch erst zu schreiben.[27]

Eine letzte habituelle Angleichung ist noch zu benennen: Man folgte Barth auch politisch, sicherlich nicht alle Barthianer und in jedem Fall – so gab es etwa durchaus Kritiker von Barths Sozialismus-Affinität oder seiner Haltung zu Ungarn 1956 –, aber man war doch geradezu reflexhaft bereit, den „Meister" zu verteidigen, wenn er von Politikern oder Medien angegangen wurde. Pfarrkonvente und kirchenpolitische Gruppierungen konnten scharfe Erklärungen pro Barth und gegen seine Gegner herausgehen lassen.

Die Verehrung Barths erreichte religiösen Charakter. So konnte Hermann Albert Hesse im Kirchenkampf Barth als „Lehrer von Gottes Gnaden"[28] verstehen, Kornelis Heiko Miskotte (1894–1976) titulierte ihn bereits vor der Jahrhundertmitte als „Kirchenvater des 20. Jahrhunderts", im Jahr 1956 erklärte Heinrich Scholz (1884–1956), „[w]arum ich mich zu Karl Barth bekenne".[29] Sympathien für und Freundschaften zu Barth hatten also – mindestens sprachlich – Bekenntnisqualität! In unzähligen Pfarrbüros hingen Porträts von Barth.

1947/48, bearb. v. Carsten Nicolaisen und Nora Andrea Schulze (AKiZ.A 6), Göttingen 1997, 122.

[27] Der Vf. ist in einem solchen Barthianismus in dessen späten Auswirkungen um 1970 gemeindlich sozialisiert worden und erinnert sich freundlich an Erich Hamer (1909–1995), Pastor in Großwolde 1951–1977.

[28] Vgl. Sigrid Lekebusch, Die Reformierten im Kirchenkampf. Das Ringen des Reformierten Bundes, des Coetus reformierter Prediger und der reformierten Landeskirche Hannover um den reformierten Weg in der Reichskirche (SVRKG 113), Köln 1994, 105, 361.

[29] So der gleichnamige Aufsatz in: Antwort. Karl Barth zum siebzigsten Geburtstag am 10. Mai 1956, Zollikon-Zürich 1956, 865–869.

Die herrschenden Reformierten fühlten sich ihm, der im hohen Alter noch ausrufen konnte „Ich bin ein Erzreformierter"[30], bis ans Ende eng verbunden: „Während der [Moderamens-]Sitzung [des Reformierten Bundes, H.-G. U.] trifft die Nachricht vom Heimgang unseres verehrten Lehrers Professor D. Dr. Karl Barth ein, der in unserem Tagungshaus [sc. Basler Hof, Frankfurt, H.-G. U.] die Theologische Erklärung von Barmen verfasst hat. Das Moderamen ist tief bewegt. Der Moderator gedenkt des Heimgegangenen in herzlicher Dankbarkeit."[31] Barth hat es sogar in ein – allerdings ökumenisches – Heiligenlexikon geschafft.[32] Als reformierter „Heiliger" konnte er schon viel länger gelten.

Denkmäler sind mächtige Zeichen der Zeit, verwittern aber und werden von oben durch Vögel und von unten durch Hunde besudelt. Standbilder werden, wenn die Zeit es fordert, revolutionär vom Sockel gestürzt. Erinnerungsorte verblassen, wenn die Tradentengruppe sich ändert und dieselben Erinnerungen nicht oder nur anders aktualisiert werden (können). In einem Gespräch mit rheinischen Jugendpfarrern musste sich Barth, „der große alte Mann aus Basel", wie er bereits 1956 in der Presse hieß, am 4. November 1963[33] Folgendes anhören: „Sie müssen wissen, Herr Professor, für uns sind Sie ein Stück Geschichte [...], Theologiegeschichte [S. 313] [...] Sehen Sie, nun könnte es ja doch einfach sein, daß ein Gespräch zwischen uns gar nicht mehr möglich ist [...] Alle Begrifflichkeiten, [sc. die Sie verwenden, H.-G. U.] [...] sind alle im Grunde für uns inakzeptabel – alle! [...] ich meine, wir sollten doch in aller Freundschaft scheiden. Eine ganze theologische Generation verdankt Ihnen ihre Existenz [S. 314] [...] Aber nun bedenken Sie, daß wir anders engagiert sind, daß wir zu neuen Ufern aufgebrochen sind. Ich möchte ganz gerne, daß das, was Sie getan haben, stehen bleibt als Rüstzeug der Kirche, auf das man immer wieder zurückgreifen kann. Aber ich glaube nicht, daß eine sachliche Diskussion noch möglich ist [S. 315]." Die Abkehr von der großen Leitfigur Barth im Protestantismus und leicht phasenverschoben und abgeschwächt dann auch bei den Reformierten ließ sich nicht aufhalten. Andere Themen, auch

---

[30] Interview mit Reinhard Stumm (10.9.1963), in: Karl Barth, Gespräche 1963, hg. von Eberhard Busch, Zürich 2005, 112.
[31] Protokoll der Moderamenssitzung 9.–10.12.1968, in: LKA Detmold, Dep. Ref. Bund Nr. 380, 65.
[32] https://www.heiligenlexikon.de/BiographienK/Karl_Barth.html (Zugriff: 3.3. 2015): Joachim Schäfer, Artikel Karl Barth.
[33] Gespräch mit rheinischen Jugendpfarrern (4.11.1963), in: Barth, Gespräche 1963 (wie Anm. 30), 235–333. Die Zitate stammen von Fritz Heuner (jun.). Im Jahr 1963 erschien John A. T. Robinsons *Honest to God*, das von manchen Zeitgenossen als theologiegeschichtliche Zäsur verstanden wurde.

solche, die von der weltweiten Kirche auf die Agenda gesetzt wurden, begannen die Diskurse zu bestimmen. Sicher pflegen gerade Reformierte das theologische Erbe Barths, aber das Erben setzt notwendigerweise ein Sterben voraus. Die *theologische* Rezeption Barths findet gewiss immer wieder einmal einen neuen Aufschwung, aber es ist schwer nachzuzeichnen, wie Barth in die *kirchliche* Erinnerungskultur eingegangen ist. Anders als beim „Märtyrer" Dietrich Bonhoeffer (1906–1945) gibt es keine Barth-Kirchen[34] oder – Gemeinden, keine Kirchenfenster, die etwa Karl Barth darstellten, und nach Internetrecherchen trägt nur ein einziges evangelisches Gemeindehaus in Deutschland den Namen Karl Barths.[35] Als die letzten Zeitzeugen starben, gab es immerhin noch ein philatelistisches Erinnern an Barmen (1984[36]) und Barth (1986). Wohl funktioniert Barth weiterhin als reformierter Erinnerungsort, aber seit den 60er Jahren wird er zunehmend von anderem überlagert. Dogmatik, die richtige Lehre[37] spielt keine so wesentliche Rolle mehr, Barthianer gehören spätestens seit den 60er/70er Jahren zu den eher kleineren Gruppen in der Theologiestudierendenschaft.[38]

---

[34] Immerhin wurde eine Kirche auch nach Barths Vorstellungen erbaut: Otfried Hofius, Die Christuskirche Eiserfeld als Zentralbau und Gemeindekirche, in: RKZ 108 (1967), 164–167. Vgl. auch Barths Brief an Hofius (geb. 1937) vom 24.1.1967, in: Karl Barth, Briefe 1961–1968, hg. von Jürgen Fangmeier und Hinrich Stoevesandt, Zürich 1975, 380f.
[35] Evangelische Gemeinde St. Jakob in Gernsbach (Evangelische Landeskirche in Baden).
[36] Zum intensiv gefeierten Jubiläum 1984 vgl. Schilling (wie Anm. 19), 175–213. Das Gedenken 1994 und 2004 war dagegen weniger aktualisierend; 2009 stand dann im „Schatten" des Calvin-Jubiläums.
[37] Angesichts der Umformungen traditioneller Theologumena durch Barth ist es eigentlich erstaunlich, dass seine Theologie zuweilen als neo-orthodox o.ä. charakterisiert wurde und wird. Barths Selbstverständnis war dies gewiss nicht; vgl. etwa seine Bemerkung aus dem Jahr 1955: „Des Ruhmes der ‚Orthodoxie' werden wir also von keiner Seite gewärtig sein dürfen!" Barth, KD IV/2, 117.
[38] Vgl. Dimitrij Owetschkin, Die Suche nach dem Eigentlichen. Studien zu evangelischen Pfarrern und religiöser Sozialisation in der Bundesrepublik der 1950er bis 1970er Jahre (Veröffentlichungen des Instituts für soziale Bewegungen A 48), Essen 2011, 169.

2.3. Das dritte Drittel des 20. Jahrhunderts: status confessionis – Heiligung und Weltgestaltung

Es war offensichtlich gerade bei den Reformierten in der alten Bundesrepublik ein Lob wert, sich politisch verantwortlich zu wissen und zu Wort zu melden, und zwar nicht erst seit der Friedensbewegung nach 1980, sondern bereits in den Anfangsjahren.[39] Die Verbindung von theologischem Bekenntnis und politischer Positionierung mag eine Folge des aus reformierter Perspektive unauflösbaren Zusammenhangs von Rechtfertigung und Heiligung sein; sie fand jedenfalls in Karl Barth einen prominenten Verfechter. Weithin bekannt ist Barths Stellungnahme an die Veranstalter und Teilnehmer einer Großveranstaltung am 6. März 1966 der so genannten Bekenntnisbewegung „Kein anderes Evangelium", die mit Fragen beginnt: „Seid ihr willig und bereit, eine ähnliche ‚Bewegung' und ‚Großkundgebung' zu starten und zu besuchen: Gegen das Begehren nach Ausrüstung der westdeutschen Armee mit Atomwaffen?" Gegen den Vietnam-Krieg? Gegen aktuelle antisemitische Straftaten? Für die Anerkennung der Oder-Neiße-Grenze, für die die kurz zuvor erschienene *Ostdenkschrift* der EKD votierte? Und Barth folgerte: „Wenn euer *richtiges* Bekenntnis zu dem nach dem Zeugnis der Heiligen Schrift für uns gekreuzigten und auferstandenen Jesus Christus das in sich schließt und ausspricht, dann ist es ein *rechtes*, kostbares und fruchtbares Bekenntnis. Wenn es das nicht in sich schließt und ausspricht, dann ist es in seiner ganzen Richtigkeit *kein rechtes*, sondern ein totes, billiges, Mücken-seigendes und Kamele-verschluckendes und also pharisäisches Bekenntnis."[40] Diese Stellungnahme muss dem alten Barth wichtig gewesen sein, hat er doch selbst für eine massive Verbreitung in der linksprotestantischen Presse gesorgt.

Der große Dogmatik-Lehrer und Vordenker des Bekenntnis-Kampfes früherer Tage drängte auf ein bestimmtes, nämlich aus dem Evangelium bestimmbares und also „schnurgerade" ableitbares Tun in der Welt. Auch wenn der Begriff erst später für Furore sorgen sollte: Man wähnte sich permanent im Status confessionis. Mitte der 60er Jahre klagte Barth gegenüber seinem Schüler und Weggefährten Wilhelm Niesel: „Wie kann die Kirche dogmatisch eindeutig wer-

---

[39] So nennt Udo Smidt (1900–1978) einen Jahrgang am reformierten Predigerseminar „eine in jeder Richtung – einschließlich politische Verantwortung – wache Schar". RKZ 95 (1954), 77.

[40] Karl Barth an Adolf Grau, Basel, 16.3.1966, in: Karl Barth, Offene Briefe 1945–1968, hg. von Diether Koch, Zürich 1984, 519–521. Diesen politisierenden Barth rückten die „Lutherischen Monatshefte" dann gar in die Nähe der „Deutschen Christen", vgl. RKZ 107 (1966), 181.

den, wenn sie es ethisch-politisch nicht tun will?"[41] Obwohl die Zeit des Dogmatikers Barth zu Ende zu gehen schien, wurde dieser Impetus Barths aufgenommen und fortgeschrieben. Das ethisch-politische Bekenntnis wurde zur Signatur des Reformierten im letzten Drittel des 20. Jahrhunderts. Trotz mitgelieferter theologischer Begründungen konnte es den Anschein haben, dass sich die „Heiligung" verselbstständigte: Auf radikale ethische Ansagen konnte man sich einigen, aber der dogmatische Konsens ging verloren oder wurde jedenfalls nicht mehr verbalisiert. In dieser ethischen Phase ging es nicht um die konfessionelle Eigenexistenz (wie im ersten Drittel des Jahrhunderts), es ging auch nicht mehr um die „Lehre" (wie im zweiten Drittel), sondern um die Gesellschaft und die dort notwendigen Veränderungen. In den 60er Jahren standen Themen der gerechten globalen Gesellschaft wie die „Rassenfrage", Krieg, „Dritte Welt" auf der Agenda, in den 70ern wurden die Menschenrechte (Jürgen Moltmann, geb. 1926), Ökologie (Günter Altner, 1936–2011), Apartheid, Frieden (Walter Kreck, 1908–2002, Bertold Klappert, geb. 1939) thematisiert, später dann in den 80ern mit längeren und grundsätzlichen Wirkungen „Juden und Christen", um das sich reformierterseits vor allem Hans-Joachim Kraus (1918–2000) verdient gemacht hatte.

„Erinnert sich die Evangelische Kirche in Deutschland nur dann ihrer Reformierten, wenn diese politisch-ethisches Aufsehen erregen?" So fragte Hans Helmut Eßer (1921–2011)[42] eher beunruhigt, zweieinhalb Jahre nachdem er resigniert die Leitung des Reformierten Bundes aufgegeben und das Moderamen mit der Erklärung „Das Bekenntnis zu Jesus Christus und die Friedensverantwortung der Kirche" im Sommer 1982 für Furore gesorgt hatte, da hier doch der Status confessionis proklamiert wurde. Gerade auch im Konzert des Gesamtprotestantismus entstand das Selbstverständnis der Reformierten, die „Progressiven", die Radikaleren zu sein, die das Richtige sagen und tun. Überwiegend waren die Reformierten im letzten Drittel des 20. Jahrhunderts im Linksprotestantismus beheimatet. Optierte man anders, gab es Probleme mit der Gruppenzugehörigkeit. Sehenden Auges nahm man dafür die Gefahr einer Marginalisierung im deutschen Protestantismus in Kauf, und mehr noch: Man sah in einer solchen Marginalisierung sogar die Bestätigung für die Richtigkeit der eigenen Position.

---

[41] Karl Barth an Wilhelm Niesel, Basel, 14.8.1964, in: Barth/Niesel-Briefwechsel (wie Anm. 11), 272f., hier 273.
[42] Hans Helmut Eßer, Das reformierte Zeugnis in gesamtkirchlicher Verantwortung, in: 100 Jahre Reformierter Bund. Beiträge zur Geschichte und Gegenwart, hg. im Auftrage des Moderamens des Reformierten Bundes von Joachim Guhrt, Bad Bentheim 1984, 83–95, hier 83. Zu Eßer vgl. Ulrichs (wie Anm. 16), 58–62.

Hinter den genannten politischen Positionierungen kann man theologisch anspruchsvolle Konzepte vermuten, etwa Barths Versöhnungslehre. Allerdings verschwanden theologische Zusammenhänge aus dem Bewusstsein. Von der Moderamenserklärung 1982 wird kaum jemand die Theologie erinnern, wohl aber die politische Aussage. Erwähnt sei, dass ähnliche Phänomene auch aus dem globalen reformierten Protestantismus zu berichten wären. Die Generalversammlungen des Reformierten Weltbundes in Ottawa 1982, in Seoul 1989 und in Debrecen 1997 kamen ohne Erklärungen eines Status confessionis nicht mehr aus, auch wenn in Debrecen dann der Terminus *processus* confessionis verwandt wurde. Dieser Prozess wurde zu Beginn des 21. Jahrhunderts vorangetrieben und fand in Accra 2004 wohl einen Höhepunkt.

Wer den Begriff Status confessionis hörte, dachte und erinnerte „reformiert", sei es mit zustimmender Freude, sei es mit einem Schaudern des Unverständnisses. Reformiertes Bekenntnis im letzten Drittel des 20. Jahrhunderts bedeutete sowohl in der Selbst- als auch in der Fremdwahrnehmung, sich in politisch-ethischen Grundsatzfragen rasch im Status confessionis stehen zu wissen.

3. Gegenwart: Noch nicht gefundene Erinnerungsorte?

Weil die reformierten Milieus schwinden und mit ihnen eine gemeinsame Erinnerungskultur, muss man sich mit pluralen und partikularen Erinnerungsphänomenen begnügen. Erinnerungsorte für zurückliegende Epochen drängen sich der Trägergruppe auf oder werden von der Forschung angeboten. Auch universitäre, objektive Wissenschaft ist nicht ohne Träger(-gruppe) denkbar, auch die Erforschung des reformierten Protestantismus ist letztlich nur möglich durch den gegenwärtigen reformierten Protestantismus, der seinerseits historische Selbstvergewisserung braucht[43], etwa auch durch das Bewusstwerden und Vermitteln von Erinnerungsorten.

Gibt es heutige reformierte Erinnerungsorte, Orte der gegenwärtigen Selbstvergewisserung? Welche Erinnerungsorte imponieren sich dem gegenwärtigen Reformiertentum? Ich kann als Historiker und als Zeitgeschichtler diesem unabgeschlossenen Prozess einer Gruppe nicht vorgreifen, aber mir schwant, dass man sich mittlerweile nicht einmal mehr auf Erinnerungsorte würde „einigen" können. Die drei

---

[43] Auch die Gründung der Gesellschaft für die Geschichte des reformierten Protestantismus e.V. 1999 kam diesem Bedürfnis entgegen. Schon vorher wurde 1995 mit der Johannes a Lasco Bibliothek Große Kirche Emden ein besonderer „Erinnerungsort" neu aufgestellt, nämlich ein Ort, an dem auch wissenschaftliche Erinnerungsarbeit geleistet und dargestellt wird.

hier vorgeschlagenen Erinnerungsorte zeichnen ja auch ihrerseits einen substantiellen Schwund nach: Wuppertal war als realer Ort greifbar und ist es bis heute, Barth war erlebbar und wirkt theologisch bis in die Gegenwart; ein Status confessionis ist aber immer postuliert und umstritten, außerdem müssen sich für die Zukunft weitere ethische Konfliktfelder erst noch eröffnen, um hier wieder mit einem identitätsstiftenden Status confessionis agieren zu können. Wahrscheinlich wird der zuletzt genannte Erinnerungsort Status confessionis an Plausibilität verlieren oder er hat sie bereits eingebüßt. Diejenigen, die daran gegenwärtig festhalten und ihn immer wieder einmal postulieren, ähneln doch ziemlich stark den reformierten Konfessionalisten nach 1933 und den orthodoxen Barthianern nach 1970, als sich jeweils frühere Paradigmen überlebt hatten: Man mag sich trotz Unbehagens nicht eingestehen, dass eine Ära vorübergegangen ist. Man wird sich neu einrichten müssen, und zwar wenn möglich mit Hilfe der fortzuschreibenden Geschichte – wenn es nicht täuscht, dann vermochten es auch die beiden Jubiläumsjahre 2009[44] und 2013 trotz allen Erfolges nicht, hier einen „Ort" auszubilden. Der gegenwärtige topos der reformierten Erinnerung scheint noch nicht gefunden, bleibt ein utopos (oder gar atopos?). Keine Erinnerungsorte zu pflegen oder benennen zu können ist bereits ein Ausdruck der kollektiven Schwäche und ein Alarmsignal für eine prekäre konfessionelle Existenz. Dies wäre ein gravierender Befund für eine konfessionelle Gruppe, weil sie bei einem weiteren Verblassen der Erinnerungsgeschichte nicht mehr wird sagen können, was sie eigentlich ausmacht. Aber dann haucht diese Gruppe auch bald ihr Leben aus.[45] Ob professionelle Erinnerungsagenten werden noch gegensteuern können? Es wird in Zukunft wohl tatsächlich darum gehen, die eigene Konfessionsgeschichte nicht nur zu archivieren und also aufzuschreiben oder ihr einige Kapitel fortschreibend hinzuzufügen, sondern sie umzuschreiben[46], damit sie auch zukünftig aktualisierbar bleibt.

---

[44] Vgl. Johannes Hund, Erinnern und feiern. Das Calvin-Jubiläum im Kontext moderner Erinnerungskultur, in: VuF 57 (2012), 4–17.
[45] Kleinere Sondergruppen wie deutsche Hugenotten oder Waldenser mögen davon vielleicht noch nicht existentiell betroffen sein.
[46] Vgl. Moltmann (wie Anm. 2). Als Bonmot vgl. die Sentenz von Samuel Butler (1835–1902): „Der Unterschied zwischen Gott und den Historikern besteht hauptsächlich darin, dass Gott die Vergangenheit nicht mehr ändern kann."

4. Resümee

Mit den Erinnerungsorten „Wuppertal", „Barth" und „Status confessionis" konnten wir einen methodischen Ansatz für eine Re-Vision, für einen neuen Blick auf die reformierte Konfessionsgeschichte des 20. Jahrhunderts fruchtbar machen. Nicht unveränderliche Referenzen wie der Heidelberger Katechismus o. ä. stellen Kontinuitäten dar, sondern es scheint sich vielmehr eine bestimmte Haltung während des ganzen 20. Jahrhunderts in der Selbstwahrnehmung der Reformierten quasi als ein „Kontinuitätsgefühl"[47] durchzuhalten, was sich mit allen drei genannten Erinnerungsorten demonstrieren lässt: Man meinte sich verteidigen und gegen institutionell dominante, eine falsch lehrende oder eine ungerecht handelnde Majorität ankämpfen zu müssen. Die Position der Schwäche, die objektiv gar nicht immer gegeben war, wurde zur eigenen Stärke umgemodelt, aus einem vermeintlich aufgezwungenen Stigma wurde ein konstruiertes Charisma, aus dem Minoritätsbewusstsein (um nicht von einem Komplex zu sprechen) wurde ein stolzes „Wir sind anders", „Wir sind die Anderen". „In schwere Bedrängnis geraten" – das war vor allem in der Selbstwahrnehmung so. Nach der Annahme dieses „Geschicks" kam es dann auch zu einer gewissen „Sakralisierung" der eigenen Leitideen: Wuppertal und Barth wurden in göttliche, heilige Sphären gezogen, der Status confessionis war selbst eine unmittelbare Konsequenz aus dem Evangelium. Auch wurde „gepilgert": nach Wuppertal zu den weithin bekannten Predigern und zu kirchlichen Versammlungen, zu Barth unters Katheder und zu politischen Demonstrationen. Legendenbildungen konnten dann auch nicht ausbleiben, und umgekehrt: Wer kritisierte, fand sich schnell außen vor. Möglicherweise gilt: Wer sich (extern) marginalisiert fühlt, marginalisiert selbst (intern). Entsprechend überwiegen auch im Schwund der Erinnerungskultur nach wie vor die Erinnerungen des Stolzes, die Verehrungen und die Heiligenlegenden, während negative Erinnerungsorte verdrängt werden und von den jeweils Herrschenden Verdrängtes nicht erinnert wird. Es ist hohe Zeit, eine selbstkritische[48] reformierte Konfessionsgeschichte des 20. Jahrhunderts zu schreiben, gewiss mit Lust und Liebe, aber ohne Ausblendung der Trauer.

---

[47] Langewiesche (wie Anm. 4), 25.
[48] Zu einem (selbst-) kritischen protestantischen Erinnerungsmodus vgl. Frank-Michael Kuhlemann, Erinnerung und Erinnerungskultur im deutschen Protestantismus, in: ZKG 119 (2008), 30–44, hier 42–44.

II.
Kurzvorträge

Irenik um 1600. Der reformierte Gelehrte Jean Hotman (1552–1636) und das späthumanistische Projekt einer Kirchenreunion[1]

von Mona Garloff

Konfessionelle Identitätsstiftung auf der einen und das Streben nach religiöser Einheit der christlichen Kirchen auf der anderen Seite können als zwei, häufig zueinander im Gegensatz stehende Konstanten der Reformationsgeschichte beschrieben werden.
Den konfessionellen Spaltungen des 16. Jahrhunderts wurde mit verschiedenen Reaktionsweisen begegnet, die nach Lösungswegen für einen dauerhaften, friedlichen Umgang mit dem religiösen Pluralismus suchten. Die neu entstandenen Konfessionskirchen und kleineren konfessionellen Gruppen drängten auf eine dauerhafte Duldung ihres Glaubens, ohne dabei die Hoffnung auf eine vollständige Gleichstellung notwendigerweise ganz aufzugeben. So verstanden Johannes Calvin (1509–1564), Theodor Beza (1519–1605) und andere Reformierte in den 1560er Jahren ihre Toleranzforderungen nicht zuletzt als ein Mittel, um Zeit zu gewinnen, während der sich der reformierte Glaube stärker ausbreiten werde bzw. sich schließlich ihre religiösen Wahrheitsansprüche ganz durchsetzen sollten.[2]
Bis um die Mitte des 16. Jahrhunderts zeichnete sich schrittweise ab, dass die zu erhaltende Glaubenseinheit in näherer Zukunft nicht wieder herstellbar war. Die Schwierigkeiten einer Einigung waren etwa durch die Religionsgespräche von Worms (1541, 1557) und Regensburg (1541, 1546), das Kolloquium von Poissy 1561 und nicht zuletzt das Konzil von Trient deutlich geworden. Selbst wenn der Augsburger Religionsfrieden (1555) und die verschiedenen französischen Friedensedikte der 1560er Jahre bis zum Edikt von Nantes 1598 eine Wiedervereinigungsklausel beinhalteten, war mit diesen Dokumenten die Existenz von zwei getrennten Konfessionen inner-

---

[1] Der vorliegende Beitrag beruht auf meiner Rede anlässlich der Verleihung des J. F. Gerhard Goeters-Preises am 15.3.2015. Die ausgezeichnete Arbeit wurde im April 2013 im Fachbereich Philosophie und Geschichtswissenschaften der Johann Wolfgang Goethe-Universität Frankfurt und in *cotutelle* von der Università degli Studi di Trento als Dissertation angenommen. Sie erschien unter dem Titel Mona Garloff, Irenik, Gelehrsamkeit und Politik. Jean Hotman und der europäische Religionskonflikt um 1600, Göttingen 2014.
[2] Vgl. Mario Turchetti, Concordia o tolleranza? François Bauduin (1520–1573) e i „Moyenneurs", Mailand 1984, 418–425.

halb des jeweiligen Herrschaftsbereichs bestätigt worden. Diese veränderte Ausgangslage kann auch an einer semantischen Verschiebung konstatiert werden, insofern als das Festhalten an der *unio* ab den 1560er Jahren zunehmend der Zielvorstellung von *reunio*, also dem Streben nach der Wiedervereinigung von einander getrennter Kirchen, wich.[3]

Mit dieser veränderten Ausgangssituation in der zweiten Hälfte des 16. Jahrhunderts gingen Bemühungen einer Traditionsbildung von Irenik einher, insofern als die Debatten um den Kirchenfrieden um 1600 bewusst an die Vermittlungstheologie von Erasmus von Rotterdam (ca. 1467–1536), Philipp Melanchthon (1497–1560) und Georg Cassander (1513–1566) anknüpften. In Verbindung mit einer Wiederaneignung der Patristik war es gerade das humanistische Bewusstsein der zu erhaltenden *unio*, das diese Autoren für die spätere Generation anschlussfähig machte. Akteuren, wie etwa dem irenisch orientierten Gelehrten Jean Hotman (1552–1636) ging es bewusst darum, den grundsätzlichen Wiedervereinigungsgedanken der frühen Reformationsphase wiederzubeleben und daran anzuknüpfen.[4] Jean Hotman darf ohne Zweifel als einer der wichtigsten Protagonisten im Einsatz für den Kirchenfrieden um 1600 gelten, dessen Profil umso interessanter erscheint, als er als Sohn des bedeutenden Rechtsgelehrten François Hotman (1524–1590) in regelmäßigem Konflikt mit der reformierten Orthodoxie stand, trotz jeglicher Kritik bis zu seinem Lebensende jedoch an seinem reformierten Bekenntnis festhielt.[5]

Der 1552 in Lausanne geborene Jean Hotman wuchs im reformierten Milieu Straßburgs und Basels auf. In seiner Jugend erlebte er viele Ortswechsel, die durch den akademischen Weg seines Vaters be-

---

[3] Vgl. Howard Hotson, Irenicism in the Confessional Age. The Holy Roman Empire 1563–1648, in: Howard Louthan (Hg.), Conciliation and Confession. The Struggle for Unity in the Age of Reform 1415–1648, Notre Dame 2004, 228–285, hier 232f.

[4] Jean Hotman hat in der internationalen Forschung seit dem späten 19. Jahrhundert Beachtung gefunden, doch beschränken sich die Beiträge stets auf Einzelaspekte und vernachlässigen einen Großteil des Archivmaterials: vgl. in Auswahl Fernand Schickler, Hotman de Villiers et son temps, in: BSHPF 17 (1868), 97–111, 145–161, 401–413, 464–476, 513–533; David Baird Smith, Jean Villiers Hotman, in: ScHR 14 (1917), 147–166; G. H. M. Posthumus Meyjes, Jean Hotman's English Connection, Amsterdam 1990; ders., Jean Hotman and Hugo Grotius, in: Grotiana N.S. 2 (1981), 3–29.

[5] Zu François Hotman vgl. Donald R. Kelley, François Hotman. A Revolutionary's Ordeal, Princeton 1973; Rodolphe Dareste, François Hotman. Sa vie et sa correspondance, in: RH 2 (1876), 1–39, 367–435; zu Hotman als Vertreter der Monarchomachen vgl. Paul-Alexis Mellet, Les traités Monarchomaques. Confusion des temps, résistance armée et monarchie parfaite (1560–1600), Genf 2007.

stimmt waren, vor allem jedoch durch den Glauben der Familie, der sie in den Religionskriegen mehrmals zur Flucht zwang. Ab 1579 nahm Jean Hotman verschiedene diplomatische Tätigkeiten wahr, die ihn als Sekretär des Earls of Leicester nach England und in die Niederlande führten, später folgten in den Diensten der französischen Krone Aufenthalte in Solothurn und während des Jülich-Klevischen Erbkonflikts als *Agent du Roy* in Düsseldorf. Er war durch die konfessionelle Spaltung seiner Familie tief geprägt, sein Vater war als einziger Sohn zum Calvinismus konvertiert, während seine Brüder zu den führenden Mitgliedern der katholischen Liga gehörten.[6] Jean Hotman suchte diese Konflikte durch literarische Textproduktion zu überwinden. So verfasste er beispielsweise 1616 eine *Opera*-Sammlung der Familie Hotman, die zahlreiche Texte der einzelnen Angehörigen trotz erheblicher konfessioneller Differenzen miteinander vereinte.[7] Wie sein Nachlass eindrucksvoll belegt, hatte er ab den 1590er Jahren in Paris damit begonnen, Schriften aus ganz Europa zu einem konfessionellen Ausgleich zu sammeln.

Man kann die historische Bedeutung von Hotmans Plänen nur durch eine präzise Kontextualisierung verstehen. Um 1600 wurden Friedensinitiativen in vielen europäischen Ländern wiederbelebt, nicht zuletzt in Frankreich und in England: das Engagement, das zahlreiche Theologen und Gelehrte wie beispielsweise Jean de Serres (1540–1598), Philippe Duplessis-Mornay (1549–1623), Jacques-Auguste de Thou (1553–1617) oder Hotman entfalteten, war eng an die jeweiligen Herrscherpersönlichkeiten von Heinrich IV. (1589–1610) und Jakob I. (1566–1625) gebunden.[8] Nicht zuletzt spielten auch reaktualisierte antirömische Affekte eine wichtige Rolle: verschiedene Ereignisse dieser Jahre verstärkten in Frankreich eine antirömische Haltung. Als Beispiele kann man den Gunpowder-Plot 1605 oder das Venezianische Interdikt 1606 nennen, die eine europaweite erbitterte Auseinandersetzung über die päpstliche Autorität nach sich zogen. Dazu kam, dass Frankreich um 1600 zunehmendem Druck von Rom ausgesetzt war, die Dekrete des Trienter Konzils anzuerkennen.[9] Diese Vorgänge trugen zu einer Wiederbelebung der

---

[6] Vgl. zu den familiären Hintergründen Robert Descimon, La réconciliation des Hotman protestants et catholiques (des années 1580 aux années 1630), in: Thierry Wanegffelen (Hg.), De Michel de L'Hospital à l'Edit de Nantes. Politique et religion face aux Églises, Clermont-Ferrand 2002, 529–562.
[7] Jean Hotman (Hg.), Opuscules françoises des Hotmans, Paris 1616.
[8] Corrado Vivanti, Lotta politica e pace religiosa in Francia fra Cinque e Seicento, Turin 1963; William B. Patterson, King James VI and I and the Reunion of Christendom, 2. Aufl., Cambridge u.a. 2000.
[9] Hermann Weber, Die Annahme des Konzils von Trient durch Frankreich, in: Historisches Jahrbuch 99 (1979), S. 196–212.

Diskussion über die Gallikanischen Freiheiten bei und verschiedene Stimmen gingen soweit, eine von Rom abgespaltene Nationalkirche zu fordern, die die römisch-katholische und die reformierte Kirche wieder vereinen sollte.[10] In solchen Phasen gingen gallikanische und reunionspolitische Zielsetzungen eine enge Verbindung ein. Es wird deutlich, dass Fragen der konfessionellen Zugehörigkeit in den späthumanistischen Gelehrtenkreisen marginalisiert wurden. So unterstützten Gelehrte wie de Thou oder Pierre de L'Estoile (1546–1611) Hotman in seinen Initiativen für den Kirchenfrieden, obwohl sie im Gegensatz zu ihm dem katholischen Glauben angehörten.

Dabei sind auch die soziokulturellen Hintergründe der späthumanistischen Gelehrten von Interesse. Bei der Mehrheit von ihnen handelte es sich um Rechtsgelehrte, die sich mit den Möglichkeiten des religiösen und politischen Friedens auseinandersetzten. Meist hatten sie ihre Ausbildung an der Universität von Bourges genossen, die als Zentrum der humanistischen Jurisprudenz besonderes Gewicht auf rechtshistorische und -systematische Zugänge legte und auf die Herausbildung des reformierten Glaubens selbst entscheidenden Einfluss nahm.[11]

Jean Hotman, der in einem streng reformierten Umfeld aufgewachsen war, stand von seinen Überzeugungen her dem katholischen Glauben relativ nahe. Wie nicht zuletzt aus den zahlreichen scharfen Auseinandersetzungen zwischen Hotman und Theodor Beza bzw. dem Genfer Konsistorium deutlich wird, wurde in seinem Irenikprogramm auf reformierter Seite eine Infragestellung konfessioneller Wahrheitsansprüche gesehen, die die dogmatischen Gegensätze zu verwischen drohte.[12] An diesen Konflikten zeigt sich jedoch auch,

---

[10] Vgl. zum Gallikanismus im 16. und frühen 17. Jahrhundert William J. Bouwsma, Gallicanism and the Nature of Christendom, in: Anthony Molho/John A. Tedeschi (Hgg.), Renaissance Studies in Honor of Hans Baron, De Kalb 1971, 809–830; Henri Morel, L'idée gallicane au temps des guerres de religion, Aix-en-Provence 2003; Jonathan Powis, Gallican Liberties and the Politics of Later Sixteenth-Century France, in: The Historical Journal 26 (1983), 515–530; Alain Tallon, Gallicanism and Religious Pluralism in France in the Sixteenth Century, in: Keith Cameron/Mark Greengrass u.a. (Hgg.), The Adventure of Religious Pluralism in Early Modern France, Oxford u.a. 2000,15–30.

[11] Vgl. zur humanistischen Jurisprudenz in Bourges Donald R. Kelley, Civil Science in the Renaissance. Jurisprudence in the French Manner, in: History of European Ideas 2 (1981), 261–276; Isabelle Deflers, Der juristische Humanismus an der Rechtsschule von Bourges im 16. Jahrhundert, in: Andreas Bauer/Karl H. L. Welker (Hgg.), Europa und seine Regionen. 2000 Jahre Rechtsgeschichte, Köln 2007, 221–252.

[12] Vgl. G. H. M. Posthumus Meyjes, Die Beziehungen zwischen Jean Hotman und Theodor Beza, in: Heiko A. Oberman/Ernst Saxer (Hgg.), Reformiertes Erbe. Festschrift für Gottfried W. Locher zu seinem 80. Geburtstag, Bd. 2, Zürich 1993, 315–326.

dass die Reunionsthematik regelmäßig zu konfessionellen Zwecken vereinnahmt wurde. Dies kann sehr gut an einem Streitgespräch veranschaulicht werden, das im zeitlichen Umfeld der Konversion Heinrichs IV. zum katholischen Glauben (1593) stattfand. Die beteiligten Kontrahenten brachten drei unterschiedliche Vorstellungen von religiöser *Concordia* zum Ausdruck. Ausgangspunkt war der Glaubenswechsel Pierre Palma Cayets (1525–1610), früherer Hofprediger Katharina von Bourbons, 1595 zum katholischen Glauben. Die Haupttexte des Streitgesprächs gab Palma Cayet in dem kleinen Oktavbändchen *Les moyens de la reunion en l'eglise catholique* (1597) heraus, in dem er für eine Wiedervereinigung der Konfessionen im Schoß der römisch-katholischen Kirche warb.[13] Diese Ansätze stießen auf Widerspruch des Genfer Theologen Theodor Beza, der sich wiederum eine Reunion nur unter der Ägide der reformierten Kirche vorstellen konnte.[14] Er kritisierte jedoch auch die Ansätze des dritten Beteiligten in der Kontroverse: des ebenfalls reformierten Gelehrten Jean Hotman. Dieser nahm für seine Reunionspläne in Anspruch, im Unterschied zu der katholischen und reformierten Indienstnahme des Concordiathemas die Problematik konfessioneller Wahrheitsfindung zu umgehen.[15] Sein Projekt sah eine Rückbesinnung auf die Ursprünge des Christentums und die Lehren der Kirchenväter vor. Hotman legte seine Legitimationsquellen in eine vorkonfessionelle Zeit zurück. Autoren wie Augustinus (354–430) und Irenäus (ca. 135–ca. 200) waren aufgrund ihrer Vorzeitigkeit schwerer kritisierbar, wobei freilich auch immer versucht wurde, die Patristik für konfessionelle Zwecke zu vereinnahmen.[16] Mit seinem Fokus auf die gemeinsamen Grundlagen, die allen christlichen Teilkirchen gemein waren, umschiffte Hotman die konfessionellen Gegensätze geschickt und vermied es, sich zu tiefer gehenden theologischen Problemstellungen zu positionieren.

Diese Vorgehensweise kann an seinem irenischen Verständnis des Abendmahls exemplifiziert werden: als gemeinsamen kleinsten Nenner, auf den Hotman Reformierte und Römisch-Katholische zu eini-

---

[13] Pierre Victor Palma Cayet, Les Moyens de la réunion en l'Église catholique, par l'advis des plus doctes ministres de la Religion prétendüe reformée, Paris 1597.
[14] Vgl. Scott M. Manetsch, Theodore Beza and the Quest for Peace in France, 1572–1598, Leiden u.a. 2000, 291–294.
[15] Hotman, Advis sur un point de la lettre de Monsieur Cayer, in: Palma Cayet (wie Anm. 13), 2–12; ders., Coppie a Monsieur de Beze, in: ebd., 33–66.
[16] Vgl. zur Patristikrezeption Markus Wriedt/Günther Frank u.a. (Hgg.), Die Patristik in der frühen Neuzeit. Die Relektüre der Kirchenväter in den Wissenschaften des 15.–18. Jahrhunderts, Stuttgart 2005; Andreas Merkt, Das Patristische Prinzip. Eine Studie zur theologischen Bedeutung der Kirchenväter, Leiden u.a. 2001.

gen suchte, betrachtete er die Realpräsenz Christi. Die Problematik um die Transsubstantiationslehre hielt er für vernachlässigbar, da diese erst in nachpatristischer Zeit entstanden sei. Hotman plädierte dafür, sich an den Kirchenvätern zu orientieren, die das Abendmahl als Mysterium beschrieben hatten, das nicht hinterfragt werden dürfe.[17]

Obwohl Hotman Sympathien für den römisch-katholischen Glauben hegte, sah er anders als Palma Cayet gerade nicht die Notwendigkeit zu konvertieren. Eine grundlegende Voraussetzung seines Reunionsprogramms war die Annahme, dass alle christliche Konfessionskirchen, verbunden durch grundlegende Glaubensinhalte wie die Taufe und das Apostolische Glaubensbekenntnis, Teil der katholischen Kirche seien. Er bediente sich selbst des reformatorischen Arguments einer temporären Abspaltung von Rom, nachdem die Rückkehr zu dieser Kirche von ihrer Reformfähigkeit abhängig gemacht wurde.

Hotman verband mit der Kirchenreunion einen langen Prozess, an dessen Ende die Kirchen in Orientierung an der antiken Kirche in einer dogmatischen Einheit zusammenfinden sollten. Für diese längere Übergangsphase berief sich Hotman auf die historisch bzw. biblisch legitimierten Freiräume der Partikularkirchen. Über die gemeinsame Besinnung auf die Glaubensgrundlagen im Apostolischen Glaubensbekenntnis hinaus war es für ihn ausreichend, wenn die dogmatischen Gegensätze erst auf längere Sicht zwischen den Konfessionskirchen beigelegt wurden. Freiheiten auf liturgischer und zeremonieller Ebene sollten auch im Rahmen einer Kirchenreunion bestehen bleiben.

Jean Hotman passte seine Vorstellungen einer Glaubensunion im Lauf seines fast vierzigjährigen Wirkens überaus flexibel an die jeweiligen religiösen und politischen Rahmenbedingungen an. Zu Beginn der 1590er Jahre trat er für das Ziel einer gallikanischen Nationalkirche ein, an dessen Spitze er den Thronfolger Heinrich IV. sah. Mit dieser Nationalkirche sollte eine großmögliche Distanzierung von Rom in Kauf genommen werden. In seiner Haltung gegenüber Rom zeigte sich Hotman sehr anpassungsfähig. Schien ihm ein Papst wie Clemens VIII. (1536–1605) prinzipiell für seine Reformpläne aufgeschlossen, war er bereit, das Ziel einer kirchlichen Wiedervereinigung als Rückkehr der Protestanten zur römisch-katho-

---

[17] Vgl. u.a. Jean Hotman, Avis et dessein nouveau sur le fait de la Religion en l'Eglise Gallicane. Pour estre proposé au prochain Concile National ou autre assemblée des Prelats, Pasteurs et Docteurs de la dicte Eglise Gallicane [o.J.], in: Bibliothèque de la Société de l'Histoire du Protestantisme Français, Paris, Ms. 10, II, fol. 75r–115r, insb. fol. 103r–106v.

lischen Kirche auszulegen. Freilich verband Hotman im Falle von Verhandlungsbereitschaft die Hoffnung, Rom durch die Einberufung eines Generalkonzils von der Notwendigkeit einer Kirchenreform zu überzeugen. Seine Stellungnahmen zur europäischen Mächtepolitik in den 1610er und 1620er Jahren zeigen, dass er seine Idee eines vereinigten Christentums vor dem Hintergrund des andauernden Krieges zugunsten des Engagements für die notwendig werdenden konfessionsübergreifenden Allianzen aufgegeben hatte. Dennoch hielt Hotman, wie er in dem weit zirkulierenden Traktat *Dessein perpétuel des Espagnols à la monarchie universelle* (1624) formulierte, eine Wiedervereinigung der Konfessionen in Frankreich für essentiell, um die außen- und innenpolitische Stärke des Landes zu gewährleisten.[18]

Blicken wir abschließend auf gelehrte Praktiken wie Sammlungen und Publikationsformen, die Ireniker wie Jean Hotman zur Beförderung ihrer Zielsetzungen wählten und die Zugänge zu einer Mediengeschichte der Irenik um 1600 bieten.

Hotman trat zeit seines Lebens weniger als Verfasser eigenständiger irenischer Schriften denn als Sammler und Herausgeber anderer Autoren auf. Dies schmälert jedoch keineswegs seinen Einfluss, da solche Kompilationen oft substantiell auf die Argumentationsmuster der Zeitgenossen wirken konnten. Bevorzugt bediente er sich den Publikationsformen von Übersetzungen, Editionen und Bibliographien. Hotmans erfolgreichste Publikation, seine Irenikbibliographie *Syllabus aliquot synodorum et colloquiorum*, die er zwischen 1607 und 1629 in drei Ausgaben herausgab, erlaubt es, seine Vorstellungen einer Kirchenreunion auf Grundlage der ausgewählten Schriften genauer zu konturieren.[19]

Der *Syllabus* war ein Gemeinschaftsprojekt der späthumanistischen Gelehrtenrepublik: Hotman wurde in seinen Sammeltätigkeiten nicht nur von Jacques-Auguste de Thou und Pierre de L'Estoile, sondern von zahlreichen Gelehrten aus den Niederlanden und dem deutschen Sprachraum wie Hugo Grotius (1583–1645), Georg Michael Lingelsheim (1556–1636) und Matthias Bernegger (1582–1640) unterstützt. Seine Bibliographie war zunächst 1607 als kleiner Anhang mit 62 Titeln einer Edition von Georg Cassanders *De officio pii viri* er-

---

[18] Jean Hotman, Dessein perpétuel des Espagnols à la monarchie universelle, avec les preuves d'iceluy, o.O. 1624.
[19] Titel der dritten Ausgabe Jean Hotman, Syllabus aliquot Synodorum et colloquiorum, quae auctoritate et mandato Caesarum et Regum, super negotio Religionis, ad controversias conciliandas, indicta sunt [...], [Paris] 1628 [1629].

schienen.[20] In den späten 1620er Jahren erfuhr diese Bibliographie als eigenständige Publikation in Zusammenarbeit mit Hugo Grotius und Matthias Bernegger zwei in Straßburg und Paris gedruckte Neuauflagen.[21]

Der *Syllabus* beinhaltete in seinen letzten Ausgaben 175 Titel, die mit ihren Publikationsdaten in der Zeitspanne 1522–1627 zu verorten sind. Die Sammlung wies in ihren späteren Fassungen Binnendifferenzierungen auf. Die genannten Titel wurden konfessionell nach Schriften katholischer und protestantischer Provenienz unterteilt, wobei jedoch innerhalb des protestantischen Feldes keine nähere Aufteilung erfolgte. Mit dieser Zweiteilung konnte der Anschein eines innerprotestantischen Konsenses erweckt werden. Neben heute gänzlich unbekannten Texten hatte Hotman in seiner Sammlung Schriften religiöser und politischer Autoritäten seit dem späten 15. Jahrhundert aufgenommen. Durch humanistische Texteditionen wurden hier auch spätantike Vorbilder wie Kaiser Konstantin (zw. 270 und 288–337) oder die Kirchenväter eingebracht. In der Bibliographie wurde eine lange Kontinuität des Friedensdenkens präsentiert, die die gegenwärtigen Initiativen mit reformatorischen und spätantiken Bestrebungen verband: Mit Verweisen auf Nikolaus von Kues (1401–1464), Erasmus von Rotterdam, Melanchthon, die Initiatoren der deutschen und französischen Religionsgespräche, Heinrich IV. oder Jakob I. ließ er eine lange Tradition irenischer Vorbilder entstehen. Der Rekurs auf die humanistischen Vermittlungstheologen Erasmus, Georg Witzel (1501–1573) und Georg Cassander, die sich zur Rechtfertigung ihrer Ansätze selbst auf die Patristik beriefen, verlieh Hotmans Irenikbestrebungen doppelte Legitimität.[22]

Neben diachronen Versuchen der Erinnerungs- und Traditionsbildung können durch die Aufnahme vieler zeitgenössischer Abhandlungen auch Legitimationsabsichten Hotmans ausgemacht werden, die auf einer synchronen Ebene auf zahlreiche Mitstreiter wie Nicolas Séguier (ca. 1532–1599), Jean de Serres (1540–1598) und Jacques-Auguste de Thou in Frankreich oder den niederländischen Pierre Loyseleur de Villiers (ca. 1530–1590) in der respublica litteraria verweisen, die ihn in seinem Engagement unterstützten. Hotman war insbesondere bemüht, Autoritäten der etablierten Kirchen im *Syllabus* zu nennen und diese für seine irenischen Ziele in Beschlag

---

[20] Doctorum aliquot ac piorum virorum libri et Epistolae [...], in: Georg Cassander, De officio pii ac publicae tranquillitatis vere amantis viri, in hoc Religionis dissidio. [...], hg. v. Jean Hotman, o.O. 1607, 37–48.

[21] Vgl. G. H. M. Posthumus Meyjes, Jean Hotman's Syllabus of Eirenical Literature, in: Derek Baker (Hg.), Reform and Reformation. England and the Continent c1500–c1750, Oxford 1979, 175–193.

[22] Hotman (wie Anm. 19), 2–6.

zu nehmen. Wie am Beispiel der Schriften von Theodor Beza oder des königlichen Beichtvaters Pierre Coton (1564–1626) deutlich wird, las er sich Beiträge kirchlicher Autoritäten bewusst zurecht, um diese für seine irenischen Ziele sprechen zu lassen.[23] Die Sammlung sollte den Konsens der etablierten Kirchen widerspiegeln. Deshalb hatte Hotman kein Interesse an solchen Positionen, die von der römisch-katholischen und den etablierten protestantischen Kirchen als heterodox verurteilt wurden. Im *Syllabus* fehlen etwa Texte der Puritaner, Sozinianer, Antitrinitarier oder Wiedertäufer. An diesen Selektionsprinzipien bzw. der aus ihnen resultierenden Kanonbildung zeigen sich die Grenzen des Irenikdiskurses. Leichter fiel es Hotman, Autoren wie Andreas Dudith (1533–1589), Jacob Acontius (ca. 1515–1567) oder Marco Antonio de Dominis (1560–1624) aufzunehmen, die zwar mit heterodoxen Positionen in Verbindung gebracht wurden, aber dennoch auf verschiedenen Ebenen einen Bezug zu den etablierten Kirchen bewahrt hatten und diesen ihrem Selbstverständnis nach zugehörig blieben.[24]

In der Irenikbibliographie wurden auch verschiedene protestantische Bekenntnisschriften angeführt: Neben Girolamo Zanchis (1516–1590) Schrift „De religione christiana fides" (1585), die von reformierter Seite nicht offiziell anerkannt wurde, sind als zentrale lutherische Bekenntnistexte die Confessio Augustana (1530, Invariata) und die Schmalkaldischen Artikel (1537) zu finden.[25] Hotman verstand diese Texte gerade nicht als Gründungsdokumente der Glaubensspaltung, sondern im Selbstverständnis der frühen Reformation, nach dem eine Rückkehr zur römisch-katholischen Kirche von ihrer Reformfähigkeit abhängig gemacht wurde. In diesem Punkt ist weniger seine nähere Identifikation mit lutherischen Glaubensauffassungen als eine Wertschätzung des integrativen Charakters dieser Bekenntnisschriften zu erkennen, den beispielsweise die französische Confessio Gallicana (1559) nicht aufwies. Indem beide Bekenntnisschriften zunächst in einem stärker dogmatisch ausgerichteten Teil alle Punkte der römisch-katholischen Lehre betont hatten, in denen eine Einigung möglich schien, konnten sie in Hotmans Augen als hervorragendes Orientierungsmodell für das Ziel eines interkonfessionellen Ausgleichs fungieren. In der Irenikbibliographie wird nicht nur ein breites Spektrum von Unions- und Toleranzansätzen deutlich, zugleich können anhand ihrer Selektionsprinzipien die Grenzen zeitgenössischer irenischer Ansätze erfasst werden. Statt einen Begriff

---

[23] Ebd., 10f., 16.
[24] Ebd., 6f., 19.
[25] Ebd., 15f.

von Irenik normativ vorzugeben, kann der Diskurshorizont um 1600 anhand der Sammlung selbst erhoben werden.

Jean Hotman war in seiner kritischen Haltung gegenüber der reformierten Kirche mit den Jahren milder geworden. Auch in theologischen Kontroversfragen hatte er sich mit reformierten Positionen ausgesöhnt, wie die späte Edition des Abendmahlstraktats *De Sacramento coenae christianae modesta disputatio* seines Vaters 1635, ein Jahr vor seinem eigenen Tod, andeutet.[26] Selbst wenn Hotman die Hoffnung auf eine Wiedervereinigung der Kirchen, durch die auch auf politischer Ebene erst ein dauerhafter Friede erreicht werden konnte, nie aufgab, hatte er sich mit dem Zustand konfessioneller Koexistenz in Frankreich arrangiert.

Das Beispiel Jean Hotmans eignet sich sehr gut dafür, die theologische Idee der Kircheneinheit um 1600 eingebettet in den Kontexten frühneuzeitlicher Gelehrter- und Wissensgeschichte sowie einer weit gefassten Politik- und Diplomatiegeschichte zu untersuchen. Vor allem aber ermöglicht uns die Auseinandersetzung mit irenischem Gedankengut, ein sehr differenziertes Bild der konfessionellen Landschaften Europas der Frühen Neuzeit zu zeichnen. Die Schwierigkeit, Hotman in seinen religiösen Einstellungen auf eine Konfession festzulegen, zeigt, dass konfessionelle Grenzen auch um 1600 noch keineswegs festgezogene Linien oder Markierungen waren, selbst wenn sich die etablierten Kirchen um präzise Abgrenzungen bemühten.[27] Vielmehr waren sie für den einzelnen Gläubigen, um mit Thierry Wanegffelen (1965–2009) zu sprechen, „Zonen" des flexiblen Übergangs, in denen die individuellen religiösen Überzeugungen anzusiedeln sind.[28] In diesem Sinn sollte die Geschichte des Reformiertentums nicht nur als Geschichte der konfessionellen Eindeutigkeit und Identitätsstiftung, sondern ebenso als eine der konfessionellen Ambiguität und interkonfessionellen Annäherung geschrieben werden.

---

[26] François Hotman, De Sacramento coenae christianae modesta disputatio, hg. v. Jean Hotman, Den Haag 1635.
[27] Vgl. auch Mona Garloff, Konfessionelle Grenzen und ihre Überschreitung. Religiöses Friedensdenken um 1600 am Beispiel des französischen Irenikers Jean Hotman (1552–1636), in: Christian V. Witt/Malte van Spankeren (Hgg.), Confessio im Barock. Religiöse Wahrnehmungsformationen im 17. Jahrhundert, Leipzig 2015, 54–75.
[28] Thierry Wanegffelen, Le plat-pays de la croyance. Frontière confessionnelle et sensibilité religieuse en France au XVIe siècle, in: Revue d'histoire de l'Église en France 81 (1995), 391–411, hier 410 et passim.

Danksagung

Den Vorstandsmitglieder der Gesellschaft des reformierten Protestantismus, namentlich Herrn Dr. Lange van Ravenswaay, gilt mein großer Dank für die Verleihung des J. F. Gerhard Goeters-Preises. Es ehrt mich, dass meine Arbeit mit einem Preis in Erinnerung an das Wirken eines so bedeutenden Kirchenhistorikers ausgezeichnet wird, der die Geschichtsschreibung des Reformiertentums entscheidend geprägt hat. Die Ausrichtung und die Fragestellungen meiner Dissertationsschrift machen meine Prägung als Historikerin deutlich und so ist ihre Würdigung von theologischer Seite eine große Anerkennung für mich. Die Preisverleihung, die am 15. März 2015 im festlichen Rahmen der ehrwürdigen Emder Johannes-a-Lasco-Bibliothek stattfand, werde ich in wunderbarer Erinnerung behalten, ebenso wie das gelungene Tagungsprogramm im Anschluss.

Ethik der Erinnerung oder:
„Von göttlicher und menschlicher Gerechtigkeit"

Der Einfluss der Sozialethik Huldrych Zwinglis auf Arthur Richs „Wirtschaftsethik"

von Marco Hofheinz

1. Einleitung: Ethik der Erinnerung und Arthur Richs Vergegenwärtigung von Zwinglis Leitdifferenz

„Erinnert. Verdrängt. Verehrt. Was ist Reformierten heilig?" So lautet der Tagungsschwerpunkt. Wer so fragt, fragt nach dem Gegenstand der Erinnerung. Was wird der Erinnerung für wert erachtet? Es geht zunächst darum den Befund dessen zu erheben, was *de facto* erinnert wird. Das kann immer nur exemplarisch geschehen.[1] Im Blick auf die reformierte Ethik möchte ich mich im Folgenden Arthur Rich (1910–1992) zuwenden und danach fragen, ob es ethische Grundentscheidungen im Bereich der reformierten Reformation gibt, die er als erinnerungs-, vielleicht sogar verehrungswürdig erachtet. Ich tue dies in der Hoffnung, dass sich bei Rich nicht nur eine solche Grundentscheidung ermitteln lässt, sondern dass Rich auch begründet, warum er diese Grundentscheidung für wegweisend erachtet. Eine solche Begründung könnte auch für die heutige Zeit wegweisend sein und eine Antwort auf die weiterführende Frage bilden, was uns Reformierten in normativer Hinsicht heilig sein sollte.

Rich gilt als einer der bedeutendsten evangelischen Sozialethiker des 20. Jahrhunderts und „unbestritten als der bedeutendsten Wirtschaftsethiker im Bereich der deutschsprachigen evangelischen Ethik"[2]. Er lehrte von 1954 bis 1976 als Nachfolger Emil Brunners (1889–1966) in Zürich. Der Zürcher Ethiker hat einen zweibändigen Wirtschaftsethik-Entwurf vorgelegt. Bevor er in dessen zweitem Band mit dem Untertitel *Marktwirtschaft, Planwirtschaft, Weltwirtschaft aus sozialethischer Sicht* (1990) die materialethischen Be-

---

[1] Vgl. zu weiteren ethischen Entwürfen reformierter Provenienz Marco Hofheinz, Post Barth locutum. Reformierte Ethik und ihre Rezeption reformiert-reformatorischer Grundentscheidungen in der zweiten Hälfte des 20. Jahrhunderts, in: Christiane Galle (Hg.), Reformierte Theologie heute. Perspektiven aus Geschichte und Gegenwart, Göttingen 2015, im Erscheinen.

[2] Johannes Fischer, Humanität aus Glaube, Hoffnung, Liebe. Überlegungen zur Konzeption einer evangelischen Sozialethik im Anschluss an Arthur Rich, in: ThZ 56 (2000), 149–164, hier 149.

stimmungen der Wirtschaft entfaltet, etwa den Sinn der Wirtschaft, die Besonderheit der Industriewirtschaft, die Wirtschaftszwecke und die Maximenbildung am Beispiel der Systemfrage, widmet er sich im Band eins (1984) den *Grundlagen in theologischer Perspektive* – so der Untertitel. Es ist offenkundig, dass er vielfältige Anstöße verbindet, etwa aus dem religiösen Sozialismus, der dialektischen Theologie und der Existentialphilosophie. So bemerkt Christofer Frey: „Arthur Rich hat den ersten Teil seiner Wirtschaftsethik vorgelegt, in dem seine Lebensarbeit zusammenfließt: seine Teilhabe am religiösen Sozialismus, sein Studium Pascals (hintergründig, aber dem Kundigen deutlich) und die Erfahrung mit der Industrie; in ihr begann er einst seinen beruflichen Weg."[3] Ergänzend sind darüber hinaus vor allem auch die Einflüsse der normativen Sozialwissenschaft Gerhard Weissers (1898–1989) und die Gerechtigkeitstheorie von John Rawls (1921–2002) zu nennen.[4]

Im Sinne der bereits formulierten Ausgangsfrage wäre indes zu klären, ob Rich über diese offenkundigen Einflüsse hinaus genuin reformiert-reformatorische Grundentscheidungen rezipierte. Meines Erachtens ist dies der Fall: Huldrych Zwinglis (1484–1531) dynamisch-dialektische Zuordnung *Von göttlicher und menschlicher Gerechtigkeit*[5] in gleichnamiger Schrift bildet – so meine These – mit Niklas Luhmann (1927–1998) gesprochen, so etwas wie die Leitdifferenz von Richs wirtschaftsethischem Entwurf: „Leitdifferenzen sind Unterscheidungen, die die Informationsverarbeitungsmöglichkeiten der Theorie [oder des Systems, M. H.] steuern."[6] In Richs sozialethischer Theoriebildung gibt es eine solche Leitdifferenz, die er sich von Zwingli vorgeben lässt. Dem soll im Folgenden genauer nachgegangen werden.

Die Beschäftigung mit Zwingli war für Rich zeitlebens prägend. Bereits am Beginn der akademischen Vita Richs stehen *Die Anfänge*

---

[3] Christofer Frey, Buchbesprechung „Arthur Rich: Wirtschaftsethik. Grundlagen in theologischer Perspektive", in: ZEE 29 (1985), 465–474, hier 465.
[4] Vgl. Arthur Rich, Wirtschaftsethik. Grundlagen in theologischer Perspektive, 3. Aufl. Gütersloh 1987, 95–100, 207–217.
[5] Huldrych Zwingli, Von göttlicher und menschlicher Gerechtigkeit, in: Huldreich Zwinglis Sämtliche Werke (= Z), Bd. 2 (= CR 89), hg. v. Emil Egli u.a., Leipzig 1908, 458–525. Zit. im Folgenden nach: Huldrych Zwingli Schriften I, hg. v. Thomas Brunnschweiler/Samuel Lutz, Zürich 1995, 155–213 (Übersetzung: Ernst Saxer).
[6] Niklas Luhmann, Soziale Systeme. Grundriss einer allgemeinen Theorie, Frankfurt am Main 1987, 19. Vgl. ebd., 57: „Alle Selektion setzt Einschränkungen (constraints) voraus. Eine Leitdifferenz arrangiert diese Einschränkungen, etwa unter dem Gesichtspunkt brauchbar/unbrauchbar, ohne die Auswahl selbst festzulegen. Differenz determiniert nicht was, wohl aber daß seligiert werden muß."

der Theologie Huldrych Zwinglis[7] – so der Titel von Richs einschlägiger Zürcher Dissertation, die in der Zwingliforschung und insbesondere der Diskussion um die „reformatorische Entdeckung Zwinglis"[8] bis heute ein Standardwerk darstellt.[9] Freilich kommt Rich dort nicht über die frühreformatorische Phase in Zwinglis Lehrentwicklung hinaus und behandelt die sozialethischen und politischen Aspekte der frühzwinglischen Theologie auch nur ganz am Rande.[10] Zwar hatte Rich – wie sein Biograph Walter Wolf (geb. 1930) bemerkt – ursprünglich „die Absicht, Zwinglis politische Ethik im Kontrast zu Martin Luthers (1483–1546) Zwei-Reiche-Lehre darzustellen. Doch ergaben Vorstudien, dass das Thema zu weit gefasst war."[11] Rich nahm die Fäden gut 20 Jahre später wieder auf – inzwischen längst als Leiter des Sozialethischen Instituts in Zürich akademisch etabliert und mit sozialethischen Fragestellungen insbesondere der nach einer „Christliche[n] Existenz in der industriellen Welt"[12] beschäftigt.

Die im ökumenischen Kontext kontrovers diskutierte „Theologie der Revolution"[13] bildete Ende der 1960er Jahre gleichsam Richs (Wie-

---

[7] Arthur Rich, Die Anfänge der Theologie Huldrych Zwinglis, QAGSP 6, Zürich 1949. Der Dissertation ging unmittelbar die Studie „Zwinglis Weg zur Reformation", in: Zwing. 8 (1948), 511–535, voraus.

[8] Vgl. zur Diskussion u.a. Martin Brecht, Zwingli als Schüler Luthers. Zu seiner theologischen Entwicklung 1518–1522, ZKG 96 (1985), 301–319; Ulrich Gäbler, Huldrych Zwingli. Eine Einführung in seine Leben und Werk, München 1983, 46–49; J. F. Gerhard Goeters, Zwingli und Luther, in: Knut Schäferdiek (Hg.), Martin Luther im Spiegel heutiger Wissenschaft (Studium Universale 4), Bonn 1985, 119–141; Walter Ernst Meyer, Huldrych Zwinglis Eschatologie. Reformatorische Wende, Theologie und Geschichtsbild des Zürcher Reformators im Lichte seines eschatologischen Ansatzes, Zürich 1987, 31–37; Wilhelm H. Neuser, Die reformatorische Wende bei Zwingli, Neukirchen-Vluyn 1977, bes. 38–89; Thomas Martin Schneider, Der Mensch als „Gefäss Gottes" – Huldrych Zwinglis Gebetsleid in der Pest und die Frage nach seiner reformatorischen Wende, in: Zwing. 35 (2008), 5–21; Gunter Zimmermann, Der Durchbruch zur Reformation nach dem Zeugnis Ulrich Zwinglis vom Jahr 1523, in: Zwing. 17 (1986), 97–120.

[9] Emidio Campi (Art. Zwingli, Ulrich, in: RGG⁴ 8 [2005], 1945–1955, hier 1954) platziert Rich in der Reihe derjenigen Zwingliforscher, von denen „[e]ntscheidende Impulse kamen in der 2. Hälfte des 20. Jh."

[10] Vgl. Rich (wie Anm. 7), 59–64.

[11] Walter Wolf, Für eine sozial verantwortbare Marktwirtschaft. Der Wirtschaftsethiker Arthur Rich, Zürich 2009, 33.

[12] Arthur Rich, Christliche Existenz in der industriellen Welt. Eine Einführung in die sozialethischen Grundfragen der industriellen Arbeitswelt, VISE 1, Zürich/Stuttgart 1957.

[13] Vgl. Ernst Feil / Rudolf Weth (Hgg.), Diskussion zur „Theologie der Revolution". Mit einer Einleitung, einem Dokumententeil und einer Bibliographie zum Thema, München/Mainz 1969. Zum zeitgeschichtlichen Hintergrund vgl. Annegreth Schillings im Erscheinen begriffene Bochumer Dissertation „Revolution, Exil und Befreiung. Der Boom des lateinamerikanischen Protestantismus in der internationa-

der-)Entdeckungszusammenhang der Sozialethik Zwinglis. Rich betont im Zwingli-Jubiläumsjahr 1969, dass „bereits Huldrych Zwingli erkannt" habe, dass „das [Liebes-]Gebot Jesu revolutionär" wirkt, „[s]obald Liebe zum krités gesellschaftlicher Strukturen wird"[14]. Nochmals Rich: „Als religiös-kirchlicher Reformator ist Huldrych Zwingli für jedermann ein Begriff. Daß er aber, und zwar aus dem Zentrum seines reformatorischen Glaubens und Handelns, auch zu den frühesten und größten Pionieren der Gesellschaftsethik zählt, ist weniger bekannt. Und doch liegt gerade darin seine eigentliche, geschichtlich leider nur zu wenig zur Wirksamkeit gelangte Originalität."[15]

2. Der dialektisch-dynamische Zusammenhang „Von göttlicher und menschlicher Gerechtigkeit" bei Zwingli

Um zu verstehen, wie Rich Zwingli versteht, ist es zunächst einmal nötig, einen Blick auf die für Rich sozialethisch zentrale Schrift Zwinglis *Von göttlicher und menschlicher Gerechtigkeit*[16] (1523) zu werfen, die „als grundlegendes Dokument nicht nur einer reformierten Sozialethik, sondern der christlich-ethischen Begründung überhaupt angesprochen werden muß."[17] In diesem Werk entfaltet

---

len Ökumene in den 1960er und 1970er Jahren"; fernerhin: dies., Lateinamerikanische Existenz in ökumenischer Begegnung. Richard Shaull und Rubem Alves als reformierte Wegbereiter der Befreiungstheologie, in: Marco Hofheinz u.a. (Hgg.), Verbindlich werden. Reformierte Existenz in ökumenischer Begegnung. FS Michael Weinrich zum 65. Geburtstag (Forschungen zur Reformierten Theologie 4), Neukirchen-Vluyn 2015, 319–331; Annegreth Strümpfel, „Theologie der Hoffnung – Theologie der Revolution – Theologie der Befreiung". Zur Politisierung der Theologie in den „langen sechziger Jahren" in globaler Perspektive, in: Klaus Fitschen u.a. (Hgg.), Die Politisierung des Protestantismus. Entwicklungen in der Bundesrepublik Deutschland während der 1960er und 70er Jahre, Göttingen 2011, 150–167.

[14] Arthur Rich, Revolution als theologisches Problem, in: Feil/Weth (wie Anm. 13), 133–158, hier 152.

[15] Arthur Rich, Huldrych Zwingli – ein Pionier der Gesellschaftsethik. Zum Zwingli-Jubiläum 1969, in: KBRS 125 (1969), 2–3, 2.

[16] An neuerer Literatur zur Interpretation dieser Schrift vgl. u.a. Gäbler (wie Anm. 8), 71f., 87–90; Bernd Hamm, Zwinglis Reformation der Freiheit, Neukirchen-Vluyn 1988, 111–117; Gottfried W. Locher, Zwingli und die schweizerische Reformation (KIG 3), Göttingen 1982, 25f.; Hans Scholl, Seelsorge und Politik bei Ulrich Zwingli, in: ders., Verantwortlich und frei. Studien zu Zwingli und Calvin, zum Pfarrerbild und zur Israeltheologie der Reformation, Zürich 2006, 11–31, bes. 20–27; Peter Stephens, Zwingli. Einführung in sein Denken, übers. v. Karin Bredull Gerschwiler, Zürich 1997, 173–178; W. Peter Stephens, The Theology of Huldrych Zwingli, Oxford 1986, 282–309; Peter Winzeler, Zwinglis sozialökonomische Gerechtigkeitslehre, in: Zwing.19 (1992), 427–444.

[17] Ernst Saxer, Einleitung, in: Huldrych Zwingli Schriften I, hg. v. Thomas Brunnschweiler/Samuel Lutz, Zürich 1995, 157f., hier 158. Gottfried W. Locher (Zwinglis

Zwingli, was er am 24. Juni 1523 gepredigt hatte – „zwei Tage, nachdem eine Abordnung aus verschiedenen Gemeinden sich mit dem Rat getroffen hatte, um strittige Fragen zu erörtern, darunter die Bezahlung des Zehnten."[18] Ausgehend vom „suum cuique tribuens", also der antiken Definition von Gerechtigkeit, wie sie sich beispielsweise bei Aristoteles (384–322 v.Chr.) findet,[19] führt Zwingli die Unterscheidung zwischen göttlicher und menschlicher Gerechtigkeit ein. Die göttliche Gerechtigkeit ist im Unterschied zur armseligen, elenden und lahmen menschlichen Gerechtigkeit unversehrt und erhaben wie Gott über den Menschen, ja Gott selbst ist die Gerechtigkeit. Sie richtet sich auf den inneren Menschen, während die menschliche Gerechtigkeit den äußeren Menschen, sein äußeres Leben in der menschlichen Gemeinschaft und unter der weltlichen Staatsgewalt betrifft.

Die göttliche Gerechtigkeit entspricht durchaus dem urchristlichen Liebesideal einer Gemeinschaft ohne Eigentum, Zins und Gewalt, wie sie die Bergpredigt voraussetzt.[20] Doch das Gesetz[21] dieser göttlichen Gerechtigkeit kann nach Zwingli niemand erfüllen, da Gott

---

Politik – Gründe und Ziele, in: ThZ 36 [1980], 84–102, hier 91) nennt das Buch Zwinglis „eine der besten Abhandlungen der ganzen Kirchengeschichte". Vgl. Peter Winzeler, Art. Von götlicher und menschlicher grechtigkeit, wie die zemen sehind und standind, in: Michael Eckert u.a. (Hgg.), Lexikon der theologischen Werke, Stuttgart 2003, 795f.: „Zwinglis dialektisch-dynamische Lehre von Gottes Vorsehung und sozialer Fürsorge, Rechtfertigung und Recht, Kirche und Staat gehört zu den bedeutendsten Entwürfen zur Sozialethik bis in die Neuzeit und den Religiösen Sozialismus." Auch Gäbler (wie Anm. 8, 71f.) rechnet Zwinglis Schrift „zu den eindrücklichsten sozialethischen Zeugnissen der Reformation."
[18] Stephens (wie Anm. 16 [1997]), 173.
[19] Aristoteles, Rhetorik I,9.
[20] Treffend Gottfried W. Locher, Huldrych Zwingli in neuer Sicht. Zehn Beiträge zur Theologie der Zürcher Reformation, Stuttgart 1969, 163: Zwinglis „gebrochene Gerechtigkeit [ist] ein Ausdruck des erhaltenden und heilenden Willens Gottes: sie schafft den Rahmen dafür, daß der Christ nach der höheren Gerechtigkeit der Bergpredigt streben kann."
[21] Treffend Ulrich Gäbler (Huldrych Zwinglis politische Theologie, in: Matthias Freudenberg/Georg Plasger [Hgg.], Kirche, Theologie und Politik im reformierten Protestantismus. Vorträge zur achten Emder Tagung der Gesellschaft für reformierten Protestantismus (EBzrP 14), Neukirchen-Vluyn 2011, 9–25, 16): „Zwinglis Betonung des Gesellschaftlichen gegenüber dem Individuellen ist mit seiner Auffassung vom Gesetz verknüpft. Das Gesetz nimmt in seiner Verkündigung eine zentrale Rolle ein, wobei eine Differenzierung von Gesetz und Evangelium, wie sie bei Luther dominiert, keine Rolle spielt. Nach Zwingli zielen Gesetz wie Evangelium auf die Verbesserung der Sitten, insofern unterscheiden sie sich nicht: das ‚Gesetz ist nichts als der ewige Wille Gottes'." Vgl. ebd., 20. So auch Martin Sallmann, Zwischen Gott und Mensch. Huldrych Zwinglis theologischer Denkweg im De vera et falso religione commentarius (1525) (BHTh 108), Tübingen 1999, 199f.; 246f. So im Übrigen auch Arthur Rich (Zwingli als sozialpolitischer Denker, in: Zwing. 13 [1969], 67–89, 72).

allein gut ist (vgl. Mt 19,17). Dieses Gesetz ist aber bereits durch Christus stellvertretend erfüllt und die göttliche, durch Gnade gerecht machende und im Glauben empfangene Gerechtigkeit dem Menschen von Gott durch seinen Sohn geschenkt worden.[22] Das heißt nicht, dass das Gesetz der göttlichen Gerechtigkeit damit außer Kraft gesetzt wäre. Im Gegenteil ist die Forderung nach Vollkommenheit: „Ihr sollt vollkommen sein, wie euer Vater vollkommen ist" (Mt 5,48), weiterhin gültig; freilich nicht als Werk zum vermeintlichen Erwerb der Rechtfertigung, sondern als ein von Gott gewirktes Heranwachsen und ihm „je länger je mehr"[23] Gleichgestaltet-Werden in der Heiligung. Auch das Gesetz der menschlichen Gerechtigkeit ist keineswegs abgetan. Das wäre fatal. Denn es wurde als chaosbändigendes und anarchieverhinderndes Präventiv durch die göttliche Vorsehung als deren Instrument gegeben. Die menschliche Gerechtigkeit geht mit der Gewalt und der obrigkeitlichen Befugnis zu zwingen einher, damit dem Bösen gewehrt und das ordentliche und rechtmäßige menschliche Zusammenleben erhalten bleibt.

Die menschliche Gerechtigkeit, die von der Obrigkeit als ordentlicher weltlicher Staatsgewalt und nicht etwa von der Geistlichkeit ausgeübt wird, erfreut sich nach Zwingli auch und gerade christlicher Wertschätzung durch die Gemeinde, die der Obrigkeit aufgrund ihrer Aufgabe in der Regel gehorcht und nicht zuwiderhandelt:[24] „[D]amit trotz allem das menschliche Zusammenleben erhalten bleiben und beschützt werden könne, [hat Gott] Wächter eingesetzt, die ernstlich darauf achten sollen, daß nicht auch noch der letzte Zipfel der armseligen menschlichen Gerechtigkeit weggerissen werde. Diese Wächter sind die gesetzmäßige Obrigkeit, die aber eben diejenige ist, welche das Schwert trägt, d.h. die wir die weltliche Obrigkeit nennen. Ihr Amt ist es, alle Dinge nach dem göttlichen Gebot zu führen, wenn es uns schon nicht möglich ist, nach dem göttlichen Willen zu leben. Darum soll sie alles, wofür weder im göttlichen Wort oder Gebot noch in der menschlichen Gerechtigkeit eine Begründung gefunden werden kann, abschaffen und als falsch, unrechtmäßig und ungerecht auch nach menschlicher Gerechtigkeit behandeln."[25] Zwingli weiß: „Wer in der faktisch vorliegenden Welt des Eigen-

---

[22] Scholl (wie Anm. 16), 22: „Nun weiss Zwingli so gut wie Luther, dass diese [göttliche] Gerechtigkeit nur geschenkte Gerechtigkeit sein kann und diese Liebe schlicht das bare Wunder ist. Die erste Aufgabe des Seelsorgers, des Hirten, ist es darum, diese Gerechtigkeit zu predigen, von diesem Geschenk zu reden, dem Menschen das Evangelium zu verkünden."
[23] Zwingli (wie Anm. 5), 166. Vgl. auch ebd., 182, 210f.
[24] Zum Widerstandsrecht bei Zwingli vgl. Christoph Strohm, Art. Widerstandsrecht II. Reformation und Neuzeit, in: TRE 35 (2003), 750–767, 753.
[25] Zwingli (wie Anm. 5), 209f.

tums, der Gewalt und der Sünde nur mit der göttlichen Gerechtigkeit argumentieren und leben will, der verkennt, dass diese uns entgangen ist. Nicht entgangen ist uns in der Gnade Gottes die menschliche Gerechtigkeit, die Gabe des Rechtes, der Gebote: Du sollst nicht stehlen, nicht lügen, nicht töten usw.!"[26]
Die menschliche Gerechtigkeit beruht nach Zwingli auf dem „Gebot der Natur"[27], also dem Naturrecht, das Zwingli als Gebot der Nächstenliebe im Sinne der „goldenen Regel", d.h. des Reziprozitätsgrundsatzes interpretiert. „Dieses Gesetz" – so Zwingli – „macht Christus mit der Liebe süß"[28]. Dieser Süßung, die gleichsam durch die göttliche Gerechtigkeit erfolgt, hat nach Zwingli die Obrigkeit zu entsprechen. Diese soll also mit ihrer menschlichen Gerechtigkeit der göttlichen Gerechtigkeit so nah wie möglich kommen. Letztere hat mithin orientierende Funktion. Es geht um das Programm einer Approximation. Die göttliche bildet den Maßstab der menschlichen Gerechtigkeit.
Von daher können Zinsmissbrauch und Belastungen der Bauern[29] durch überzogene Abgaben von Zwingli scharf kritisiert werden: „Die Alternative, Zins oder kein Zins, ist also falsch wie die Alternative göttliche oder menschliche Gerechtigkeit. In dieser gefallenen Welt heisst der Weg verantwortbarer Sozialethik: göttliche *und* menschliche Gerechtigkeit, wobei der menschlichen Gerechtigkeit durch die göttliche ständig Richtung und Tendenz angegeben werden muss."[30] Deshalb solle die göttliche Gerechtigkeit gepredigt und verkündigt werden. Mit ihr ginge auch ihre orientierende Funktion für die Obrigkeit verloren. Auch würde das Wort Gottes eingeschränkt auf einen Bereich der Innerlichkeit und damit ausgeklammert aus dem Bereich staatlichen Handelns, in dem vermeintliche Eigengesetzlichkeiten gelten: „Deshalb sind diejenigen, welche meinen, man solle das Wort Gottes nur in dem Rahmen predigen, welchen die menschliche Gerechtigkeit der Obrigkeit zulasse, nicht wirklich gläubig. Denn dergestalt würde die göttliche Gerechtigkeit verblassen, und alle Menschen würden sich mit der lahmen mensch-

---

[26] Scholl (wie Anm. 16), 25. Auch nach Rich (wie Anm. 21, 76f.) besteht die Abweichung der „Radikalen" von Zwingli darin, „daß sie nicht im rechten Sinn zu unterscheiden wissen zwischen evangelischer Forderung und bürgerlichem Gesetz, zwischen ‚göttlicher' und ‚menschlicher' Gerechtigkeit. Denn würden sie das tun, sie könnten nicht die göttliche Gerechtigkeit in einem direkten Sinne an die Stelle der menschlichen setzen wollen. [...] Die ‚Radikalen' verkennen das ‚Noch-nicht'".
[27] Zwingli (wie Anm. 5), 180.
[28] Ebd., 181.
[29] Zu den Bauern vgl. Peter Blickle, Das göttliche Recht der Bauern und die göttliche Gerechtigkeit der Reformatoren, in: AKuG 68 (1986), 351–369.
[30] Scholl (wie Anm. 16), 26. So auch Rich (wie Anm. 21), 79.

lichen Gerechtigkeit begnügen. So würde aus der ganzen Gerechtigkeit nichts anderes als eine Heuchelei."[31]

3. Arthur Richs Zwingli-Interpretation im Kontext seiner Sozialethik

Betrachtet man Richs Interpretation der Schrift Zwinglis in zahlreichen kleineren und größeren Aufsätzen,[32] so fällt auf, dass er immer der Logik eines „tertium datur" folgt. Anders gesagt: Rich kontextualisiert Zwingli in der Weise, dass er ihn zwischen Thomas Müntzer (1489–1525) und Luther bzw. den Bauern und Luther als zwei Extremen positioniert. Zwinglis Position wird als eine „media via"[33] zwischen Skylla und Charybdis präsentiert. Dieser keineswegs bequeme, billige Mittelweg[34] Zwinglis ist nach Rich dadurch gekennzeichnet, dass er eine große Synthetisierungsleistung darstellt, als deren Resultat am Ende ein in sich differenzierter Zusammenhang steht: „Er [Zwingli] hat vereinigt, was man gewöhnlich trennt, ohne die Politik im Glauben oder den Glauben in der Politik aufgehen zu lassen."[35] Während sich für die Bauern beide Größen decken und sie „die göttliche Gerechtigkeit zu einem sozialpolitischen Programm"[36] stilisieren würden, bestehe bei Luther die Gefahr, sie auseinander zu reißen. Demgegenüber wählt Zwingli nach Rich einen „dritten Weg"[37] bzw. „anderen Weg"[38].
Im Blick auf Zwingli ist das Spektrum der Gegnerschaft im Sommer 1523 in und um Zürich – wie Ernst Saxer (geb. 1936) geltend macht – durchaus breiter als Rich suggeriert: „Zwingli führt [...] in seiner Predigt und späteren Schriften einen Mehrfrontenkampf. Er wendet sich a) gegen die katholischen Traditionalisten, die an der päpstlichen Autorität und an den katholischen Ordnungen festhalten wollten, b) gegen die sogenannten ‚Radikalen', die ohne Rücksicht auf die Folgen mit Berufung auf den göttlichen Willen die Abschaffung

---

[31] Zwingli (wie Anm. 5), 183.
[32] Siehe Rich (wie Anm. 21), 67–89; ders. (wie Anm. 15), 2–3; ders., Die Reformation als politisches Ereignis, Kirchenbote, Schaffhausen Nr. 1 / Januar 1980, 3–5; ders., Göttliche und menschliche Gerechtigkeit. Reformation als religiöses und sozialpolitisches Anliegen, in: Entschluss. Zeitschrift für Praxis und Theologie 11 (1984), 14–18.
[33] Rich (wie Anm. 21), 87.
[34] Vgl. ebd., 87f.: „Es gibt da letztlich nur den mühsamen, steinigen und anfechtungsvollen Weg der immerwährenden, bußfertigen Wandlung des Menschen als Person wie als Gesellschaft auf das Absolute hin".
[35] Ebd., 68.
[36] Rich (wie Anm. 32), 15.
[37] Rich (wie Anm. 15), 2.
[38] Rich (wie Anm. 32), 4.

aller menschlich-gesetzlichen Ordnungen forderten, c) gegen die ‚Etablierten' (Rich), die zwar in Glaubensdingen der Predigt des Evangeliums zustimmten, dem Wort Gottes jedoch keine Kritik an wirtschaftlichen Ordnungen oder staatlichen Kompetenzen einräumen wollten. Zugleich verfolgt er die Absichten, d) die ihm als Pflicht erscheinende Begründung von Ordnung und Kritik aus dem Evangelium zu liefern, e) sich selbst zu rechtfertigen und f) den mächtigen Stadtstaat Bern, dessen Aristokratie der Reformation vorläufig größtenteils nicht gewogen war, nicht zu vergrämen und für die Reformation als Stütze zu gewinnen"[39].

Im Unterschied zu diesem weiten Panorama wählt Rich mit der Metapher des dritten Weges bewusst eine enggeführte textstrukturelle bzw. textpragmatische Strategie. Sofern textstrukturelle Merkmale von textpragmatischen Komponenten abhängig sind, also von Verwendungssituationen, zumal Texte als intentionale kommunikative Handlungen zu verstehen sind, dürfte in Richs Fall der Kontext einer Diskussion um die „Theologie der Revolution" Bedeutsamkeit entfalten. Rich bringt Zwinglis Modell zugleich gegen die radikalen Revolutionäre wie die „Reaktion" der 1960er und 70er Jahre in Stellung und wagt denn auch recht unvermittelt, den direkten Gegenwartsbezug herzustellen: „[W]en Zwingli heute zu den eigentlichen Aufrührern rechnen müßte [–] [es] sind diejenigen, die Macht haben, ihre Macht jedoch im eigenen, sei es persönlichen oder klassenmäßigen Interesse mißbrauchen, so andere unterdrücken, ausnutzen und ihren Zielen gefügig machen. Dieser Aufruhr von oben führt zum Aufruhr von unten als dessen unvermeidliche Reaktion."[40] Wenn man so will, entfaltet Rich Zwinglis Modell als „[e]ine konservative Gedankenführung mit dauernder progressiver Sprengkraft"[41].

Mit der dialektischen Verhältnisbestimmung von göttlicher und menschlicher Gerechtigkeit ist also nicht nur der Leitgedanke Zwinglis, sondern auch der Rich'schen Sozialethik formuliert. Im Blick auf die „Revolutionsdebatte" mag man diese Position als „revisionistisch" oder „reformistisch" etikettieren. Rich selbst spricht von einer „konstruktiven Revolution", die zwischen „einer wirklichkeits-

---

[39] Saxer (wie Anm. 17), 157. Zu den Hintergründen der Schrift Zwinglis vgl. fernerhin: Gäbler (wie Anm. 8), 87f. Zu den „Etablierten" vgl. Rich (wie Anm. 21), 80.
[40] Rich (wie Anm. 21), 78. Vgl. ders. (wie Anm. 32), 16f.
[41] Locher (wie Anm. 17), 91. Ähnlich Stephens (wie Anm. 16 [1997]), 176: „Zwingli [erscheint] radikal, indem er die göttliche Gerechtigkeit als Massstab betrachtet, an dem alles gemessen wird, Soziales wie Persönliches. [...] Doch in seinem politischen Verhalten schwingt die menschliche Gerechtigkeit obenauf, nicht die göttliche, was bedeutet, dass Zwingli in der Praxis konservativer ist als seine radikalen Gegner."

fremden Utopie und einer zukunftslosen Reaktion"[42] lokalisiert ist: „Auf ihn [Zwingli, M. H.] heute hören heißt, statt über Revolutionäre und Rebellen zu lamentieren, jene andere, konstruktive Revolution in Gang setzen, die Gesellschaft und Welt nicht zerstören, aber von innen her strukturell umbauen will, damit es, im Dienst eines mitmenschlichen Daseins, zu einer gerechteren Verteilung der Lebenschancen für die einzelnen Menschen wie für die verschiedenen Gesellschaftsgruppen und Volksgemeinschaften kommen kann."[43]

Richs Abgrenzung gegenüber Luther ist also Implikat seiner textpragmatischen Strategie des *tertium datur*. So betont Rich, dass Zwingli zwar ebenso wie Luther die im mittelalterlichen Rechtsdenken übliche Unterordnung des weltlichen unter das geistliche Regiment bestreitet, dass Zwingli aber anders als Luther nicht an einer klaren Grenzziehung zwischen *politia* und *ecclesia* interessiert ist, ja nicht sein kann, da das Reich Gottes nicht nur ein inwendiges, unsichtbares, sondern auch ein äußerliches Reich sei. Rich[44] zitiert aus Zwinglis Brief vom 4. Mai 1528, in dem er seinem von Luthers Konzentration auf die Innerlichkeit durchaus beeindruckten Freund Ambrosius Blarer (1492–1564) in Konstanz erklärt, dass das Reich Gottes auch äußerlich sei – „regnum Christi est etiam externum"[45]. Dieses betonte *etiam* meint in der Tat „eine Korrektur an einer rein statisch verstandenen und gehandhabten Zwei-Reiche-Lehre im Einflussbereich Luthers. Das etiam externum bei Zwingli meint aber nicht eine Veräusserlichung des Evangeliums, sondern sagt, dass Christi Reich nicht nur in den Herzen, sondern auch in der Welt seine Wirkung haben will."[46] Rich betont, den Verlauf seines Mittelweges präzisierend, „wie sehr das im geschehenden Wort schon jetzt wirkende Reich Gottes von Zwingli als eine die Welt verändernde Macht verstanden ist. Deshalb konnte er sich mit der Lehre von den beiden Reichen im Sinn des deutschen Reformators nicht befreunden. Und insofern steht er in der Kontroverse zwischen Luther und den aufrührerischen Bauern diesen näher als jenem."[47]

Zwingli entwirft, wie Rich hervorhebt, kontrastierend zu Luthers Zwei-Reiche-Lehre,[48] ein neues, eigenständiges Modell eines in sich

---

[42] Rich (wie Anm. 32), 16.
[43] Rich (wie Anm. 15), 3.
[44] Vgl. Rich (wie Anm. 21), 71.
[45] Z IX,454,13f. Vgl. dazu die Übersetzung und Kommentierung des Briefes durch Hans Rudolf Lavater, Regnum Christi etiam externum – Huldrych Zwinglis Brief vom 4.5.1528 an Ambrosius Blarer in Konstanz, in: Zwing. 15 (1981), 338–381.
[46] Scholl (wie Anm. 16), 23.
[47] Rich (wie Anm. 21), 71.
[48] Gäbler (wie Anm. 8, 72) würdigt Richs Zwingli-Interpretation wie folgt: „Meinte man bis in die dreißiger Jahre unseres Jahrhunderts hinein, hier den Politiker Zwingli

differenzierten kirchlich-politischen Zusammenhangs, in dem kirchliche und politische Ordnung einander nicht als eigengesetzliche Bereiche gegenübertreten, sondern – auch wenn sie sich voneinander unterscheiden – in gegenseitiger Zuordnung auf das göttliche Gebot bezogen bleiben.[49] Rich hält hinsichtlich des Verhältnisses von Zwinglis Modell zur Zwei-Reiche-Lehre fest: „Er denkt nicht lutherisch, weil seine theologischen Voraussetzungen in eine andere Richtung weisen als die ‚Lehre von den beiden Reichen'. Absolutes und Relatives, göttliches und weltliches Reich sind zwar auch für ihn zu unterscheiden, aber nicht in einer Weise, die die Welt des Staates und der Gesellschaft herauslösen würde aus dem Forderungsbereich des Evangeliums von der göttlichen Gerechtigkeit. Diese Forderung bleibt bestehen, nicht nur an den Menschen als einzelne Person, sondern auch an den Menschen als Staat und Gesellschaft. Das drückt sich darin aus, daß die menschliche Gerechtigkeit, die das politisch-gesellschaftliche Leben regelt, nicht ihre eigenen, sei es natur- oder vernunftrechtlich begründete Normen hat, noch auch positivistisch ihre eigene Norm sein kann. Die menschliche Gerechtigkeit hat vielmehr an der göttlichen in der heiligen Schrift enthüllten Gerechtigkeit ihre Norm, oder aber sie ist nicht wirklich menschliche Gerechtigkeit. Dergestalt bleibt das Weltreich auf das Gottesreich, die menschliche Gerechtigkeit auf die göttliche bezogen."[50] Deshalb hat die christliche Gemeinde nach Rich auch über das weltliche Leben und Zusammenleben der Menschen zu wachen, wie auch umgekehrt die Obrigkeit in ihrer gesetzgeberischen und richterlichen Funktion

---

am Werk sehen zu können, der sich den sozialen Verhältnissen gegenüber konservativ verhält (Leonhard von Muralt), setzt sich langsam die theologische Würdigung der Schrift durch. Sie ist vor allem durch Arthur Rich vorangetrieben worden. Danach macht Zwingli in *Von göttlicher und menschlicher Gerechtigkeit* auf die sozialethische Verantwortung des Christen beziehungsweise der Kirche aufmerksam." Vgl. auch ders., Huldrych Zwingli im 20. Jahrhundert. Forschungsbericht und annotierte Bibliographie 1897–1972, Zürich 1975, 97: „Entschieden fördert Arthur Rich die Erhellung von Zwinglis Auffassung von der Gemeinschaft. In historisch wie systematisch überzeugender Weise wird das sozialpolitische Denken von der Lehre vom Wort Gottes her interpretiert. Diese Beweisführung könnte vielleicht dadurch noch erhärtet werden, daß die Unterschiede zu Luther, die Rich zu recht markiert, obwohl er die Zwei-Reiche-Lehre zu statisch interpretieren dürfte, eben in dieser Auffassung vom Worte Gottes gesucht würden. In der Wortlehre sind die Differenzen zwischen den beiden allerdings größer, als Rich anzunehmen scheint." In der Tat arbeitet Rich (wie Anm. 21, bes. 70) die Zentralität des Wortes Gottes heraus. Über diese Zentralität besteht inzwischen in der Zwingli-Forschung ein Konsens. Vgl. auch Locher (wie Anm. 17), 91: „Gottes Wort setzt den Massstab. Nur Gottes Wort erlöst und verwandelt. Die Rechtsordnung kann und soll nur den Auswuchs der Sünde zum Untermenschentum eindämmen." Sowie Scholl (wie Anm. 16), 22.
[49] Ähnlich Campi (wie Anm. 9), 1953.
[50] Rich (wie Anm. 21), 82f.

danach trachten soll, der göttlichen Gerechtigkeit „möglichst gleichförmig"[51] zu werden. In sozialethischer Hinsicht bedeutet das aber keineswegs eine Geringschätzung des Relativen und Vorletzten, mithin der menschlichen Gerechtigkeit. An die Stelle der absoluten Kritik des Relativen wie bei den Bauern tritt bei Zwingli die relative Kritik am Absoluten. Nochmals Rich: „Sozialpolitisch hat dies jetzt zur Folge, daß bei Zwingli an die Stelle einer absoluten Kritik des Relativen bzw. der gesellschaftlichen Rechtsverhältnisse, wie er sie vorfand, eine relative Kritik der Gesellschaft und ihrer Einrichtungen im Horizont des Absoluten tritt. Das verbindet sich mit einer Relativierung aller gesellschaftlichen Verhältnisse. Anders gesagt: Der Reformator läßt Staat und Gesellschaft mit ihrer bloß menschlichen Gerechtigkeit gelten; aber nur relativ, nicht absolut. Absolut gilt allein die göttliche Gerechtigkeit."[52]

4. Der Einfluss der Sozialethik Huldrych Zwinglis auf Arthur Richs „Wirtschaftsethik"

Der „dritte Weg" avanciert zu einer Leitmetapher Richs, die seinen eigenen wirtschaftsethischen Standpunkt trefflich umschreibt. Zwingli wird zu einer Spiegelfigur Richs. Er hat nicht einfach nur maieutische, sondern präziser noch: katalysatorische Funktion und zwar im wörtlichen Sinne des griechischen *katalysis*: Zwinglis Verhältnisbestimmung von göttlicher und menschlicher Gerechtigkeit löst den unausgeglichenen Konflikt zwischen den Radikalen und den Konservativen, Revolution und Reaktion, Elitarismus und Egalitarismus, Kapitalismus und Sozialismus, freier Marktwirtschaft und Zentralverwaltungswirtschaft, zugleich aber auch zwischen Richs wirtschaftswissenschaftlicher Expertise und seinem religiös-sozialistischem Erbe als Schüler von Leonhard Ragaz (1868–1945) auf.

In welch starkem Maße Zwinglis „Entdeckung der sozialethischen Verantwortung des Christen"[53] auch Richs Entdeckung ist, wird im ersten Band seiner *Wirtschaftsethik* deutlich. Rich unternimmt dort die Suche nach dem „Menschengerechten", womit er die sozialethische Aufgabe umschreibt, der auch die Wirtschaftsethik unterworfen ist. Rich entwickelt drei Ebenen der sozialethischen Argumentation.[54] Die erste Ebene ist die „der fundamentalen Erfahrungs-

---

[51] Ebd., 84. Ähnlich Campi (wie Anm. 9), 1953.
[52] Rich (wie Anm. 21), 83.
[53] Ebd., 88.
[54] Hans-Balz Peter (Arthur Rich [1910–1992], in: Wolfgang Lienemann/Frank Mathwig [Hgg.], Schweizer Ethiker im 20. Jahrhundert. Der Beitrag theologischer

gewißheit vom Humanen"⁵⁵. Rich benennt diese mit der Trias aus „Glaube, Hoffnung, Liebe" (1 Kor 13,13) als „Grundkategorien humaner Existenz"⁵⁶. Es geht Rich dabei nicht um einen spezifisch christlichen, sondern einen „allgemeinmenschlichen Erfahrungshorizont, [...] also keineswegs um esoterische Worte, die in ihrer Aussagesubstanz nur für den Christen vernehmbar wären. Vielmehr spricht sich in ihnen etwas aus, was mögliche Erfahrung eines jeden Menschen ist. Man kann mithin auch außerhalb der christlichen Erfahrungsgewißheit dahin gelangen, in Glauben, Hoffnung, Liebe unabdingliche Existentialien menschlicher Existenz zu sehen."⁵⁷
Korreliert man Richs Ausführungen zur ersten Ebene mit Zwinglis Modell von göttlicher und menschlicher Gerechtigkeit, so wird man zunächst feststellen können, dass Rich zwar beansprucht, auf dieser Ebene bereits auf der Suche nach dem Menschengerechten zu sein, dass aber die göttliche Gerechtigkeit die eigentliche Dominante auf dieser Ebene ist. Im Sinne der göttlichen Gerechtigkeit vollzieht nämlich Rich in theologischer Perspektive die Bestimmung der begrifflichen Trias „Glaube, Hoffnung, Liebe", indem er den Glauben als „Erfahrung von Auferstehung"⁵⁸, die Hoffnung als Warten auf den *adventus*, „das Kommen des Reiches dessen, der im Gekreuzigten und Auferstandenen gehandelt hat"⁵⁹, und die Liebe im Sinne der Agape-Liebe als „Widerfahrnis, Gabe Gottes, die dem Glaubenden und Hoffenden zum treibenden Gebot wird"⁶⁰, bestimmt.
Diese dezidert christliche Bestimmung reibt sich freilich mit der Behauptung des allgemeinmenschlichen Erfahrungshorizonts im Sinne von Existentialien: „Es wird nicht genügend geklärt, wie sich allgemeinmenschliches Erfahrungswissen und theologisches Verständnis zueinander verhalten."⁶¹ Hinsichtlich der Interferenz zwischen beiden findet eher ein Kurzschluss statt, als dass sie einer klaren Verhältnisbestimmung zugeführt wird. Insbesondere von Zwinglis Vorgehen in seiner Schrift her stellt sich die Frage, ob Rich nicht vorschnell zu einer Vermittlungslogik von göttlicher und menschlicher Gerechtigkeit greift. „Vorschnell" meint hier: noch

---

Denker, Zürich 2005, 149–177, hier 162) weist darauf hin, dass Rich erstmalig 1960 in seinem Aufsatz: Arthur Rich, Die institutionelle Ordnung der Gesellschaft als theologisches Problem, in: ZEE 3 [1960], 233–244, eine *„Dreistufigkeit der Normativität"* herausgearbeitet hat.
55 Rich (Anm. 4), 170.
56 Ebd., 107.
57 Ebd.
58 Ebd., 121.
59 Rich (wie Anm. 4), 124.
60 Ebd., 125.
61 Joachim Wiebering, Rez. Arthur Rich, Wirtschaftsethik, in: ThLZ 111 (1986), 471–472, hier 472.

bevor das wirklich expliziert wurde, was die göttliche Gerechtigkeit eigentlich ausmacht. Wenn aber die göttliche Gerechtigkeit als solche (und nicht bereits vermittelt mit der menschlichen Gerechtigkeit) nicht expliziert wird, kann sie auch ihre orientierende und normierende Kraft nicht entfalten. Deshalb insistiert Zwingli, wie wir gesehen haben, so nachdrücklich auf Predigt und Verkündigung der göttlichen Gerechtigkeit. Genau dies war Zwinglis Vorgehen und Anliegen, von dem Rich in der Entfaltung seiner *Wirtschaftsethik* stärker hätte lernen können. Erst in einem zweiten Schritt wären beide, göttliche und menschliche Gerechtigkeit, aufeinander zu beziehen. Rich aber scheint mir den zweiten vor dem ersten Schritt zu machen, setzt also mithin zu früh beim „Menschengerechten" ein. Zwingli zufolge ist nämlich nicht nur das „Sachgerechte" am „Menschengerechten" zu prüfen,[62] wie Rich festhält, sondern auch das „Menschengerechte" an der „göttlichen Gerechtigkeit".

Auf der Grundlage des Menschengerechten, das Rich als Humanität aus Glaube, Hoffnung, Liebe versteht, mithin als bestimmte „Erfahrung menschlicher Existenz, wie sie sich im Christuszeugnis des Neuen Testaments authentisch widerspiegelt", führt nun Rich aus, dass diesen fundamentalen Existentialien bestimmte Kriterien eignen, „die in ihrem Zusammenspiel normative Anhaltspunkte für das in der gesellschaftlichen Gerechtigkeit zu konkretisierende Menschengerechte ergeben"[63]. Rich benennt sieben Kriterien für das Menschengerechte, bleibt aber bezüglich der Kriterienanzahl bewusst vage,[64] da dem Wandel der geschichtlichen Welt mittels dynamischer Kriterien Rechnung getragen werden müsse.

Als Kriterien für das „Menschengerechte" benennt Rich:[65]

---

[62] Vgl. Rich (wie Anm. 4), 81.
[63] Ebd., 172.
[64] Besonnen und umsichtig urteilt Traugott Jähnichen, Wirtschaftsethik. Konstellationen – Verantwortungsebenen – Handlungsfelder (Ethik – Grundlagen und Handlungsfelder Bd. 3), Stuttgart 2008, 95: „Was Rich dennoch nur andeutungsweise leistet, ist eine Priorisierung der entwickelten Kriterien. Es wird weder zwischen den formalen und den materialen Kriterien eine Zuordnung hergestellt, noch werden Rangordnungen oder mögliche Konflikte zwischen den Kriterien, etwa zwischen dem der Mitgeschöpflichkeit und dem der Partizipation thematisiert. Dadurch bleibt die Kriteriologie Richs offen und in gewisser Weise vage, was jedoch auf der anderen Seite ermöglicht, differenziert auf wandelnde Situationen einzugehen, so dass die Kennzeichnung dieses Ansatzes als ‚kriteriale Situationsethik' treffend ist." Diese Kennzeichnung stammt von Theodor Strohm, Arthur Richs Bedeutung für die Wirtschafts- und Sozialethik. Aus Anlaß des 80. Geburtstags von Arthur Rich, in: ZEE 34 (1990), 192–197, 193.
[65] Vgl. zu den einzelnen Kriterien Rich (wie Anm. 4), 173–200, sowie die luzide Zusammenfassung in Peter (wie Anm. 54), 167f. Fernerhin: Susanne Edel, Gemeinwohl in der wirtschaftsethischen Konzeption von Arthur Rich, in: Joachim Fetzer/Jochen Gerlach (Hgg.), Gemeinwohl – mehr als gut gemeint? Klärungen und

1. Geschöpflichkeit (betrifft das menschliche Selbstverständnis in der vertikalen Perspektive und zwar die ontologische Differenz und personale Korrespondenz von Gott und Mensch als die beiden „Konstituentien der Humanität"[66]), 2. kritische Distanz (betrifft das menschliche Verständnis der Welt, von der nicht das Gute zu erwarten ist), 3. relative Rezeption (betrifft ebenfalls das Verständnis der Welt, in der das relativ Bessere erstrebt werden soll), 4. Relationalität (dies besagt: die Relativierung der eigenen Erkenntnisperspektive verhindert die Verabsolutierung bestimmter Werte), 5. Mitmenschlichkeit inklusive Selbstachtung (betrifft das menschliche Selbstverständnis in sozialer und individueller Perspektive), 6. Mitgeschöpflichkeit (meint die Ökologizität und betrifft das Verhältnis zur Natur), 7. Partizipation (meint Teilhabe und Teilgabe in sozialstruktureller Hinsicht).

Hinsichtlich der Leistungsfähigkeit der Kriterien bemerkt Rich: Sie „ermöglichen keinen operationablen Begriff, da die hoffende Liebe des Glaubens und die gesellschaftliche Gerechtigkeit nie kongruent sind, weisen aber auf die (mögliche) Bedeutung der christlich geprägten Grundaxiome für eine allgemeine Ethik"[67] hin. Die „ethischen Kriterien sind keinesfalls Endpunkt, sondern Ausgangspunkt wirtschaftsethischer Reflexion, heuristische Prinzipien für die Suche danach, was konkreten Menschen in konkreten Situationen gerecht wird."[68]

Auf der dritten Ebene gelangt Rich zu einem vorläufigen Resultat, nämlich zu Handlungsorientierungen, die im Rich'schen Sprachgebrauch „Maximen" heißen. Diese dritte Ebene repräsentiert die eigentliche Vermittlungsebene. Maximen sind bei Rich operationale, kritische Normen. „Mittlere Axiome"[69] nennt Rich sie auch. Die

Anstöße, Gütersloh 1998, 70–77, hier 71ff. Susanne Edel (Wirtschaftsethik im Dialog. Der Beitrag Arthur Richs zur Verständigung zwischen Theologie und Ökonomik, AzTh 88, Stuttgart 1998) hat eine gründliche Untersuchung zu Richs „Wirtschaftsethik" vorgelegt. Ebd. (175–181) widmet sie sich auch kurz der Zwingli-Interpretation Richs.

[66] Rich (wie Anm. 4), 175.
[67] Wolfgang Erich Müller, Argumentationsmodelle der Ethik. Positionen philosophischer, katholischer und evangelischer Ethik (Ethik – Grundlagen und Handlungsfelder Bd. 1), Stuttgart 2003, 37.
[68] Edel (wie Anm. 65), 73.
[69] Vgl. Rich (wie Anm. 4), 222–224. Fernerhin: Hans-Joachim Kosmahl, Ethik in Ökumene und Mission. Das Problem der „Mittleren Axiome" bei J. H. Oldham und in der christlichen Sozialethik (FSÖTh 23), Göttingen 1970; Frank Mathwig, Konfliktfall Bibel – Wie kommt die Bibel in die ethische Praxis?, in: Marco Hofheinz u.a. (Hgg.), Wie kommt die Bibel in die Ethik? Beiträge zu einer Grundfrage theologischer Ethik, Zürich 2011, 285–322, hier 295–299; Dietrich Ritschl, Kleines Plädoyer für J. H. Oldhams „Mittlere Axiome". Zum Ausblenden der Letztbegründung ethischer Sätze, in: Wolfgang Schoberth/Ingrid Schoberth (Hgg.), Kirche – Ethik –

Maximen vermitteln „das zu sollende Menschengerechte (Geltung) mit dem Situations- und Sachgerechten (Faktizität) derart [...], dass sie ethische Orientierung und Urteile in konkreten Sachfragen ermöglichen. Maximen im Sinne von Rich (anders als bei I. Kant) sind somit gleichzeitig normativ-präskriptiv und explikativ verortet, aber inhaltlich nicht (allein) theologisch bestimmt, sondern durch allgemeine, vernunftgemässe Argumentation und Einsicht. Die Maximen, denen nur eine bedingte und relative Geltung zukommen kann, sind nicht aus den Kriterien deduzierbar, sondern auf dem Weg eines iterativen Orientierungsprozesses zu erarbeiten."[70] Gemeint ist mit diesem Orientierungsprozess ein Urteilsfindungsverfahren in fünf Schritten,[71] das 1. den Problemaufweis, 2. die Sichtung bestehender oder postulierter Gestaltungskonzepte, 3. die normenkritischen Klärungen, 4. die Bestimmung von Richtpunkten und 5. die kritische Prüfung umfasst.

Rich stützt den Geltungsanspruch der Maximen als Vorletztes und Relatives auf Zwinglis Dialektik von göttlicher und menschlicher Gerechtigkeit. Durch ein Maßnehmen am Absoluten, das heißt der göttlichen Gerechtigkeit, sind das Relative, Vorletzte, sprich: die Maximen, veränderbar: „Geltende Ordnungen, die in ihren Auswirkungen gegen das Menschengerechte verstoßen, das sich an der absoluten Forderung der Liebe orientiert, sind derart zu verändern, dass sie unter den gegebenen Bedingungen dem Anspruch der göttlichen Gerechtigkeit so weit wie möglich entsprechen."[72] Durch die Kriterien des Menschengerechten (Ebene zwei) ist nach Rich „normativ zur Geltung [zu] bringen, was Gott im Kommen seines Reiches will"[73]. Doch die Orientierungskraft des Reich-Gottes-Gedankens hebt nach Rich nicht die Reflexion auf das Sachgemäße auf und dispensiert auch nicht die ökonomische Rationalität. Denn alle Änderungen, die am Reich Gottes Maß nehmen, verbleiben im Raum des Relativen, das heißt der menschlichen Gerechtigkeit. Hier ist die Sozialethik und mit ihr die Wirtschaftsethik angesiedelt: „Als christliche Sozialethik will diese eschatologisch ausgerichtete Ethik keine politisch erzwingbaren Ziele verwirklichen, denn sie erwartet die Neuschöpfung von Gott. In dieser Welt des Relativen oder Vorletz-

---

Öffentlichkeit. Christliche Ethik in der Herausforderung. FS Hans G. Ulrich zum 60. Geburtstag (EThD 5), Münster 2002, 183–189 (= Dietrich Ritschl, Bildersprache und Argumente. Theologische Aufsätze, Neukirchen-Vluyn 2008, 321–328); John Howard Yoder, Von göttlicher und menschlicher Gerechtigkeit, in: ZEE 6 (1962), 166–181; ders., The Christian Witness to the State, Eugene 1997, 33, 35–44, 71–73.
[70] Peter (wie Anm. 54), 163f.
[71] Vgl. Rich (wie Anm. 4), 224–228.
[72] Rich (wie Anm. 4), 230.
[73] Müller (wie Anm. 67), 238.

ten kann es keine absoluten Lösungen geben, da das Absolute, die von Gott herkommende Wirklichkeit, außerhalb menschlicher Möglichkeiten steht."[74]

5. Fazit: Ethik als Reich-Gottes-Erinnerung

Richs Ethik ist – wie wir gesehen haben – durch einen „existentialeschatologischen Ansatz"[75] gekennzeichnet. Dem Reich-Gottes-Gedanken kommt entscheidende Valenz zu. Er versucht ihm anhand der Zwingli'schen Leitdifferenz von göttlicher und menschlicher Gerechtigkeit Rechnung zu tragen. Ob Rich dies letztlich gelingt, muss hier nicht entschieden werden. Ich selbst habe gewisse Zweifel benannt. Nach Theodor Strohm (geb. 1933) hat Rich die sozialethische Kraft von Zwinglis reformatorischer Theologie „wie keiner vor ihm"[76] herausgearbeitet.

Man wird Rich konzedieren müssen, dass er Zwinglis theologische Argumentationsbasis niemals gänzlich aus den Augen verliert, mithin eine am Absoluten orientierte Ethik für die Welt des Relativen entwickelt, die das zur Geltung zu bringen bemüht ist, was Gott im Kommen seines Reiches will. Der Anspruch des Absoluten, „das Gott im Kommen seines Reiches will, [bleibt, M. H.] als gesellschaftliches Potential stets gegenwärtig"[77]. Jedoch nicht so, dass die Realisierung des Reiches Gottes als Absolutes auf Erden beansprucht oder auch nur intendiert würde. Er geht Rich um eine Erinnerung an das Reich Gottes. Eine solche Ethik der Erinnerung vollzieht sich nach Rich im Modus der Realisierung menschlicher statt göttlicher Gerechtigkeit, die gleichwohl am Reich Gottes und seiner Gerechtigkeit Maß nimmt. Im Sinne von Barmen V, wonach die Kirche den Auftrag hat, an Gottes Reich, Gebot und Gerechtigkeit zu erinnern, hätte Richs Erinnerung an das Reich Gottes und seine Gerechtigkeit insbesondere auf Ebene eins präziser bzw. unvermittelter ausfallen können. Nichtsdestotrotz handelt es sich bei Richs wirtschaftsethischem Entwurf insgesamt um eine luzide Sozialethik der Erinnerung an Gottes Reich. Bei Lichte betrachtet, veranschaulicht sie: Rich hat nicht zuletzt von Zwingli gelernt, dass „gesellschaftliche Gestaltung zur Verantwortung des Glaubens gehör[t]"[78].

Rich selbst bringt seine Schülerschaft zum Ausdruck, wenn er betont: Für die eschatologisch ausgerichtete Humanität aus Glauben,

---

[74] Ebd.
[75] Rich (wie Anm. 4), 162.
[76] Strohm (wie Anm. 64), 193.
[77] Rich (wie Anm. 4), 166.
[78] Locher (wie Anm. 17), 102.

Hoffnung und Liebe gilt, dass „nie das Relative, das Unvollkommene, also die bloß menschliche Gerechtigkeit das Letzte [ist, M. H.], sondern allein das Reich Gottes. Sie kann darum nicht anders als im Relativen auf die göttliche Gerechtigkeit aus sein. Und in diesem Aussein, das sich in der kritischen Distanz zu allem Bestehenden bekunden muß, wird sie ein hoffnungsmächtiges Potential entwickeln, das inständig über den Status quo hinaus nach einer besseren menschlichen Gerechtigkeit trachtet, freilich immer darum wissend, daß auch die allenfalls bessere menschliche Gerechtigkeit am absoluten Maßstab der göttlichen gemessen, nie bestehen kann. Allein, solche Humanität wird diesen eschatologischen Vorbehalt nicht dazu mißbrauchen, Besseres, nur weil auch es unvollkommen ist, politisch zu disqualifizieren. Sie wird es ganz im Gegenteil kraft des Kriteriums der relativen Rezeption als Relatives politisch am Relativen messen und es gelten lassen, falls es verhältnismäßig einen Gewinn in Richtung auf mehr Menschlichkeit in der Gesellschaft zu erbringen vermag. So hat es auch Zwingli in seiner Zeit gehalten; und er ist darin auch noch heute vorbildlich."[79]

---

[79] Rich (wie Anm. 4), 242.

Patrick Hamilton (1504–1528)

Nationalheiliger Schottlands und erster „Doktorand" der Universität Marburg

von Gerald MacDonald

Patrick Hamilton ist in die Kirchengeschichte Schottlands als der erste Märtyrer der schottischen Reformation eingegangen.[1] 1504 geboren, starb Hamilton 1528 im Alter von nur 24 Jahren auf dem Scheiterhaufen vor der Universität zu St. Andrews. Die Quellenlage zu Hamiltons Wirken ist sehr dünn, und viele Details bleiben unbekannt. Diese Untersuchung soll aber die Hauptmomente seines bewegten Lebens rekonstruieren und sein Werk *Patrick's Places*[2], die erste Schrift der schottischen Reformation, kurz darstellen. Eine deutschsprachige Zusammenfassung des Werks findet sich am Ende der Abhandlung.

Hamilton wurde 1504 wahrscheinlich entweder auf dem Familiengut Stanehouse in Lanarkshire, ca. 50 Kilometer südöstlich von Glasgow oder in dem königlichen Lehen Kincavill in Linlithgowshire, ca. 20 Kilometer westlich von Edinburgh, geboren.[3] Seine Familie gehörte dem schottischen Hochadel an. Neben den Hamiltons gehören die in Schottland führenden Familien Douglas, Sinclair und Stuart zu seinen Vorfahren. Patrick war sogar mit dem schottischen Königshaus verwandt, und zwar auf mütterlicher und väterlicher Seite. Sein Vater, der auch Patrick (gest. 1520) hieß, war illegitimer Sohn von James, I. Lord Hamilton (ca.1415–1479), der mit der Schwester des Königs James III. (1451–1488) verheiratet war. Seine Mutter, Catherine Stuart (1475–1542), war väterlicherseits Enkelin von König James II. (1430–1460) und mütterlicherseits Urenkelin von König Robert III. (1337–1406). Neben der Verwandtschaft mit dem Kö-

---

[1] John Knox datiert den Anfang des Reformationszeitalters in Schottland mit Hamiltons Tod (John Knox, History of the Reformation in Scotland, Bd. 2, hg. von William Croft Dickenson, London/Edinburgh 1949, 145.

[2] „Patrike's Places", in: John Frith, A disputacion of purgatorye made by Jhon Frith whiche is devided in to three bokes. The fyrst boke is an answere unto Rastell, which goeth aboute to prove purgatorye by naturall phylosophye. The seconde boke answereth unto Sir Thomas More, which laboureth to prove purgatorye by scripture. The thyrde boke maketh answere unto my lorde of Rochestre which moost leaneth unto the doctoures, London 1534.

[3] Vgl. Rainer Haas, Franz Lambert und Patrick Hamilton in ihrer Bedeutung für die Evangelische Bewegung auf den Britischen Inseln, Marburg 1973, 53–54.

nigshaus hatte Patrick andere Verwandte, die hohe Ämter in der schottischen Regierung innehatten.[4] Doch seine verwandtschaftlichen Verhältnisse haben ihn nicht vor dem Schicksal gerettet, das ihm 1528 in St. Andrews wiederfuhr.

Patrick war das jüngste von drei Geschwistern. Schon früh wurde eine geistliche Laufbahn für ihn ausgewählt. Über seine frühe Erziehung ist nichts Genaueres bekannt. Es kann aber vermutet werden, dass er entweder durch Privatlehrer unterrichtet wurde oder eine Klosterschule besucht hat oder beides. Auf jeden Fall war er 1517 ausreichend vorbereitet um mit 13 Jahren auf die Universität zu gehen. Für die Finanzierung seines Studiums wurde geschickt vorgesorgt: Als ein Verwandter, Andrew Stuart (gest. 1517), Bischof von Caithness und Abt von Fearn, am 17. Juni 1517 in Rosshire verstarb, wurde Patrick zu seinem Nachfolger in Fearn ernannt. Die Abtei von Fearn liegt ca. 50 Kilometer nördlich von Inverness, und Patrick hat sie nie gesehen; aber die Pfründe, die mit dem Amt verbunden war, stellte die Finanzierung seines Studiums sicher.[5] Die erste Etappe seiner universitären Ausbildung war Paris.

Bis zu Peter Lorimers (1812–1879) gründlichen Recherchen in der zweiten Hälfte des 19. Jahrhunderts ging man davon aus, dass Hamilton an der Universität zu St. Andrews studierte. Diese Vermutung basierte auf einem Eintrag im Register der Universität, wonach Hamilton am 9. Juni 1523 an der Universität als Mitglied aufgenommen wurde. Lorimer stellte aber fest, dass es sich dabei um eine Anerkennung seines schon 1520 in Paris erworbenen Magistergrads handelte.[6] Das früheste Zeugnis über Hamiltons akademischen Werdegang stammt von Alexander Alesius (1500–1565). Alesius' Information stammt wohl aus persönlichen Gesprächen, die er 1528 mit Hamilton führte, als er nach Hamiltons Festnahme in St. Andrews diesen zum Widerruf seiner evangelischen Ansichten drängen sollte. In einem Werk über die Psalmen von 1554 berichtet Alesius, dass Patrick Hamilton in Paris, Leuven und Marburg studiert habe[7] – und nicht in St.

---

[4] Ebd., 52.
[5] Vgl. Ernst Siegmund-Schultze, Das Leben des Alexander Alesius (1500–1565), Aachen 2005, 16; Haas (wie Anm. 2), 55.
[6] Vgl. Peter Lorimer, Precursors of Knox: or, Memoirs of Patrick Hamilton, the First Preacher and Martyr of the Scottish Reformation; Alexander Alane, or Alesius, its first Academic Theologian; and Sir David Lindsay, of the Mount, its first Poet. Collected from Original Sources. Band I, Patrick Hamilton, Edinburgh/London 1857, 27–28; vgl. John Durkan, Background, in: Essays on the Scottish Reformation, 1513–1625, hg. von D. McRoberts, Glasgow 1962, 329.
[7] Vgl. Alexander Alesius, Primus liber Psalmorum iuxta Hebraeum et Divi Hieronymi supputationem, Leipzig 1554, 164.

Andrews, wie man bis zu Lorimers Studie von 1857 vermutete, denn bis dahin war Alesius' Bericht unbekannt.
Nachweislich eingeschrieben war Hamilton jedoch zuerst in Paris und später in Marburg. Er erscheint in einer Liste von Magistern der Jurisprudenz unter dem Rektorat von Nicholas Pasteur[8] im Herbst 1520.[9] Zwei weitere Erwähnungen von Patrick Hamilton als Angehöriger der Pariser Universität sind in den Rektoratsakten von September 1520 bis September 1521 und Dezember 1521 bis März 1522 zu finden. Nur Alesius berichtet von einem Aufenthalt in Leuven. Da Hamilton am 9. Juni 1523 in den Universitätsakten in St. Andrews auftaucht, wäre ein möglicher Aufenthalt in Leuven zwischen März 1522 und Mai 1523 zu datieren. Am 9. Juni 1523 wurde Hamilton an der Universität zu St. Andrews aufgenommen. Am 3. Oktober 1524 wurde ihm an der Artistenfakultät ein Lehrauftrag angetragen.[10]
Über Hamiltons Wende zum evangelischen Glauben ist nichts Konkretes bekannt. Gewiss kam er während seiner Pariser Zeit mit der Lehre Martin Luthers (1483–1546) in Berührung, denn am 4. Oktober 1519 hatte Georg von Sachsen (1471–1539) die Universitäten von Erfurt und Paris um ein Gutachten über die Wittenberger gebeten. In Paris wurde die Frage allen vier Fakultäten vorgelegt. Die Debatte um die evangelische Bewegung zog sich über 18 Monate hin. Erst am 15. April 1521 gab die Universität ihr Urteil gegen die Reformer bekannt. Als Entscheidungshilfe kaufte die Universität 1520 20 Exemplare des Protokolls der Leipziger Disputation zwischen Johann Eck (1486–1543) und Martin Luther, Andreas Karlstadt (1486–1541) und Philipp Melanchthon (1497–1560). Die evangelische Bewegung, die in Deutschland ausgebrochen war, wurde also exakt zu Hamiltons Zeit in Paris intensiv wahrgenommen, eingehend studiert und debattiert. Es ist nicht davon auszugehen, dass Hamilton über das Diskussionsthema in Unkenntnis geblieben ist. Doch von einer Wende von Hamiltons religiösen Ansichten in die evangelische Richtung ist zu dieser Zeit noch nichts bekannt.
Einen ersten Hinweis auf die evangelische Wende Hamiltons gibt seine Flucht von St. Andrews auf den europäischen Kontinent im Frühjahr 1527. Hintergrund für seine Flucht war ein am 17. Juli 1525 verabschiedetes Gesetz des schottischen Parlaments, das die Einfuhr von Büchern, die von dem „Häretiker Luther und seinen Schülern" verfasst waren, verbot.[11] Hamilton wurde als Anhänger der evangeli-

---

[8] Lebensdaten unbekannt.
[9] Vgl. Durkan (wie Anm. 5), 329.
[10] Vgl. Annie I. Dunlop, Acta Facultatis Artium Universitatis Sanctiandree 1413–1588, Edinburgh/London 1964, 346.
[11] Dickson, Source-Book, so zitiert bei Haas (wie Anm. 2), 63.

schen Bewegung identifiziert und ein Inquisitionsverfahren gegen ihn eröffnet. Alesius berichtet, dass ihn seine Verwandtschaft mit dem Königshaus rettete.[12] Der Erzbischof von St. Andrews, James Beaton (1473–1539), war ebenfalls mit Hamilton verwandt. Obwohl er für die Untersuchung der Rechtgläubigkeit Hamiltons verantwortlich war, gab er ihm aus Rücksicht auf Hamiltons Verwandtschaft die Gelegenheit zu fliehen.

Obwohl die ältere Forschung Wittenberg als ersten Fluchtort Hamiltons angibt, hat Rainer Haas (geb. 1941) überzeugend dargelegt, dass Hamilton nicht nach Wittenberg ging, sondern nach Marburg. Die Behauptung älterer Untersuchungen, Hamilton sei nach Wittenberg gegangen, beruht auf einer Äußerung von John Knox (ca.1514–1572) in seiner Geschichte der Reformation in Schottland, die er zwischen 1559 und 1566 schrieb.[13] Doch Knox ist der einzige Historiograph des 16. Jahrhunderts, der von einem Wittenberg-Aufenthalt spricht. Franz Lambert (1487–1530) und Alexander Alesius, die Hamilton besser kannten, wissen nichts von einem Besuch Hamiltons in Wittenberg. Dazu kommt das Schweigen der Reformatoren Wittenbergs darüber.[14]

Wie genau Hamilton nach Marburg kam und wann er dort eintraf, kann nicht mit Gewissheit gesagt werden. In einem Register der Angehörigen der Universität, das 1528 erstellt wurde, steht Patrick Hamilton an der 38. Stelle der Studenten, die 1527 von der Universität aufgenommen wurden. Die Liste ist hierarchisch gegliedert: An erster Stelle stehen die Namen der Professoren, an zweiter Stelle die Namen der Magister und an dritter Stelle die Namen der Studenten. Hamiltons Name ist der einzige unter den Studenten, der den Titel Magister (magister parisiensis) aufweist.[15] Es gibt aber keine Hinweise darauf, dass Hamilton einen Lehrauftrag hatte. Ein gewisser Ruhm wird Hamilton jedoch von John Foxe (1516–1587) zugesprochen, denn in seinem oftmals neu aufgelegten Werk *Actes and Monuments* oder *Book of Martyrs* benennt Foxe ihn als den ersten Angehöriger der Universität, der Disputationsthesen aufgestellt und verteidigt habe: die so genannten *Patrick's Places*.[16] Bei dieser Behauptung stützt sich Foxe auf eine Äußerung von Franz Lambert aus

---

[12] Vgl. Haas (wie Anm. 2), 63.
[13] Vgl. Knox (wie Anm. 1), 12.
[14] Vgl. Haas (wie Anm. 2), 64–67. Haas führt eine Liste der Autoren an, die von einem Wittenberg-Aufenthalt Hamiltons berichten, so wie eine Liste derjenigen, die nichts von einem Wittenberg-Aufenthalt wissen.
[15] Vgl. ebd., 66.
[16] Vgl. ebd., 67.

dem Jahre 1528.¹⁷ Bei dieser Disputation handelte es sich jedoch nicht um eine Disputation im regulären Sinne, sondern um eine Übung, die Lambert in Marburg etablieren wollte: Es sollte jeden Samstagabend in der Gegenwart von Schülern des Pädagogiums eine gelehrte Disputation stattfinden. Die Ersten, die diese Disputation gehalten haben, waren erfahrene Magister.¹⁸ Weshalb ausgerechnet der Schotte Hamilton als erster ausgewählt wurde, erklärt Lambert nicht.

Die originalen, in Latein verfassten Thesen dieser Disputation sind nicht mehr erhalten. Der erste Druck der Thesen erfolgte 1531 in Antwerpen, und zwei weitere Drucke erschienen 1532 und 1534 in London. Die Drucke wurden in die Wege geleitet von John Frith (1503– 1533), der sie während seines Aufenthalts in Marburg im Jahre 1528 ins Englische übersetzt hat.¹⁹ Frith selbst wurde zwei Jahre nach der Veröffentlichung des Werks, am 4. Juli 1533, in London zum Märtyrer.²⁰

Im Herbst 1527 verließ Hamilton Marburg nach nur einem halben Jahr und kehrte nach Schottland auf das Familiengut Kincavill zurück. Kurz nach seiner Rückkehr heiratete Hamilton standesgemäß eine junge Adlige. Die Eheschließung wurde von Alexander Alesius 1554 in seinem Psalmenkommentar erwähnt und ist durch die Buchhaltungsunterlagen des königlichen Schatzmeisters durch die Erwähnung von Hamiltons Tochter indirekt bestätigt.²¹ Dort wird eine Anschaffung für die Hofdame „Isobell Hammiltoun²²", die Tochter des ehemaligen Abts von Fearn, Patrick (Hamilton), angeführt.²³ Ende Januar ging Hamilton nach St. Andrews, wo er immer noch „Magister legens" war, und begann, Vorlesungen zu halten. Da seine Vorlesungen nach seinem Marburger Aufenthalt noch reformatorischer waren – an dieser Stelle sei daran zu erinnern, dass er gerade wegen Häresieverdachts überhaupt erst nach Deutschland geflohen war – wurde man sofort auf ihn aufmerksam. Er wurde verhaftet,

---

[17] Vgl. Franz Lambert, In Sanctam Divi Joannis Exegeseos Apocalypsis libri VII, in Academia Marp. praelecti, Marburg 1528. fol A3b.
[18] Vgl. Haas (wie Anm. 2), 68.
[19] Die ersten zweien Auflagen wurden Friths eigener Schrift angehängt: A disputacio of purgatorye made byx Iohn Frith which is deuided in to three bokes. The first boke is an answere vnto Rastell, which goeth aboute to proue purgatorye by naturall phylosophye. The seconde boke answereth vnto Sir Thomas More, which laboureth to proue purgatorye by scripture. The third boke maketh ansere vnto my lorde of Rochestre which most leaneth vnto the doctures.
[20] Vgl. Augustus Charles Bickley, Art. Frith, John, in: Dictionary of National Biography, 1885–1900, Bd. 20, 278–280, hier 278.
[21] Vgl. Haas (wie Anm, 2), 73.
[22] Lebensdaten unbekannt.
[23] Vgl. ebd.

aber nach einem kurzen Verhör wieder freigelassen. Nach weiteren Vorlesungen wurde er wieder festgenommen. Alexander Alesius bekam den Auftrag, Hamilton zum rechten Glauben zurückzuführen. Alesius' Argumente überzeugten Hamilton aber nicht. Stattdessen wurde Alesius von Hamilton zu evangelischen Ansichten gebracht! Die Gespräche zwischen Hamilton und Alesius erstreckten sich über drei Wochen. Während dieser Zeit war Hamilton frei. Er ergriff die Chance zur Flucht diesmal nicht. Der Bericht von Alesius trägt an dieser Stelle hagiografische Züge: Hamilton schaute entschlossen nach Jerusalem und schritt seinem Schicksal entgegen.[24] Die Geduld und Nachsicht des Erzbischofs James Beaton nahm nun ein Ende. Er beschloss, Hamilton möglichst schnell abzuurteilen. Alesius wurde abgelöst und durch den Dominikaner Alexander Campbell[25] ersetzt. Statt sich um Hamiltons Rückkehr zum rechten Glauben zu bemühen, ging es dem Dominikaner nun um das Sammeln von Beweisen der Heterodoxie Hamiltons. Das Verhör durch Campbell dauerte nur wenige Tage, und am letzten Tag des Monats, am 29. Februar, wurde Hamilton der Prozess gemacht. Er wurde der Häresie für schuldig befunden und noch am selben Tag hingerichtet. Rechtskräftig war das Urteil durch die Anwesenheit eines 13-jährigen Earls – Gilbert, Earl of Cassilis (1515–1558) – der anstelle des abwesenden Königs das Urteil bestätigte.[26]

Die Umstände um die Vollstreckung des Urteils trugen zur Mythenbildung und zum Märtyrerbild bei, denn das Wetter an jenem Tag war sehr schlecht. Hamiltons Familie hatte von dem Verhör Patricks erfahren und eine Rettungsaktion initiiert. Patricks Bruder James[27] seit dem Tod des Vaters im Jahre 1520 Patriarch des Clans – machte sich mit Reitern auf den Weg nach St. Andrews. Der starke Gegenwind hinderte sie jedoch am Überqueren der sehr breiten Förde von Forth. Und selbst wenn sie St. Andrews rechtzeitig erreicht hätten, hätten sie es mit ca. 1.000 Reitern zu tun gehabt, die die Vollstreckung des Urteils sichern sollten.[28]

Die Hinrichtung Patrick Hamiltons fand mittags statt, oder genauer gesagt, begann mittags, denn das schlechte Wetter verhinderte das Anzünden des Feuers. Alesius berichtet, dass Hamilton von 12 Uhr mittags bis 6 Uhr abends im Feuer leiden musste. Er wäre mehr „geröstet als verbrannt" worden. Eine oft zitierte Bemerkung eines Au-

---

[24] Vgl. ebd., 74–76.
[25] Lebensdaten unbekannt.
[26] Vgl. ebd., 81.
[27] Lebensdaten unbekannt.
[28] Vgl. Alesius (wie Anm. 6), 164a.

genzeugen lautet: „Der Gestank von Patrick Hamilton hat so viele Menschen infiziert, wie ihn eingeatmet haben."[29]

Patrick's Places, die Disputationsthesen, die Hamilton 1527 in Marburg aufstellte und verteidigte, wurden dank ihrer Veröffentlichung durch John Frith zum literarischen Denkmal Hamiltons. Sie wurden so eifrig gelesen, dass sie bereits bis 1580 zehn Mal neu aufgelegt wurden. Sie hatten einen enormen Einfluss auf die werdende Reformation Schottlands, weshalb man heute noch in Schottland von einer hamiltonischen Etappe der schottischen Reformation spricht. Die Thesen stellen eine kurze Zusammenfassung der Hauptartikel des jungen evangelischen Glaubens. Sie enthalten keine innerprotestantische Polemik. Kontroverse Themen wie Abendmahl und Taufe kommen in den Thesen gar nicht vor. *Patrick's Places* sind somit etwas wie ein ökumenisch-protestantisches Glaubensbekenntnis, das jeder Reformator unterzeichnen könnte. Die Thesen sind freilich antikatholisch, denn der rote Faden, der sie durchzieht, ist die Unzulänglichkeit der Werkgerechtigkeit der katholischen Kirche für das Seelenheil des Menschen.

John Friths Druck von *Patrick's Places* von 1534 umfasst nur 24 Oktavseiten in groß gesetzter Schrift. Thematisch geht es um die Lehre vom Gesetz, dargestellt anhand der Zehn Gebote, und die Lehre vom Evangelium, die das Werk Christi verkörpert. Der Vergleich zwischen Werkgerechtigkeit und Gerechtigkeit durch Christus wird nur durch eine kurze Ausführung über die Früchte des Glaubens, nämlich die Hoffnung und die Liebe, ergänzt. Das ist alles. Die kurze Schrift stellt also eine Beweisführung über die urevangelische Lehre von der Rechtfertigung durch den Glauben dar. Patrick Hamilton hat diesen Kern der evangelischen Lehre mit seinen *Patrick's Places* nach Schottland gebracht und durch seinen Märtyrertod gestärkt. Deswegen nennt ihn John Knox in seiner monumentalen *History of the Reformation in Scotland* den Stammvater der schottischen Reformation.[30]

---

[29] Knox (wie Anm. 1), Bd. 2, 18: „for the reek of Master Patrick Hamilton has infected as many as it blew upon".
[30] Vgl. ebd., 11.

Diverse fruchtbare Zusammenstellungen der [heiligen] Schrift und Erklärung des Glaubens und der Werke
[Patrick's Places oder Loci communes theologici]

Diese deutsche Übertragung von *Patrick's Places* bezieht sich auf die Auflage von 1534, die in London durch Robert Redman[31] gedruckt wurde. Der Aufbau der Vorlage ist durch Einrückungen im Text und verzierte Majuskeln erkennbar. Um die Struktur des Textes noch deutlicher zu machen, wurde der Text in eine Gliederung gebracht. Eine textkritische Ausgabe der englischen Fassung ist bei Rainer Haas zu finden.[32] Der Stil des ursprünglichen Textes wurde so weit wie möglich beibehalten, was sich folglich in der deutschen Übertragung niederschlägt, und sich besonders auf die Syntax auswirkt. Die Satzstruktur entspricht also nicht der des modernen Deutsch.

1. Vom Gesetz

1.1. Das Gesetz ist eine Lehre, die das Gute befiehlt und das Böse verbietet, wie es seine [Gottes, G. M.] Gebote bestimmen.
1.1.1. Die zehn Gebote[33]
1.1.1.1. Du sollst nur einem Gott dienen.
1.1.1.2. Du sollst dir keine Bildnisse machen, um sie anzubeten.
1.1.1.3. Du sollst in seinem Namen nicht unnütz schwören.
1.1.1.4. Halte den Sabbat heilig.
1.1.1.5. Ehre deinen Vater und deine Mutter.
1.1.1.6. Du sollst nicht töten.
1.1.1.7. Du sollst nicht ehebrechen.
1.1.1.8. Du sollst nicht stehlen.
1.1.1.9. Du sollst kein falsches Zeugnis reden.
1.1.1.10. Du sollst nichts begehren, das deinem Nächsten gehört.
1.2. Obersatz: Wer Gott und seinen Nächsten liebt, hält sämtliche Gebote Gottes.
1.2.1. Du sollst den Herrn, deinen Gott, liebhaben von ganzem Herzen, von ganzer Seele, von allem Vermögen. Dies ist das vornehmste und größte Gebot. Das andere aber ist ihm gleich: Du sollst deinen Nächsten lieben wie dich selbst.

---

[31] Lebensdaten unbekannt.
[32] Vgl. Haas (wie Anm. 2), 145–161.
[33] Es handelt sich bei den Zehn Geboten um eine freie Übersetzung Hamiltons. Die Schriftstellen Ex 20 und Mt 22 werden neben der Aufzählung der 10 Gebote angegeben.

An diesen zwei Geboten hängen das ganze Gesetz und die Propheten. Dtn 6, Mt 22.
1.3. Untersatz: Wer Gott liebt, der liebt seinen Nächsten.
1.3.1. So jemand spricht: Ich liebe Gott, und hasst seinen Bruder, der ist ein Lügner. Denn wer seinen Bruder nicht liebt, den er sieht, wie kann er Gott lieben, den er nicht sieht? 1 Joh 4.
1.4. Konklusion: Wer seinen Nächsten wie sich selbst liebt, der hält sämtliche Gebote Gottes.
1.4.1. Alles nun, was ihr wollt, dass euch die Leute tun sollen, das tut ihnen auch!. Mt 7.
1.4.2. Denn dies ist das Gesetz und die Propheten. Wer seinen Nächsten liebt, der erfüllt das Gesetz. Du sollst nicht ehebrechen. Du sollst nicht töten. Du sollst nicht stehlen. Du sollst kein falsches Zeugnis reden. Du sollst nicht begehren, und so weiter. Wenn es irgendein anderes Gebot [gibt, G. M.], alle sind in diesem Sprichwort enthalten: Liebe deinen Nächsten wie dich selbst. Das ganze Gesetz ist in einem Wort erfüllt, das ist: Liebe deinen Nächsten wie dich selbst. Röm 13, Gal 5.
1.5. Obersatz: Wer Gott liebt, hält alle Gebote.
1.5.1. Wer seinen Nächsten liebt, hält sämtliche Gebote Gottes, Röm 13. Gal 5, und wer Gott liebt, liebt seinen Nächsten. 1 Joh 4. Also, wer Gott liebt, hält alle seiner Gebote.
1.6. Untersatz: Wer den Glauben hat, liebt Gott.
1.6.1. Mein Vater liebt Euch, denn Ihr liebt mich und glaubt, dass ich von Gott komme. Joh 16.
1.7. Konklusion: Wer den Glauben hat hält alle Gebote Gottes.
1.7.1. Wer den Glauben hat liebt Gott, und wer Gott liebt hält alle seiner Gebote: also wer den Glauben hat hält alle Gebote Gottes.
1.8. Wer ein Gebot Gottes hält, hält alle [Gebote, G. M.].
1.8.1. Denn ohne den Glauben ist es unmöglich irgendwelche von den Geboten Gottes zu halten, und wer den Glauben hat hält alle Gebote Gottes, also wer ein Gebot Gottes hält, hält alle. Hebr 11.
1.9. Wer nicht alle Gebote Gottes hält, hält keins von ihnen.
1.9.1. Wer ein Gebot Gottes hält, hält alle, also wer nicht alle Gebote Gottes hält, hält keins von ihnen.
1.10. Es steht nicht in unserer Macht irgendeins von den Geboten Gottes zu halten.
1.10.1. Ohne Gnade ist es unmöglich irgendeins von den Geboten Gottes zu halten, und Gnade steht nicht in unserer Macht, also es steht nicht in unserer Macht irgendeins von den Ge-

boten Gottes zu halten. Gleichermaßen magst Du hinsichtlich des Heiligen Geists und des Glaubens schlussfolgern.
1.11. Das Gesetz wurde gegeben um uns unsere Sünde zu zeigen.
1.11.1. Durch das Gesetz kommt die Kenntnis der Sünde. Röm 3
1.11.2. Ich wusste nicht was Sünde bedeutete, außer durch das Gesetz. Röm 7.
1.11.3. Ich wusste nicht was die Begierde war, außer das Gesetz sagte, du sollst nicht begehren.
1.11.4. Ohne das Gesetz, war die Sünde tot. Das heißt, sie bewegte mich nicht, noch wusste ich, dass es Sünde war, welches nichtsdestotrotz Sünde war und durch das Gesetz verboten war.
1.12. Das Gesetz befiehlt uns Dinge zu tun, die für uns unmöglich sind.
1.12.1. Denn es befiehlt uns die Gebote Gottes zu halten, dennoch steht es nicht in unsrer Macht irgendeins von ihnen zu halten, also befiehlt es uns etwas zu tun, dass für uns unmöglich ist. Du wirst sagen, wozu befiehlt uns Gott zu tun, was für uns unmöglich ist? Ich antworte: Um dich wissend zu machen, dass du bloß böse bist, und dass es in deinen eigenen Händen keine Abhilfe gibt dich zu retten, und dass du eine andere Abhilfe suchen mögest. Denn das Gesetz tut nichts als dir zu befehlen.

2. Vom Evangelium[34]

2.1. „Evangelium" heißt in unserer Zunge so viel wie gute Nachrichten. Zu ihnen zählen:
2.1.1. Christus ist der Erlöser der Welt. Joh 4.
2.1.2. Christus ist unser Erlöser. Lk 2.
2.1.3. Christus ist für uns gestorben. Röm 5.
2.1.4. Christus ist für unsere Sünden gestorben. Röm 4.
2.1.5. Christus hat uns mit seinem Blut erkauft. 1 Petr 1.
2.1.6. Christus hat uns mit seinem Blut gewaschen. Offb 1.
2.1.7. Christus hat sich für uns geopfert. Hebr 7. 9.
2.1.8. Christus trug unsere Sünden auf seinem Rücken. Jes 5.[35] 1 Petr 2.
2.1.9. Christus ist in diese Welt gekommen um Sündiger zu retten. 1 Tim 1.

---

[34] Ab den Abschnitt über das Evangelium verzichtet der Text auf die Überschrift „Major, Minor und Conclusio[n]". Nichtsdestotrotz behält der Text den Charakter und Struktur einer Disputation bei.
[35] Es müsste Jes 3 heißen.

Patrick Hamilton (1504–1528) 141

2.1.10. Christus ist in diese Welt gekommen um unsere Sünden wegzunehmen. 1 Joh 22.[36]
2.1.11. Christus war der Preis, der für uns und unsere Sünden bezahlt wurde. 1 Tim 2, Gen 5
2.1.12. Christus wurde für uns zum Schuldner gemacht. Thess 5.[37]
2.1.13. Christus hat unsere Schulden bezahlt, denn er ist für uns gestorben. 1 Kor 1.
2.1.14. Christus hat für uns und unsere Sünden Genugtuung gegeben.
2.1.15. Christus ist unsere Gerechtigkeit.
2.1.16. Christus ist unsere Genugtuung.
2.1.17. Christus ist unsere Erlösung.
2.1.18. Christus hat den Vater des Himmels beschwichtigt.
2.1.19. Christus ist unser und alle sind seine. Röm 8.
2.1.20. Christus hat uns vom Gesetz, vom Teufel und von der Hölle befreit.
2.1.21. Der Vater des Himmels hat uns unsere Sünden um Christi willen vergeben. Oder jede solche, die uns die Barmherzigkeit Gottes verkünden.

3. Die Beschaffenheit des Gesetztes und des Evangeliums

3.1. Das Gesetz zeigt uns unsere Sünde.
3.2. Das Evangelium zeigt uns das Heilmittel dafür.
3.3. Das Gesetz zeigt uns unsere Verurteilung.
3.4. Das Evangelium zeigt uns unsere Erlösung.
3.5. Das Gesetz ist das Wort des Zorns.
3.6. Das Evangelium ist das Wort der Gnade.
3.7. Das Gesetz ist das Wort der Verzweiflung.
3.8. Das Evangelium ist das Wort des Trosts.
3.9. Das Gesetz ist das Wort der Unruhe.
3.10. Das Evangelium ist das Wort des Friedens.

4. Eine Disputation zwischen dem Gesetz und dem Evangelium

4.1. Das Gesetz sagt, zahle deine Schuld.
4.2. Das Evangelium sagt, Christus hat sie bezahlt.
4.3. Das Gesetz sagt, du bist ein Sünder, verzweifele und du wirst verdammt sein.
4.4. Das Evangelium sagt, deine Sünden sind dir vergeben. Sei getröstet, du wirst erlöst werden.

---

[36] Falsche Angabe, evt. 1 Joh 2,2 gemeint.
[37] Falsche Angabe.

4.5. Das Gesetz sagt, leiste Genugtuung für deine Sünden.
4.6. Das Evangelium sagt, Christus hat sie für dich geleistet.
4.7. Das Gesetz sagt, der Vater des Himmels ist zornig mit dir.
4.8. Das Evangelium sagt, Christus hat ihn mit seinem Blut besänftigt.
4.9. Das Gesetz sagt, wo ist deine Gerechtigkeit, Güte und Genugtuung?
4.10. Das Evangelium sagt, Christus ist deine Gerechtigkeit, deine Güte und deine Genugtuung.
4.11. Das Gesetz sagt, du bist mir, dem Teufel und der Hölle gebunden und verpflichtet.
4.12. Das Evangelium sagt, Christus hat mich von allen denen erlöst.

5. Vom Glauben

5.1. Glauben heißt, Gott zu glauben wie Abraham Gott glaubte, und es wurde ihm zur Gerechtigkeit gerechnet. Gen 15.
5.2. Wer Gott glaubt, glaubt seinem Wort.
5.2.1. Jemand zu glauben heißt sein Wort zu glauben und was er sagt für wahr zu halten.
5.3. Wer Gottes Wort nicht glaubt, glaubt Gott selbst nicht.
5.3.1. Wer Gottes Wort nicht glaubt, hält ihn für falsch und für einen Lügner und glaubt nicht, dass er sein Wort erfüllen möge und wolle; und so leugnet er sowohl die Macht Gottes wie Gott selbst. 1 Joh 5.
5.4. Der Glaube ist ein Geschenk Gottes.
5.4.1. Alle guten Dinge sind Geschenke Gottes. Der Glaube ist gut, also ist der Glaube ein Geschenk Gottes. Jak 1.
5.5. Der Glaube steht nicht in unserer Macht.
5.5.1. Das Geschenk Gottes steht nicht in unserer Macht, der Glaube ist ein Geschenk Gottes, also der Glaube steht nicht in unserer Macht.
5.6. Ohne Glauben es ist unmöglich, Gott zu gefallen.
5.6.1. Alles, das nicht vom Glauben kommt, ist Sünde, denn ohne den Glauben kann man Gott nicht gefallen. Außerdem, wem Glauben mangelt vertraut Gott nicht. Wer Gott nicht vertraut, vertraut seinem Wort nicht. Wer seinem Wort nicht vertraut hält ihn für falsch und für einen Lügner. Wer ihn für falsch und einen Lügner hält glaubt nicht, dass er tun möge, was er versprochen hat. Und so leugnet er, dass er Gott ist. Und wie kann ein solcher Mensch ihm gefallen? Es gibt keinen Weg, selbst wenn er alle Taten täte, die je

Patrick Hamilton (1504–1528) 143

        von den Menschen oder von den Engeln getan worden sind. Röm 14, Hebr 11.
5.7. Alles, was im Glauben geschieht, gefällt Gott.
5.7.1. Recht ist das Wort Gottes und alle seine Werke im Glauben. Herr, deine Augen schauen nach dem Glauben, das heißt Herr, du freust dich an dem Glauben.
5.7.2. Gott liebt ihn, der an ihn glaubt. Wie können sie ihm dann missfallen?
5.7.3. Wer den Glauben hat ist gerecht und gut, und ein guter Baum trägt gute Frucht. Also alles, was im Glauben geschieht, gefällt Gott. Außerdem, wer den Glauben hat, glaubt Gott. Wer Gott glaubt, glaubt sein Wort. Wer seinem Wort glaubt, weiß wohl, dass er wahrhaftig und treu ist und vermag nicht zu lügen. Aber wohl wissend, dass er sein Wort erfüllen kann und wird, wie kann er ihm dann missfallen? Denn du kannst Gott keine größere Ehre tun als ihn für wahrhaftig zu halten. Du wirst denn sagen, dass Diebstahl, Mord, Ehebruch und alle Laster Gott gefallen. Keinesfalls! Denn sie können nicht im Glauben geschehen, denn ein guter Baum trägt gute Frucht.
5.7.4. Wer den Glauben hat weiß wohl, dass er Gott gefällt.
5.7.4.1. Denn alles, was im Glauben geschieht, gefällt Gott.
5.8. Der Glaube ist eine Gewissheit.
5.8.1. Der Glaube ist eine sichere Zuversicht auf Dinge, die wir erhoffen, und die Gewissheit über Dinge, die wir nicht sehen. Hebr 11.
5.8.2. Der gleiche Geist bestätigt unserem Geist, dass wir die Kinder Gottes sind. Außerdem, wer den Glauben hat weiß wohl, dass Gott sein Wort erfüllen wird, also ist der Glaube eine Gewissheit. Röm 8.
5.9. Der Mensch wird durch den Glauben gerechtfertigt.
5.9.1. Abraham glaubte Gott, und es wurde ihm zur Gerechtigkeit gerechnet. Gen 15.
5.9.2. Wir setzen also voraus, dass der Mensch durch den Glauben gerechtfertigt wird, ohne die Taten des Gesetzes. Röm 3.
5.9.3. Wer nicht arbeitet, sondern an ihn glaubt der die Gottlosen rechtfertigt, dessen Glaube wird ihm zur Gerechtigkeit gerechnet. Röm 4.
5.9.4. Der gerechte Mensch lebt durch seinen Glauben. Hab 2, Röm 1. Wir wissen, dass ein Mensch durch die Taten des Gesetzes nicht gerechtfertigt wird, sondern durch den Glauben an Jesus Christus. Und wir glauben an Jesus Christus, so dass wir durch den Glauben an Christus ge-

rechtfertigt sein mögen, und nicht durch die Taten des Gesetzes. Hab 2, Gal 2.
5.10. Vom Glauben an Christus
5.10.1. Der Glaube an Christus heißt an ihn glauben, das heißt sein Wort glauben und glauben, dass er dir in allen deinen Nöten helfen wird und dich von dem Bösen erlösen wird. Du wirst mich fragen: Welches Wort? Ich antworte: Das Evangelium.
5.11. Wer an Christus glaubt wird gerettet werden.
5.11.1. Wer dem Sohn glaubt, der hat das ewige Leben. Joh 2. Wahrlich, wahrlich ich sage euch: Wer an mich glaubt, der hat das ewige Leben. Joh 6.
5.11.2. Solches habe ich euch geschrieben, die ihr glaubet an den Namen des Sohnes Gottes, auf dass ihr wisset, dass ihr das ewige Leben habt. 1 Joh 5.
5.11.3. Dieweil du mich gesehen hast, Thomas, glaubest du. Selig sind, die nicht sehen und doch an mich glauben! Joh 20.
5.11.4. Von diesem zeugen alle Propheten, dass durch seinen Namen alle, die an ihn glauben, Vergebung der Sünden empfangen sollen. Was soll ich tun, damit ich gerettet werde? Die Apostel antworteten: Glaube an den HERRN[38] Jesus Christus und du wirst gerettet werden! Apg 16. Denn so du mit deinem Munde bekennst, dass Jesus der HERR sei, und glaubst in deinem Herzen, dass ihn Gott von den Toten auferweckt hat, so wirst du gerettet werden. Röm 10.
5.12. Wer in Christus nicht glaubt wird verdammt werden.
5.12.1. Wer nicht glaubt, der wird verdammt werden Mk 16.
5.12.2. Wer dem Sohn nicht glaubt wird nie das Leben sehen, sondern der Zorn Gottes erwartet ihn. Joh 2. Der Heilige Geist wird die Welt wegen ihrer Sünden verurteilen, weil sie nicht an mich glaubt.
5.13. Diejenigen, die an Jesus Christus glauben sind die Söhne Gottes.
5.13.1. Ihr seid die Söhne Gottes weil ihr an Jesus Christus glaubt. Gal 3.
5.14. Wer glaubt, dass Christus der Sohn Gottes ist, ist gerettet.
5.14.1. Petrus sagte, Du bist Christus, des lebendigen Gottes Sohn! Und Jesus antwortete und sprach zu ihm: Selig bist du, Simon, Jonas Sohn; denn Fleisch und Blut haben dir das nicht offenbart, sondern mein Vater im Himmel. Mt 16.
5.14.2. Wir haben geglaubt und erkannt, Du bist Christus, der Sohn des lebendigen Gottes. Joh 6. Ich glaube, dass du der Chris-

---

[38] Im Original: lorde.

tus bist, der Sohn Gottes, der in die Welt gekommen ist. Joh 11. Dieses aber sind geschrieben, damit ihr glaubt, dass Jesus der Christus ist, der Sohn Gottes, und damit ihr durch den Glauben das Leben haben möget. Joh 20.
5.14.3. Ich glaube, dass Jesus der Sohn Gottes ist. Apg 8.
5.15. Wer Gott glaubt, glaubt das Evangelium.
5.15.1. Wer Gott glaubt, glaubt sein Wort und das Evangelium ist sein Wort, darum: wer Gott glaubt, glaubt das Evangelium. Wie:
5.15.1.1. Christus ist der Erlöser der Welt, Christus ist unser Erlöser. Joh.4.
5.15.1.2. Christus hat uns mit seinem Blut erkauft.
5.15.1.3. Christus hat uns mit seinem Blut gewaschen. Apg 1.
5.15.1.4. Christus hat sich selbst für uns geopfert. Hebr 7.8.
5.15.1.5. Christus hat unsere Sünden auf seinem eigenen Rücken getragen, 1 Petr 2.
etc.
5.16. Wer dem Evangelium nicht glaubt, glaubt Gott nicht.
5.16.1. Wer Gottes Wort nicht glaubt, glaubt ihm selbst nicht, und das Evangelium ist Gottes Wort, also wer dem Evangelium nicht glaubt, glaubt Gott selbst nicht, und demzufolge diejenigen, die das oben geschriebene nicht glauben und ähnliches, glauben Gott nicht.
5.17. Wer dem Evangelium glaubt wird gerettet werden.
5.17.1. Gehet hin in alle Welt und predigt das Evangelium allen Kreaturen. Wer da glaubt und getauft wird, der wird selig werden; wer aber nicht glaubt, der wird verdammt werden. Mk 16.
5.18. Ein Vergleich zwischen Glaube und Untreue oder Ungläubigkeit.
5.18.1. Der Glaube ist die Wurzel alles Guten.
5.18.2. Die Ungläubigkeit ist die Wurzel alles Bösen.
5.18.3. Der Glaube macht Gott und Mensch zu guten Freunden.
5.18.4. Die Ungläubigkeit macht sie zu Feinden.
5.18.5. Der Glaube bringt Gott und Mensch zusammen.
5.18.6. Die Ungläubigkeit entzweit sie.
5.18.7. All der Glaube gefällt Gott.
5.18.8. All die Ungläubigkeit missfällt Gott.
5.18.9. Der Glaube allein macht einen Menschen gut und gerecht.
5.18.10. Die Ungläubigkeit allein macht ihn ungerecht und böse.
5.18.11. Der Glaube allein macht einen Menschen zum Glied Christi.
5.18.12. Die Ungläubigkeit macht ihn zum Glied des Teufels.

5.18.13. Der Glaube macht einen Menschen zum Erben des Himmels.
5.18.14. Die Ungläubigkeit macht ihn zum Erben der Hölle.
5.18.15. Der Glaube macht einen Menschen zum Diener Gottes.
5.18.16. Die Ungläubigkeit macht ihn zum Diener des Teufels.
5.18.17. Der Glaube zeigt uns Gott als süßen Vater.
5.18.18. Die Ungläubigkeit zeigt ihn als schrecklichen Richter.
5.18.19. Der Glaube haftet fest an dem Wort Gottes.
5.18.20. Die Ungläubigkeit schwankt hin und her.
5.18.21. Der Glaube rechnet und hält Gott als treu.
5.18.22. Die Ungläubigkeit hält ihn für falsch und einen Lügner.
5.18.23. Der Glaube kennt Gott.
5.18.24. Die Ungläubigkeit kennt ihn nicht.
5.18.25. Der Glaube liebt sowohl Gott wie seinen Nächsten.
5.18.26. Die Ungläubigkeit liebt weder [Gott] noch [ihren Nächsten].
5.18.27. Der Glaube allein rettet uns.
5.18.28. Die Ungläubigkeit allein verdammt uns.
5.18.29. Der Glaube rühmt Gott und seine Taten.
5.18.30. Die Ungläubigkeit rühmt sich selbst und ihre eigenen Taten.

6. Von der Hoffnung

6.1. Die Hoffnung ist das vertrauensvolle Trachten nach den Dingen, die uns versprochen sind, während wir auf die ewige Freude hoffen, die Christus allen versprochen hat, die an ihn glauben.
6.2. Wir sollten unsere Hoffnung und Vertrauen in Gott allein setzen und in keine anderen Dinge.
6.2.1. Es ist gut auf Gott Vertrauen zu setzen und nicht in Menschen. Wer auf sein eigenes Herz Vertrauen setzt, ist ein Narr.
6.2.2. Es ist gut auf Gott Vertrauen zu setzen und nicht in Fürsten. Ps 117.
6.2.3. Sie werden wie die Bilder, die sie machen, sein, und alle, die auf sie Vertrauen setzen. Ps 113.
6.2.4. Wer auf seine eigenen Gedanken Vertrauen setzt, ist gottlos. Koh 12.
6.2.5. Verflucht sei derjenige, der auf den Menschen Vertrauen setzt. Bitte die reichen Menschen dieser Welt, dass sie nicht auf deren vergängliche Reichtümer Vertrauen setzen, sondern Vertrauen auf den lebendigen Gott. Jer 17. Es ist schwierig für die, die auf Geld Vertrauen setzen in das Kö-

nigreich des Himmels einzutreten. Außerdem sollten wir unser Vertrauen auf ihn allein setzen, der uns helfen mag. Gott allein mag uns helfen, also sollten wir nur auf ihn Vertrauen setzen. Wohl sind diejenigen, die ihr Vertrauen auf Gott setzen, und wehe sind diejenigen, die ihr Vertrauen nicht auf ihn setzen. Mt 10.

6.2.6. Wohl ist der Mensch, der Vertrauen auf Gott setzt, denn Gott wird sein Vertrauen sein. Jer 17.

6.2.7. Wer auf ihn Vertrauen setzt wird die Wahrheit verstehen. Sie werden alle jauchzen, die auf dich vertrauen. Sie werden ewiglich froh sein und du wirst sie schützen. Weish. 3, Ps 5.

7. Von der Liebe[39]

7.1. Caritas[40] ist die Liebe deines Nächsten. Die Regel der Liebe ist diese: Tue anderen wie Du von anderen getan haben willst. Denn die Liebe hält alle gleich, ob reich oder arm, ob Freund oder Feind, ob dankbar oder undankbar, ob Verwandter oder Fremder.

7.2. Ein Vergleich zwischen dem Glauben, der Hoffnung und der Liebe.

7.2.1. Der Glaube kommt vom Wort Gottes, die Hoffnung kommt vom Glauben und die Liebe entspringt aus den beiden.

7.2.2. Der Glaube glaubt das Wort. Die Hoffnung setzt Vertrauen auf das, was das Wort verspricht. Die Caritas tut ihren Nächsten Gutes durch die Liebe, die sie zu Gott hat und durch die Freude, die sie in sich hat. Der Glaube trachtet nach Gott und seinem Wort. Die Hoffnung trachtet nach seinen Gaben und Ehre. Die Liebe trachtet nach dem Nutzen ihres Nächsten. Der Glaube empfängt Gott. Die Hoffnung empfängt seine Gaben. Die Liebe liebt ihren Nächsten mit einem frohen Herzen, und zwar ohne jegliche Ausschau nach Belohnung. Der Glaube gehört Gott allein, die Hoffnung seiner Ehre, und die Liebe ihrem Nächsten.

8. Von den Werken

8.1. Keine Art und Weise von Werken macht uns gerecht. Wir glauben, ein Mensch wird ohne Werke gerechtfertigt. Kein Mensch wird durch die Taten des Gesetzes gerechtfertigt, son-

---

[39] Original: Charyte [sic!].
[40] S. Anm. 6.

dern durch den Glauben an Jesu Christi. Und wir glauben an Jesus Christus, dass wir gerechtfertigt mögen durch den Glauben an Jesu Christi und nicht durch die Taten des Gesetzes. Gal 2. Wenn Gerechtigkeit durch das Gesetz gekommen wäre, ist Christus umsonst gestorben. Gal 2. Es ist offenkundig, dass kein Mensch durch das Gesetz gerechtfertigt wird, denn ein rechtschaffener Mensch lebt durch seinen Glauben, aber das Gesetz ist nicht des Glaubens. Gal 3. Darüber hinaus, weil Christus der Schöpfer des Himmels und der Erden und allem [was, G. M.] darin ist musste [er, G. M.] für uns sterben, wir sind gezwungen zuzugestehen, dass wir so tief ertrunken und in Sünde gesunken waren, dass weder unsere Taten noch sämtliche Schätze, die Gott je erschaffen hat oder erschaffen möge, uns aus ihnen [unseren Sünden, G. M.] hätten helfen können. Also können uns keine Taten oder Werke gerecht machen.

8.2. Keine Werke machen uns ungerecht.
8.2.1. Denn wenn irgendwelche Werke uns ungerecht machen würden, dann sollten die gegensätzlichen Werke uns gerecht machen. Aber es ist bewiesen, dass uns keine Werke gerecht machen können, also machen uns keine Werke ungerecht.
8.3. Werke machen uns weder gut noch böse.
8.3.1. Es ist bewiesen, dass keine Werke uns entweder gerecht oder ungerecht machen, also machen uns keine Werke entweder gut oder böse. Denn gerecht und gut sind eine Sache und ungerecht und böse sind gleichermaßen eine [andere Sache, G. M.].
8.4. Weder machen gute Werke einen guten Menschen noch machen böse Werke einen bösen Menschen, sondern ein guter Mensch tut gute Werke und ein böser Mensch böse Werke.
8.4.1. Gute Frucht macht den Baum nicht gut, noch macht böse Frucht den Baum böse, sondern ein guter Baum trägt gute Frucht und ein böser Baum böse Frucht.
8.4.2. Ein guter Mensch kann böse Werke nicht tun, noch kann ein böser Mensch gute Werke tun, denn ein guter Baum kann keine böse Frucht tragen noch ein böser Baum gute Frucht.
8.4.3. Ein Mensch ist gut bevor er gute Werke tut und böse bevor er böse Werke tut, denn der Baum ist gut bevor er gute Frucht trägt und böse bevor er böse Frucht trägt.
8.5. Jeder Mensch ist entweder gut oder böse.
8.5.1. Jeder Baum ist entweder gut oder böse. Entweder macht ihr den Baum gut und die Frucht auch gut, oder aber macht ihr den Baum böse und dessen Frucht ebenfalls böse.

8.6. Jedes Menschen Werke sind entweder gut oder böse.
8.6.1. Denn alle Fruchtbäume sind entweder gut oder böse. Entweder macht ihr den Baum gut und die Frucht auch gut, oder aber macht ihr den Baum böse und dessen Frucht ebenfalls böse. Ein guter Mensch wird an seinen Werken erkannt, denn ein guter Mensch tut gute Werke und ein Böser böse Werke. Mt 7. Ihr werdet sie an ihren Früchten erkennen, denn ein guter Baum trägt gute Frucht und ein böser Baum böse Frucht.
8.7. Ein Mensch wird mit dem Baum und seine Werke mit der Frucht des Baums verglichen.
8.7.1. Seht euch vor den falschen Propheten vor, die in Schafskleidern zu euch kommen, inwendig aber sind sie reißende Wölfe. An ihren Früchten sollt ihr sie erkennen.
8.8. Keines unserer Werke rettet uns noch verdammt uns.
8.8.1. Es ist bewiesen, dass Werke uns weder gerecht noch ungerecht, gut oder böse machen, sondern wir sind zuerst gut bevor wir gute Werte tun und böse bevor wir böse Werke tun, also keine Werke können uns retten oder verdammen. Du wirst sagen, dann macht es nichts was wir tun. Ich antworte, ja. Denn wenn du Böses tust, ist das ein sicherer Beweis, dass du böse bist, und den Glauben nicht hast. Wenn du Gutes tust, ist das ein Beweis, dass du gut bist und den Glauben hast. Denn ein guter Baum trägt gute Frucht und ein böser Baum böse Frucht, dennoch gute Frucht macht den Baum nicht gut, noch macht böse Frucht den Baum böse, so ist der Mensch gut, bevor er gute Taten tut oder böse bevor er böse Taten tut. Der Mensch ist der Baum. Seine Werke sind die Frucht. Der Glaube macht den guten Baum und Ungläubigkeit den bösen Baum: solch einen Baum, solch eine Frucht, solch einen Menschen, solche Werke. Denn alles, was im Glauben geschieht, gefällt Gott und sind gute Werke. Und alles, was ohne den Glauben geschieht, missfällt Gott und sind böse Werke.
8.9. Wer glaubt oder denkt gerettet zu sein, dessen Werke leugnen Christus als seinen Retter, dass Christus für ihn gestorben ist, und alle Dinge, die Christus betreffen.
8.9.1. Denn wie ist er dein Erlöser, wenn du dich selbst durch deine Werke retten magst? Oder wozu sollte er für dich sterben, wenn irgendwelche Werke dich hätten retten können? Was bedeutet es zu sagen, Christus ist für dich gestorben? Wahrlich es heißt du hättest unendlich sterben sollen, und Christus, um dich vor jenem Tod zu erlösen, starb für dich und verwandelte deinen unendlichen Tod in

seinen eigenen Tod. Denn du machtest den Fehler, und er erlitt die Pein, und das wegen der Liebe, die er für dich hatte, bevor du geboren wurdest, als du weder Gutes noch Böses getan hattest. Nun weil er deine Schuld bezahlt hat, brauchst du [sie, G. M.] nicht [bezahlen, G. M.]: Nein, du kannst nicht, sondern sollest verdammt sein, wenn sein Blut nicht wäre. Aber weil er für dich bestraft wurde, sollst du nicht bestraft werden. Schließlich, er hat dich von deiner Verdammung und allem Bösen erlöst, und wünscht nichts, als dass du anerkennen wirst, was er für dich getan hat und es nicht vergisst, und dass du anderen um seinetwillen helfen wirst, in Wort und Tat, ebenso wie er dir selbstlos und ohne Belohnung geholfen hat. O wie bereit wären wir einander zu helfen, wenn wir seine Güte und Sanftmut für uns kennen würden. Er ist ein guter und sanftmütiger Herr, denn er tut alles für nichts. Ich flehe dich an, lasst uns dessen Fußstapfen folgen, den die ganze Welt loben und verehren sollte. Amen.

8.10. Derjenige, der denkt durch seine Werke gerettet zu sein, nennt sich selbst Christus.

8.10.1. Denn er nennt sich selbst sein Erlöser, was allein für Christus gilt. Was ist ein Erlöser, außer der der rettet? Und er sagt, ich rette mich selbst, welches so viel sagt wie: Ich bin Christus, denn Christus allein ist der Retter der Welt.

8.11. Wir sollten keine guten Werke mit der Absicht tun, das Erbe des Himmels zu erlangen oder Vergebung der Sünden.

8.11.1. Wer glaubt das Erbe des Himmels oder Vergebung der Sünden durch Werke zu erlangen, er glaubt nicht diesum Christi willen zu bekommen. Und diejenigen, die nicht glauben, dass ihnen ihre Sünden vergeben sind, und dass sie um Christi willen gerettet werden, sie glauben das Evangelium nicht. Denn das Evangelium sagt, du wirst um Christi willen gerettet werden. Deine Sünden sind um Christi willen vergeben. Derjenige, der das Evangelium nicht glaubt, glaubt Gott nicht. Daraus folgt, dass sie, die durch ihre eigenen Werke gerettet zu sein glauben, oder Vergebung ihrer Sünden durch ihre eigenen Taten zu erlangen, glauben Gott nicht. Sondern [sie, G. M.] betrachten ihn als einen Lügner, und verleugnen so völlig, dass er Gott ist. Du wirst sagen, sollten wir dann keine guten Werke tun? Ich sage, nicht so, aber ich sage, wir sollten keine gute Werke tun mit der Absicht das Erbe des Himmels oder Vergebung der Sünden zu erlangen. Denn wenn wir glauben das Erbe des Himmels durch gute Werke zu erlangen, dann glauben wir nicht, dass wir es durch die Verheißung Gottes bekommen. Wenn wir denken, wir erlangen Vergebung unserer Sünden, dann glauben wir nicht, dass sie uns vergeben sind, und so rechnen wir Gott unter die Lügner. Denn Gott sagt, du wirst das Erbe des Himmels um meines Sohnes willen haben. Deine Sünden sind dir um meines Sohnes willen vergeben. Und Du sagst, es ist nicht so, sondern ich will es durch meine Werke erwerben? So verurteile ich gute Taten nicht, sondern ich verurteile das falsche Vertrauen in irgendwelche Werke, denn alle Werke, auf die ein Mensch seine Zuversicht setzt, sind dadurch vergiftet und werden böse. Somit tue gute Werke, aber sieh dich vor, dass du sie nicht tust, um irgendwas Gutes durch sie zu erlangen. Denn wenn du es tust, bekommst du das Gute nicht als das Geschenk Gottes, sondern als dir geschuldet, und machst dich selbst als einen Gleichgestellten mit Gott, weil du nichts von ihm unentgeltlich annehmen willst. Was braucht er von deinen Sachen, der alle Dinge gibt und nicht ärmer wird? Daher tue nichts für ihn, sondern nimm von ihm, denn er ist ein sanftmütiger Herr, und mit einem fröhlichen Willen gibt er uns alles, was wir brauchen, denn wir nehmen es von ihm. Daher wenn es uns an etwas mangelt, lasst uns uns selbst tadeln. Dränge nicht nach dem Erbe des Himmels durch die Einbildung von deinen guten Werken, denn wenn du es tust, rechnest du dich selbst heilig und ihm gleich, denn du willst nichts von ihm umsonst nehmen, und so sollst du fallen wie Lucifer wegen seines Hochmuts fiel. Finis.

Erinnerung als Verehrung oder Anbetung?
Die Religionskritik Karl Barths als Schlüssel zu einer relationalen Unterscheidung

von Raphaela J. Meyer zu Hörste-Bührer

„Erinnert. Verdrängt. Verehrt. Was ist den Reformierten heilig?". Als systematische Theologin lese ich in diesem Thema die Fragen: Ist Erinnerung gleich Verehrung? Bedeutet Verehrung, etwas als „heilig" anzusehen? Wieviel Verehrung kann einer Erinnerung oder dem Sinnbild einer Erinnerung – aus reformierter Sicht – legitimer Weise zukommen? Wann ist hier Vorsicht – und möglicherweise: Kritik – angebracht?

Meine – in Anlehnung an die Religionskritik Karl Barths[1] (1886–1968) formulierte – These dazu lautet: Erinnerung ist tatsächlich heilig. Sie ist es genau *dann und nur insofern*, als sie an „den Heiligen", also an Gott selbst erinnert bzw. auf ihn hinweist. Noch genauer gesagt: Sie ist es dann, wenn sie von Gott selbst „geheiligt" wird, denn gerade dann kann sie zum Hinweis auf ihn werden. Sobald sie aber zum Selbstwert wird, läuft sie Gefahr, zum Götzen zu werden.

Ehe ich dies theoretisch entfalte, möchte ich mit einem etwas anschaulicheren Beispiel beginnen, nämlich mit einem Ausschnitt aus der narrativen Interpretation der Gideongeschichte des Hörspielregisseurs und Publizisten Hanno Herzler[2] (geb. 1961).

1. Gideon: Gefahr der Verehrung von Erinnerungsstützen

In Ri 6–8 wird die Geschichte von Gideon erzählt, der – nach einigen Diskussionen mit Gott – Israel in die Schlacht führt und vor der Bedrängung durch die Midianiter rettet. Als guter – geradezu schon reformierter – Theokrat weist Gideon dann das Königtum zurück, das ihm aufgrund seiner Taten angeboten wird (Ri 8,22–23). Doch dann nimmt die Geschichte eine merkwürdige Wendung: Gideon lässt aus den goldenen Ringen der Kriegsbeute einen „Ephod" gießen und stellt ihn in Ofra auf. Ri 8,27 bemerkt schon fast lapidar: „Und ganz Israel trieb dort mit ihm Abgötterei. Und er wurde Gideon und seinem Hause zum Fallstrick." Der biblische Text gibt hier keine

---

[1] Dabei soll Barth hier mitnichten als ein „Heiliger" verstanden werden.
[2] Vgl. Hanno Herzler, Fackeln in der Nacht. Die Geschichte von Gideon, Wuppertal/Kassel 1994.

Begründung für Gideons Tun.[3] Hanno Herzler gibt in seinem Hörspiel *Fackeln in der Nacht* (früher unter dem Titel: *Feuer am Mittag*) eine Deutung. Gideon erzählt seinem jüngsten Sohn, Jotam, die Ereignisse und berichtet: „Der Feldzug war erfolgreich. Doch dann geschah etwas Merkwürdiges: Je klarer der Sieg wurde – je einfacher also die Zukunft sich vor mir ausbreitete, desto stärker fühlte ich mich, und desto fester nahm ich die Zügel wieder selbst in die Hand. [...] Bis Gott plötzlich weg war [...]. Erst zu Hause, im gewöhnlichen Leben fiel mir das auf: In meiner Seele war ein Loch geblieben, das nach dem Verlorenen schrie. Und das habe ich nicht ausgehalten. Da half mir das goldene Bild. Wenn ich es ansah und betete [...], dann erinnerte sich mein Herz an diesen Mächtigen, der es früher ausgefüllt hatte. Wenn ich dort kniete, glaubte ich, Gott müsste zurückkehren. Aber er kam nicht."[4]

Jotam fragt, ob denn die anderen Gideon nicht geholfen hätten, und Gideon antwortet: „Nein. Sie beten auch vor dem goldenen Bild. Nein, sie beteten zu dem Bild. Sie kannten ja nicht die Kraft, die ich erfahren hatte und an die ich immer dachte. Sie wussten nichts von der wirklichen Macht [...]. Sie beten zu dem Bild – zu ihrem sichtbaren goldenen Gott!"[5]

Gideon – so die narrative Ausgestaltung – hat die unmittelbare Gottesnähe erlebt, durch welche er in der Gefahr, sogar in der Todesgefahr des Kampfes, nicht zweifeln musste. Sobald aber die Gefahr schwindet und der Alltag einbricht, bleibt nur die Erinnerung an diese Unmittelbarkeit und Gegenwart Gottes. Den Wert des Erlebten, die Gewissheit der Gottesnähe, die Tiefe der Glaubenserfahrung möchte Gideon bewahren. Aber Erinnerung ist flüchtig. Gideon weiß wohl um das schwindende Gedächtnis, sein eigenes, wie auch das seiner Familie und seines Volkes. Darum will er die Erinnerung „sichern". Aber die Gedankenstütze für die Erinnerung macht sich selbstständig. Der Versuch, die Erinnerung an das Heil, die rettende Gegenwart Gottes, festzuhalten, findet durchaus Anklang, wird aber als Instrument missverstanden, das Heil festhalten zu können. Das goldene Bild sollte der schwachen menschlichen Erinnerung helfen, sich an Gottes Handeln zu erinnern, um gerade wieder in Bedrängnis seine Hilfe zu erwarten und zu erhoffen. Doch unter der Hand ist es vom Hinweis zum *Adressaten* der Anbetung geworden. Das Heil

---

[3] Nach Walter Groß (Richter, HThKAT, Freiburg/Basel/Wien 2009, 457) kann die „negative Zeichnung" unmittelbar nach der Ablehnung des Königtums nur diachron erklärt werden. Die literarkritische These soll hier keinesfalls bestritten werden. Der Endtext jedenfalls birgt eine Spannung, die aber möglicherweise eben auch inhaltlich gerade bedeutsam und bedenkenswert sein könnte.
[4] Herzler (wie Anm. 2), 93.
[5] Ebd., 94.

wird lokalisierbar und damit menschlich verfügbar, es wird „nostrifiziert"[6], und der *Verweischarakter* auf Gott selbst löst sich auf.[7]

2. Karl Barths Religionskritik

Was in Herzlers Nacherzählung als *fehlgeschlagener Erinnerungsprozess* beschrieben wird, trifft durchaus den religionskritischen Impetus Karl Barths. Anders gesagt: Der Gideon Herzlers betreibt Religionskritik im „Barthschen" Sinne in Hinsicht auf seinen Erinnerungsversuch. Ich möchte dies an drei Grundgedanken der Religionskritik Barths darstellen:
1.) Religionskritik ist bei Barth im Wesentlichen nicht Kritik an der Religion anderer. Sie hat ihre Funktion und Bedeutung vor allem darin, die Christen aufmerksam zu machen und zu befähigen, Kritik an der *eigenen* Religion[8] zu üben. Sie richtet sich in ihrem Kern nach „innen". Mit Michael Weinrich (geb. 1950) gesprochen: „Wenn Barth die Theologie als die stets gebotene Selbstkritik der Kirche versteht, wird die Religionskritik zu einer bleibenden Aufgabe der Theologie."[9]
Dieser Aufgabe stellt sich der „alte Gideon" Herzlers: Er weist selbst auf, was mit seinem Erinnerungsversuch geschehen ist: Das Bild, das er gemacht hat, ist zum „sichtbaren goldenen Gott"[10] geworden. Es ist nicht Stütze, die den Menschen den Weg zu Gott leitet, sondern Götze geworden.
Nicht das religiöse Tun – nicht einmal das Bild als solches – ist hier das Problem, sondern die Funktion, die dieses bekommen hat. Gideon stellt fest, dass er versucht hat, Gott fassbar zu machen und damit eben doch nur „Ersatz"[11] geschaffen hat. Mit Barths Worten: „[I]n der Religion wehrt und verschließt sich der Mensch gegen die Of-

---

[6] Vgl. Marco Hofheinz, Wider die Nostrifikation Gottes. Religionskritik als bleibend wichtige theologische Aufgabe, in: ders./Thorsten Paprotny, Religionskritik interdisziplinär, Leipzig 2015, 15–42, hier 38: „Das Bilderverbot wendet sich [...] gegen die Bild-Bilder, die festlegen, Gott nostrifizieren (verunsigen), nicht gegen die Wortbilder." Vgl. Karl Barth, Das christliche Leben. KD IV/4, Fragmente aus dem Nachlaß. Vorlesungen 1959–1961, hg. v. Hans-Anton Drewes/Eberhard Jüngel, Karl Barth GA II. Akademische Werke, Zürich 1976, 214.
[7] So folgt in Ri 8,33 getreu dem Richterschema der Hinweis: „Als aber Gideon gestorben war, kehrten sich die Israeliten ab und liefen den Baalen nach und machten Baal-Berit zu ihrem Gott."
[8] Vgl. Karl Barth, KD I/2, Zollikon-Zürich 1938, 324–327.
[9] Michael Weinrich, Religion und Religionskritik. Ein Arbeitsbuch, Göttingen 2012, 270.
[10] Herzler (wie Anm. 2), 94.
[11] Ebd.

fenbarung dadurch, daß er sich einen Ersatz für sie beschafft, daß er sich vorwegnimmt, was ihm in ihr von Gott gegeben werden soll."[12]
2.) Nach Barth ist Religion „Unglaube"[13]. Und auch Herzlers Gideon scheint zu diesem Ergebnis zu kommen, wenn er im Anschluss an die Erzählung das Bilderverbot rezitiert und mit dem Gebet um Vergebung endet.[14] Er würde wohl Barth zustimmen, der schreibt: „Würde er [der Mensch, R. M. z. H.-B.] glauben, so würde er Gott selbst für Gott eintreten lassen; in der Religion aber wagt er jenes Greifen nach Gott. Weil sie dieses Greifen ist, darum ist die Religion Widerspruch gegen die Offenbarung, der konzentrierte Ausdruck des menschlichen Unglaubens, d. h. die dem Glauben gerade entgegengesetzte Haltung und Handlung."[15]

Religion ist in diesem Zusammenhang nicht Unglaube im Sinne der *Leugnung* Gottes. Das war ja auch nicht Gideons Absicht. Sie ist der Versuch, *auf falsche Weise* sich selbst zu Gott in Beziehung zu setzen. Mit Barth lässt sich sagen: Auch das Christentum in seiner verkehrten Form ist – zumindest scheinbar – eine Beziehung zwischen Mensch und Gott. In dieser will der Mensch aber die Relation bestimmen, will mit seinem religiösen Handeln Gott definieren und ihm seinen Platz anweisen. Der Mensch erfindet die Spielregeln und erwartet, dass Gott mitspielt.[16] Auf die Gideonserzählung gewendet: Mit dem Versuch, Erinnerung zu wahren, fing Gideons Handeln an. Aber der Versuch scheiterte, weil er versuchte, sie in ein Bild zu „bannen" und so die spürbare Gegenwart Gottes wieder „heraufzubeschwören" und damit sicher und verfügbar zu machen. Das führte dazu, dass *nicht die Erinnerung geehrt* – und durch sie gerade *Gott selbst verehrt* – wurde, sondern das Bild angebetet wurde.
Unter dieser Perspektive scheint Erinnerung ein *schwieriges und sogar riskantes Unterfangen* zu sein. Und „nach außen" ist das ja auch recht leicht zu sehen: Die reformierte Skepsis gegenüber den Ikonen der orthodoxen Theologie, gegenüber der Meditation und

---

[12] Barth (wie Anm. 10), 330–331 (im Original z.T. gesperrt gedruckt).
[13] Ebd., 327 et passim (im Original gesperrt gedruckt). Damit ist sie „die Angelegenheit des gottlosen Menschen" (ebd.).
[14] Vgl. Herzler (wie Anm. 2), 49.
[15] Barth (wie Anm. 10), 330 (im Original z.T. gesperrt gedruckt).
[16] Barth zieht hier interessanter Weise eine Verbindung zur Werkgerechtigkeit und schreibt im Bezug auf Stellen aus den paulinischen Briefen: „Die neue Werkgerechtigkeit ist in ihrer Wurzel nichts anderes als die alte Götzendienst. Und es war schon der alte Götzendienst in seiner Wurzel nichts anderes als Werkgerechtigkeit" (ebd., 340). Werkgerechtigkeit ist nach Barth deshalb Götzendienst, weil der Mensch als Dienst an den Götzen selbst das Handeln festlegt, was ihm Gerechtigkeit erbringen soll.

Mystik, die in der katholischen und lutherischen Tradition gerne genutzt werden, ist ja im Ende doch immer wieder die Frage: Wird hier Gott nicht doch zu sehr als „greifbar" verstanden? Sucht nicht der Mensch unter der Hand doch wieder Mittel und Wege, Gott „sicher zu haben"? Im interdisziplinären Seminar erklärten mir Vertreter dieser Theologien, dass dies gerade nicht die Intention, sondern das Missverständnis der Ikonen und der Exerzitien sei und dass sie eine mögliche „*Nostrifikation*" Gottes genauso ablehnten wie ich auch. Und doch sieht hier die reformierte Position sofort die Gefahr: Könnte es nicht doch leicht geschehen, dass hier das Bild oder das Tun die Stelle des Verweises vereinnahmt und zum Selbstzweck wird?

Allerdings muss dann die *reformierte Tradition* sich hier natürlich genauso fragen lassen: Kann das mit reformierter Traditionspflege nicht auch geschehen? Kann nicht sogar mit Schrift und Bekenntnis im schlechtesten Fall das Gleiche passieren? Und man wird sagen müssen: Das kann – und ist auch reformierterseits – geschehen. Es geschieht dann, wenn das Bekenntnis einzig und allein zum Erweis *eigener Rechtgläubigkeit* zitiert wird oder wenn der Gebrauch der Schrift ihren Verweis auf Jesus Christus überhört und sie selbst als *heiliger Gegenstand* verehrt wird. Auch diese Kritik findet sich schon bei Barth: „[...] unsere ganze Betätigung unseres Glaubens: unsere christlichen Vorstellungen von Gott und den göttlichen Dingen, unsere christliche Theologie, unsere christlichen Gottesdienste, unsere christlichen Gemeinschafts- und Ordnungsformen, unsere christliche Moral, Poesie und Kunst, unsere Versuche individueller und sozialer christlicher Lebensgestaltung, unsere christliche Strategie und Taktik zugunsten unserer christlichen Sache, kurz, unser *Christentum*, sofern es eben *unser* Christentum, das von uns unternommene und diesen und jenen Nah- und Fernzielen entgegengeführte *Menschenwerk* ist, [...] ist [...] gerade nicht, was es sein möchte und zu sein vorgibt [...]. [S]ondern hier ist [...] der menschliche Unglaube, d. h. der Widerspruch gegen Gottes Offenbarung und also der Götzendienst und die Werkgerechtigkeit auf dem Plan und in Aktion."[17]

3.) Wenn aber das Risiko der *verfehlten Erinnerung* so hoch ist, ist dann Erinnerung grundsätzlich zu unterlassen? Man überlege sich für einen Moment, was das in der strikten Konsequenz für die Theologie bedeuten würde: Nicht nur die Exegese, sondern auch die Dogmatik stützt sich ja auf die schriftlich fixierten Erinnerungen der Taten und Worte Jesu Christi in den biblischen Texten. Rezeption baut immer auch auf Erinnerung auf. Und wie sollte eine kritische Auseinander-

---

[17] Ebd., 358f.

setzung mit den eigenen traditionellen Wurzeln stattfinden, wenn man darauf verzichtete, sie zu pflegen? Wenn wir uns also immer schon auf Erinnerung stützen, muss hier wohl ein weiterer Blick darauf geworfen werden, wieso Verdrängung keine Option sein kann und die Mühe des Erinnerns trotz aller Problematik nicht gescheut werden darf.

Die Antwort darauf war bereits in der oben aufgestellten Kernthese formuliert: Bei allem Risiko, das Erinnerung birgt, sind gewisse Erinnerungen zweifellos „heilig". Das allerdings ist nicht durch Anstrengung zu erreichen, sondern kann nur von Gott selbst bewirkt werden. Nimmt er die Erinnerung in Dienst, verweist sie eben auf ihn selbst und führt ins Gespräch mit ihm selbst – mit anderen Worten: Sie mündet in Lobpreis, in Gebet und in Vertrauen.[18] In dieser Weise mögen Erinnerungsstützen, die Erzählung von Persönlichkeiten und Ereignissen der Kirchengeschichte hilfreich und potentiell „heilig" sein.

Nochmals auf die Frage nach theologischer Wissenschaft gewendet: Wenn Barth auf der dritten Seite der *Kirchlichen Dogmatik* die Kirchengeschichte als „Hilfswissenschaft" bezeichnet, ist dies nicht etwa als Abwertung zu verstehen. Im hier entfalteten Sinne könnte man sogar sagen: Jede theologische Wissenschaft kann nur *Hilfswissenschaft* sein: Das Beste, was sie erreichen können wird, ist, eine Hilfe darzustellen, die von Gott selbst in Dienst genommen wird. Und das wiederum steht nicht in ihrer eigenen Verfügung. So lässt sich – wenn denn der Erfolg in diesem Unternehmen sichtbar werden sollte – der Satz: „Aus dem Munde der Unmündigen hast Du Dir Lob bereitet"[19] durchaus auch auf die theologischen Wissenschaften hin anwenden.

Das Erinnern – so müsste man mit Barth wohl sagen – kann also wie jedes religiöse Handeln des Menschen möglicherweise auch „wahre Religion" sein, wenn denn Gott selbst es rechtfertigt und heiligt.[20]

---

[18] Das weiß auch Herzler, wenn er ganz am Anfang des Hörspiels Gideons Vater die Geschichte vom Exodus erzählen lässt und kommentiert: „Das zu erzählen, war eine heilige Pflicht im Volk Gottes, dem Joasch und die Kinder angehörten." (Herzler [wie Anm. 2], 6). Folgerichtig stellt dann Joaschs Sohn, Jeter, auch die Frage, was diese Erinnerung für die Gegenwart der Unterdrückung durch die Midianiter bedeutet.

[19] Mt 21,16: „[U]nd [sie] sprachen zu ihm: Hörst du, was diese sagen? Jesus aber sprach zu ihnen: Ja, habt ihr nie gelesen: ‚Aus dem Mund der Unmündigen und Säuglinge hast du dir Lob bereitet'?" (Vgl. Ps 8,3).

[20] Der Vollständigkeit halber ist darauf hinzuweisen, dass sich bei Barth das göttliche Tun dabei nicht auf die Rechtfertigung und Heiligung beschränkt. Nach Barth ist das „Verhältnis zwischen dem Namen Jesus Christus und der christlichen Religion" (Barth [wie Anm. 10], 379) ein Akt göttlicher Schöpfung (vgl. ebd., 379f.), Erwäh-

„Es gibt eine wahre Religion: genau so, wie es gerechtfertigte Sünder gibt."[21] Wirklichkeit und Möglichkeit dieses Geschehens liegen nur bei Gott: *Dass* die Erinnerung der Taten Gottes an seiner Kirche wiederum auf Gott selbst hinweisen, kann durch die Art und Weise des Erinnerns nicht erreicht werden, sondern nur darin, dies gerade die Sorge Gottes sein zu lassen. Das kann man natürlich möglichst explizit und wiederholt sagen, aber dann wiederum nur darauf vertrauen, dass Gott selbst dies bewahrheitet. Mit den Worten Barths: „Starke menschliche Positionen sind immer nur die Gott gegenüber völlig preisgegebenen, d.h. die, gemessen an seinem Willen und Gericht, als völlig unhaltbar eingesehenen Positionen."[22]
Als Gottes Werk ist es möglich, dass die Erinnerung tatsächlich auf Gott selbst verweist. Es ist möglich, dass er die Erinnerung sogar übertrifft, indem er sie aktualisiert und an sein Tun anknüpft.
Der Schlüssel zur Unterscheidung zwischen *„geheiligter Verehrung"* und Verehrung, *die in der Gefahr des Götzendienstes* steht, liegt nach Barth in der religionskritischen Frage nach der darin liegenden *Gottesbeziehung*: Dient die Erinnerung dazu, auf Gott selbst zu verweisen? Heiligt er sie? Oder ist die Erinnerung „leer" und wird nur noch aus anderen Gründen gepflegt? Versucht der Mensch (wie Gideon im Hörspiel) vergangenes Beziehungsgeschehen festzuhalten und damit einen Status zu sichern, oder ist die Erinnerung Teil des – sich immer noch dynamisch ereignenden – Beziehungsgeschehens? Das Kriterium, das hier nach Barth anzulegen ist, ist also ein *relationales*: Will sich der Mensch in der Verehrung zu eigen und verfügbar machen, was er nicht „haben" kann, so ist der Erinnerungsprozess aus dogmatischer Sicht fehlgeschlagen. Ist aber der Erinnerungsprozess ein Element der lebendigen Relation zwischen Gott und Menschen, so kann es sein, dass hier etwas „Heiliges" geschieht – auch wenn und gerade weil dies dem Menschen unverfügbar bleibt.
Liest man die Erzählung von Gideon (ob nun bei Herzler oder im Richterbuch) in ihrem vorderen Teil, so berichtet sie ja gerade von Gottes Aktivität in der Geschichte seines Volkes und der Gideons. Gott spricht ihn an, lässt sich auf die von Gideon geforderten Zeichen ein und nimmt ihn in seinen Dienst. Und auch bei Barth steht der Abschnitt zur Religionskritik im übergeordneten Zusammenhang zur Rede von der Ausgießung des Heiligen Geistes und damit in dem Themenkreis, der von Gottes Handeln *mit* dem Menschen und in seiner Kirche handelt. Ob im Gottesdienst, in der Diakonie oder in

---

lung (vgl. ebd., 382), Rechtfertigung und Sündenvergebung (vgl. ebd., 387) und Heiligung (vgl. ebd., 393).
[21] Ebd., 357.
[22] Ebd., 363.

der Gestaltung von Erinnerungsprozessen ist es letztlich die entscheidende (und nur von Gott selbst mit Sicherheit zu beantwortende) Frage, ob genau dies geschieht.

3. Fazit: Geheiligte Erinnerung

Was also ist den Reformierten heilig? Die hier vorgenommenen – ganz und gar nicht empirisch erhobenen, sondern gänzlich dogmatisch gedachten – Überlegungen zu dieser Frage führen zu der Antwort von Lev 19,2: Heilig ist an erster Stelle Gott selbst.[23] Was er für seine Relation zu den Menschen in Dienst nimmt, ist genau in dieser Hinsicht heilig. Es ist aber nicht aufgrund einer inhärenten Eigenschaft, nicht „von sich aus" heilig. So wie auch der Zeigefinger des Johannes des Täufers auf dem Isenheimer Altar, auf den Barth gerne hinweist, ja auch nicht von sich selbst aus *deutlicher*, länger oder heiliger als andere ist.[24] Es ist eben die Tatsache, dass er auf den am Kreuz hängenden Jesus Christus weist, der ihn bedeutsam macht.

Das gleiche gilt auch für Erinnerungsstützen und Erinnerungsprozesse. Würde Gideon am Ende wie zum Anfang der Geschichte im Dialog mit Gott selbst sagen: „Habe ich Gnade vor dir gefunden, so gib mir doch ein Zeichen"[25] – man könnte vielleicht ergänzen „dafür, dass du auch jetzt nicht gänzlich von mir weichst" – so hätte wohl auch der Erinnerungsprozess eine „Gabe" an Gott selbst werden können.

---

[23] Vgl. Lev 19,2: „Rede mit der ganzen Gemeinde der Israeliten und sprich zu ihnen: Ihr sollt heilig sein, denn ich bin heilig, der HERR, euer Gott."
[24] Karl Barth, Biblische Fragen, Einsichten und Ausblicke, in: Jürgen Moltmann (Hg.), Anfänge der dialektischen Theologie. Teil 1: Karl Barth; Heinrich Barth; Emil Brunner (TB 17, Systematische Theologie), München 1962, 49–76, 58: „Wir denken an Johannes den Täufer auf Grünewalds Kreuzigungsbild mit seiner in fast unmöglicher Weise zeigenden Hand."
[25] So in Ri 6,17.

Reformierte und Krieg – ein verdrängtes Thema?

Ideengeschichtliche Perspektiven auf einen gewaltlimitierenden Umgang mit der „Lehre" vom gerechten Krieg im Anschluss an den reformierten Juristen Johannes Althusius[1]

von Dennis Schönberger

1. Exposition: Johannes Althusius und die „Lehre" vom gerechten Krieg

Eine der friedensethisch umstrittensten Fragen ist die nach der Rechtmäßigkeit von Kriegen – dies gilt hinsichtlich der ethischen (Legitimität) wie auch hinsichtlich der politisch-rechtlichen (Legalität) Dimensionen von Krieg. Bei der in der Antike entwickelten, im Mittelalter systematisierten „Lehre" vom gerechten Krieg, *bellum iustum*, haben wir es insofern mit einer „Kompromissethik"[2] zu tun, als dass das von ihr erstrebte Ziel der Gewaltüberwindung durch jeden faktischen Einsatz von Gewalt konterkariert wird. Dieses Dilemma muss nicht zu einer prinzipiellen Absage an dieses Lehrstück führen, gehört es doch zur spezifischen Problematik christlicher Friedensethik, dass sie „zwischen theologischer und politisch-militärischer Logik" schwankt.[3] Wenn dieser Konflikt aber unvermeidlich ist, ist es dann nicht aussichtsreicher zu fragen, *inwiefern* die diesem Lehrstück zum Umgang mit Krieg und Gewalt zugrundeliegende *Kriteriologie*[4] dazu dienen könnte, militärische Gewaltanwendung zu begrenzen?

Dieser Frage ist im Folgenden in ideengeschichtlicher Perspektive nachzugehen. Dabei sollen auch sozialgeschichtliche Problemstellungen in den Blick genommen werden, wenn auch eher peripher. Ein systematisches Konzept vorzulegen, ist nicht intendiert. Mein

---

[1] Hier handelt es sich um den überarbeiten Text des Kurzvortrags vom 16.3.2015 auf der 10. Internationalen Emder Tagung zur Geschichte des reformierten Protestantismus in der Johannes a Lasco Bibliothek in Emden.

[2] Vgl. Wolfgang Huber, Hans-Richard Reuter, Friedensethik, Stuttgart 1990, 64f., 91f.

[3] Alfons Fürst, Christliche Friedensethik von Augustinus bis Gregor dem Großen – Religion, Politik und Krieg am Ende der Antike, in: Gerhard Beestermöller (Hg.), Friedensethik im frühen Mittelalter. Theologie zwischen Kritik und Legitimation von Gewalt, Münster 2014, 47.

[4] Eine übersichtliche Darstellung sämtlicher klassischer sowie moderner Kriterien legitimer militärischer Gewaltanwendung bietet Michael Haspel, Friedensethik und humanitäre Intervention. Der Kosovo-Krieg als Herausforderung evangelischer Friedensethik, Neukirchen-Vluyn 2002, 144f.

Ansatz beschränkt sich darauf, der *bellum iustum*-Tradition im Zusammenhang des reformierten Protestantismus im Übergang vom 16. zum 17. Jahrhundert *nach*zudenken. Im konfessionellen Zeitalter kommt es zu einer – auch wirkungsgeschichtlich bedeutsamen Neuorientierung in der Verhältnisbestimmung von Recht, Religion und Politik und damit zu einer Neubewertung des Lehrstücks vom gerechten Krieg.

Als Gesprächspartner dient der reformierte Jurist Johannes Althusius (1557/63–1638), denn in seinem Hauptwerk *Politica*[5] verknüpft er methodisch nicht nur Religion, Politik und Recht, er rezipiert darin auch nahezu vollständig die Kriterien der *bellum iustum*-„Lehre". Ideen- *und* sozialgeschichtlich besonders aufschlussreich ist seine Auslegung des Kriteriums der *legitima potestas/auctoritas* (die legitime bzw. kompetente Autorität) und des damit eng verbundenen Verständnisses von Souveränität. Dieses Kriterium nutzt Althusius zur Begrenzung absoluter Herrschaftsgewalt. Dies stellt eine gewichtige Modifikation gegenüber der antiken und gerade auch gegenüber der mittelalterlichen Tradition dar.

Meine Analyse beschränkt sich auf diejenigen Kapitel des Althusianischen Hauptwerkes, die im Zusammenhang seiner Kriegsethik stehen, wobei grundsätzlich zwischen einer „Sorge für die Waffen in Friedenszeiten"[6] und ihrem „Gebrauch in Kriegszeiten"[7] unterschieden wird. Seine im Spannungsfeld von Konfessionskriegen, divergierenden Herrschaftskonzepten und ebenso unterschiedlichen Naturrechtsverständnissen zu verortende Kriegsethik kann hier nur skizziert werden (2.). Nachzuzeichnen ist hierbei Althusius' Souveränitätsverständnis (2.1) und dessen absolutismuskritische Ausgestaltung im Kontext seiner Kriegsethik (2.2). Im Zentrum meiner Untersuchung steht die Deutung der Kriterien des *ius ad bellum*, des Rechts zum Krieg (2.2.1) – kürzer fällt dagegen die Exegese des *ius in bello*, des Rechts im Krieg (2.2.2) aus. Inwiefern seine Kriegsethik eine gewaltlimitierende Stoßrichtung aufweist, ist abschließend noch einmal kritisch zu würdigen (3.). Unbestreitbar gehören Kriegs- und Gewalterfahrungen zum dunklen Erbe des reformierten Protestantismus: acht Hugenottenkriege in Frankreich (1562–1598) und der 80 Jahre andauernde Befreiungskampf der niederländischen Generalstaaten gegen Spanien (1568–1648) legen ein beredtes Zeugnis von

---

[5] Im Folgenden halte ich mich an die deutsche Übersetzung der 3. Aufl. der *Politica* von Janssen: Johannes Althusius, Politik, übersetzt v. Heinrich Janssen, in Auswahl hg., überarbeitet u. eingeleitet v. Dieter Wyduckel, Berlin 2004.
[6] Ebd., Kap. XXXIV.
[7] Ebd., Kap. XXXV.

den religiös interpretierten Auseinandersetzungen ab. Schon deshalb ist eine historische „Erhellung" nötig.

2. Umrisse der Althusianischen Kriegsethik

Der in Diedenshausen in der Grafschaft Wittgenstein-Berleburg geborene Johannes Althusius entstammt einer bäuerlichen Familie, wird aber durch seinen Landesherrn, Graf Ludwig dem Älteren, und dessen Bruder Georg (Dompropst zu Köln) gefördert, sodass er zunächst das Pädagogium in Marburg besucht, dann in Köln studiert und im Laufe des Jahres 1586 einen Ruf an die von Graf Johann VI. (der Ältere) von Nassau-Dillenburg gegründete Hohe Schule zu Herborn empfängt und dort als Jurist lehrt.[8] 1604 beendet Althusius seine Professorentätigkeit an der Herborner Hohen Schule, um Syndikus in Emden zu werden, einer Stadt, die an der Wende vom 16. zum 17. Jahrhundert im politischen Kräftefeld der um ihre Selbständigkeit ringenden Niederlande einerseits, des lutherischen Grafenhauses andererseits steht und zu deren Wohl Althusius auch „vor gewaltsamen politischen Unternehmungen" nicht zurückschreckt, wie zum Beispiel die von ihm „nachträglich gerechtfertigte […] militärische Besetzung der Residenzstadt Aurich durch die Emder Garnison im Jahre 1609" oder die „Gefangennahme des Grafen Enno III. auf seiner Burg in Emden im Jahre 1618" erkennen lassen.[9] Aus den wenigen biographischen Hinweisen lässt sich erkennen: Althusius gibt sich in der Frage nach Krieg und Frieden keinen Illusionen hin. Kriegerische Auseinandersetzungen gehören zur politischen Realität, er bewegt sich also im Horizont der Zeit.[10] Charakteristisch für seine Theorie der Politik ist aber, dass diese mehr an den Aufgaben der Amtsträger als am Gegenüber von Regierenden und Regierten orientiert ist. Was hat es sachlich damit auf sich und welche kriegsethischen Auswirkungen hat das?

2.1 Anthropologisch-ethische Hintergründe des Althusianischen Souveränitätsverständnisses

Mittels einer Synthese aus biblischen und tugendethischen Argumenten sucht Althusius seine These plausibel zu machen, dass die „Sorge für die Waffen" auch in Friedenszeiten nötig ist.[11]

---

[8] Vgl. Ebd. Wyduckel, Einleitung, VIII–IX.
[9] Ebd., XI, XIII.
[10] Vgl. Arnulf von Scheliha, Protestantische Ethik des Politischen, Tübingen 2013, 66.
[11] Vgl. Althusius, (wie Anm. 5), Kap. XXXIV, § 1.

Er differenziert zwischen der Verteidigung *gegen* Feinde und *in* Notlagen. Notwendigkeit und Nutzen ständiger Verteidigungsbereitschaft werden mit der Vorbildfunktion der kriegerischen Tugenden Tapferkeit und Disziplin sowie mit dem Gebot der Billigkeit – als einer besonderen Form der Gerechtigkeit – begründet. Althusius setzt zum Beispiel das Recht auf Selbstverteidigung mit dem Recht Gottes, wie es in den Zehn Geboten (Dekalog) grundgelegt ist, gleich und meint:
„Vorsorge, Rechtsprechung, Gesetze, Religion sowie Macht und Stärke aller Gemeinwesen werden unter dem Schild militärischer Disziplin bewahrt. Das Vaterland, die Freiheit, die Bürger und selbst die Könige sind unter dem Schutz und Schirm kriegerischer Tugend geborgen. Und das haben wir […] aus der Natur selbst hergeleitet und ihr nachempfunden, dass nämlich Mord, Brand, Raub und Begierden von unserem Leben, unserem Geschick und unseren Körpern fern zu halten sind. […] Diese natürliche Ordnung wird durch alle göttlichen und menschlichen Gesetze bekräftigt."[12]
Die sich in diesen Sätzen bekundende Hochschätzung des natürlichen Sittengesetzes verweist auf die anthropologischen Fundamente der Althusianischen Politiklehre im Allgemeinen und der Kriegsethik im Besonderen. Gesellschaftliches Zusammenleben in einem Gemeinwesen strebt nach Althusius nach Frieden, Eintracht und Harmonie.[13] Weil es sich für ihn jedoch nicht von selbst versteht, dass die Glieder einer Gemeinschaft (*symbiotici*) Einmütigkeit nach innen und außen zeigen, macht er folgenden Gedanken: allen Menschen sind natürlich und geschichtlich Lebensgemeinschaften (*consociationes*) vorgegeben, die Leben und Handeln begrenzen. Eine dieser *consociationes* ist der Staat, den Althusius eine öffentliche Verwaltung (*administratio*) nennt, da er eine natürliche und von Gott ge-

---

[12] Ebd., Kap. XXXIV, §§ 3, 4.
[13] Vgl. ebd., Kap. VI, § 46: „Das Streben nach Eintracht unter den Bürgern besteht darin, Freundschaft, Billigkeit, Gerechtigkeit, Friede, und Ehrbarkeit zu erhalten und, falls Streitigkeiten zwischen ihnen bestehen, diese möglichst bald rechtmäßig beizulegen […], kurz all das zu pflegen, was dazu dient, Zuneigung unter ihnen zu erwecken und das öffentliche Wohl zu erhalten […] sowie den Ursachen der Zwietracht unter Bürgern und Nachbarn vorzubeugen." Zum einen ist zu sehen, dass es Althusius um *rechtlich* geregelte Konfliktlösungen geht. Er stützt seine Argumente mit Verweisen auf Lev 19 und 1 Kor 6,1–5. Seine Aussagen orientieren sich zwar nicht am priester(schrift)lichen Heiligkeitsgesetz, dafür aber an der paulinischen Gerechtigkeit im Raum der *Gemeinde*. Auch ist auffällig, dass in der Frage nach dem, was dem öffentlichen Wohl dient, Bezüge zu den Ps 122, 123 und zu Eph 4 und 2 Kor 12,20 hergestellt werden. Althusius' Rekurs auf 2 Kor 12,20 könnte bedeuten, dass er nicht nur unter der Willkür weltlicher Machthaber leidet, sondern auch unter innerkirchlichem „Hader, Neid, Zorn, Zank" (2 Kor 12,20). Diese Übel sind *de facto* gewaltgenerierend.

wollte *Anordnung* ist, deren Zweck darin besteht, dass Menschen einander zu Hilfe kommen, wenn sie Hilfe brauchen.[14] Die Funktionalität aller *consociationes* ist ein zentraler Gedanke der *Politica*. Aufgrund „natürlicher" Hilfslosigkeit[15] braucht der Mensch *Schutz*. Zudem wird die Einheit des Gemeinwesens von innen und außen bedroht. Besonders bedrohlich und den gesellschaftlichen Zusammenhalt gefährdend ist dabei der Gedanke, dass an die Stelle der „Gleichartigkeit" (*aequabilitas*) das Ideal der „Gleichheit" (*aequalitas*) der Menschen tritt.[16] Während für Althusius *aequabilitas* jedem das Seine (*suum cuique*) lässt, zielt *aequalitas* auf Unordnung zwischen den Bürgern (*symbiotici*).[17]

Althusius' anthropologische Prämissen verbinden sich nun mit einer souveränitätsrechtlichen Theorie, die neben den zwischen *Gott* und Menschen geschlossenen Verträgen (*foederi*[18]) auch Bündnisse *zwischen Menschen* (und Völkern) behandelt. Für jedes Gemeinwesen ist somit der „Konsens eng einander verbundener Glieder" konstitutiv, denn dieser bildet den Hintergrund für die Regierungs- und Verwaltungsstruktur der Althusianischen Politiklehre. Als alle politische Gemeinschaft verbindendes Moment tritt die *Souveränität* ins Zentrum, die im *consensus* der Glieder besteht sowie unveräußerlich und unteilbar ist.[19] Da sie für alle gemeinsam gilt, ist die Gesamtheit „Inhaberin" von Herrschaftsgewalt. Einer abstrakten Volkssouverä-

---

[14] Ebd., Kap. I, § 34: „Denn es ist dem Einzelnen, der sich selbst nicht helfen kann, sehr nützlich, sich von anderen unterstützen und helfen zu lassen. Und das gilt als besser, was sowohl sich selbst genügt als auch anderen nützen kann. Je mehr demnach ein Gut der Gemeinschaft dient, umso besser und vortrefflicher ist es."

[15] Vgl. ebd., Kap I, § 4.

[16] Vgl. ebd., Kap. VI, § 46f., 78f.

[17] Vgl. ebd., Kap. VI, § 78f. Das Gleichheitsstreben nivelliert für Althusius die Verschiedenheit der Menschen.

[18] Nach Corrado Malandrino, Foedus (Confoederatio), in: ders., Dieter Wyduckel (Hgg.), Politisch-rechtliches Lexikon der *Politica* des Johannes Althusius, Berlin 2010, 221 meint *foedus* im Lateinischen nicht nur „Vertrag", sondern auch „grausam" (ebd.). Wo das römische Recht von *pactum* und *contractus* spreche, setze Althusius den auf *koinonia* zurückgehenden Begriff *foedus* ein, was bedeute, dass der „Bund" die „Abmachung zwischen zwei ehemaligen Feinden" sei (ebd.). Dabei sei zu beachten, dass *foedus* in der „*Politica*" nur in der spezifischen Relation Volk – (oberster) Magistrat vorkomme (vgl. ebd., 222). Dass die von Althusius erwähnten *foederi* Verträge zwischen zuvor verfeindeten *Völkern* sind, legt sein Reden von einem Völkerbeziehungsvertrag nahe, dessen Ziel Gütervermehrung und Verteidigung ist (vgl. Althusius, [wie Anm. 5], Kap. XII, §§ 24–30). Anhand des jüdischen Volkes illustriert Althusius die Regierungs- und Schutzbedürftigkeit eines Volkes (vgl. ebd., Kap. XVIII, §19). Nützlichkeitserwägungen stehen bei ihm oft im Dienst sowohl der Ehre Gottes als auch des Wohls der *consociationes*, sodass soziales Glück religiös vermittelt scheint (vgl. ebd., Kap. I, §§ 1–3).

[19] Vgl. Wyduckel (wie Anm. 5), XX–XXII.

nität wird nicht zugestimmt[20]: einem obersten Magistrat stehen auf allen gesellschaftlichen Ebenen Reichs- und Regionalkonvente als Repräsentationsorgane gegenüber.[21] Indem sie an der Ausübung der Herrschaft partizipieren[22], sorgen sie dafür, dass der Staatsgewalt Vertreter der Stände zugeordnet sind: dem Kaiser Könige, den Königen Fürsten und den Fürsten „Ephoren" (siehe unten). Souveräne Gewalt ist also gebunden, rechtlich vorgeformt und entspricht dem *ius regni*.[23] Sie ist nie absolut, sondern orientiert am Dekalog: „Regieren und verwalten bedeutet nichts anderes als das Gesetz auszuführen, und das Gesetz ist der Wille Gottes; aber das Gesetz ist auch die *regula vivendi* für jeden Untertanen, ergo immer präsent [...]. Die Herrschaftsvertikale zwischen Gott und den Menschen verläuft [...] ohne Unterbrechung vermittels dieses Gesetzes. Wo es consociationes gibt oder diese sich bilden, ist ihnen immer auch das Gesetz Gottes eingeschrieben [...] – ohne dass der Mensch dieses ausdrücklich oder weniger noch willentlich einschließen müsste oder könnte. Nur auf diese Weise – weil sie schon an und für sich eine von Gottes Gesetz regierte Einheit ist – genießt jede consociatio ihre relative ursprüngliche Autonomie [...], die ihr die Kompetenz verleiht, den höchsten Ebenen im Staat und in der Gesellschaft Befugnisse abzutreten (Prinzip der Subsidiarität)."[24]
Wieso Althusius Herrschaft funktional versteht und welche Folgen dies für seine Kriegsethik hat, ist im Folgenden genauer zu untersuchen.

---

[20] Obwohl Althusius für die Fortentwicklung einer breiten demokratischen Verfassung in Emden ist, wehrt er auf der untersten Stufe seines korporativen Systems vehement bürgerlich-demokratische Tendenzen ab: Heinz Antholz verweist hierzu nicht nur auf die Restriktionen, die Althusius dem 40er Kollegium, der städtischen Vertretung der Bürgerschaft, auferlegt, sondern auch auf seine asketisch-strenge Regulierung der Kirchenzucht und der Reglementierung des bürgerlich kulturellen Lebens: Althusius sei nicht nur ein Gegner von konfessioneller Toleranz und kirchlicher Laxheit, sondern auch von Korruption und Luxus in Partizierkreisen, von Sonntagsentheiligung und Unzucht in der Hafenstadt (vgl. ders., Althusius als Syndicus Reipublicae Embdanae. Ein kritisches Repetitorium, in: Karl-Wilhelm Dahm, Werner Krawietz, Dieter Wyduckel [Hgg.], Politische Theorie des Johannes Althusius, Berlin 1988, 86, 77).
[21] Vgl. Wyduckel (wie Anm. 5), XII.
[22] Wyduckel spricht in dem Zusammenhang von Althusius' ständestaatlichem Dualismus als Gegenentwurf zu Jean Bodins (1529/30–1596) absolutistischer Staatstheorie (vgl. ebd.).
[23] Vgl. ebd.
[24] Cornel Zwierlein, Consociatio, in: Corrado Malandrino, Dieter Wyduckel (Hgg.), Politisch-rechtliches Lexikon der *Politica* des Johannes Althusius, Berlin 2010, 194.

2.2 Souveränität im Zusammenhang der Althusianischen Kriegsethik

Dass Althusius' Kriegsethik nicht defätistisch ist,[25] können wir daran erkennen, dass auch in Friedenszeiten eine dreifache Vorsorge nötig ist: (1.) bei der Auswahl der Soldaten, (2.) in der Einsetzung von Militärpräfekten[26] und (3.) in der Bereitstellung des Kriegsgerätes.[27] Das setzt Geld (*nervus belli*), Waffen, Lebensmittel, Befestigungen, Bündnisse und Bollwerke voraus.[28] Bedingungen für zweckmäßige Bündnispartner sind neben räumlicher Nähe und militärischer Stärke auch „Rechtgläubigkeit". Unter Verweis auf einige atl. Bibelstellen lehnt Althusius den militärischen Beistand von „Gottlosen" ab; die um 1600 einsetzende Konfessionalisierung der europäischen Außenpolitik ist hieran gut ablesbar. Im international ausgerichteten Denken des reformierten Protestantismus kam es zu einer „heilsgeschichtlich-apokalyptischen Deutung des europäischen Mächtesystems", wonach zum Beispiel der 80-jährige Krieg als Kampf der „Kinder des Lichts gegen die Kinder der Finsternis" gedeutet wurde.[29] „Insgesamt ergibt sich [...] für das frühe 17. Jahrhundert das

---

[25] Vgl. Althusius (wie Anm. 5), Kap. XXXI, § 1: „Die Eintracht und Ruhe der Untertanen besteht in der wechselseitigen Übereinstimmung der Menschen untereinander wie auch mit ihrem Magistrat, des Weiteren in Friede und Wohlwollen, ohne dass Rivalität und gegenseitiger Hass aufkommt. Sie ist auf die Erhaltung des Status des Gemeinwesens gerichtet." Dem Magistrat obliegt die Sorge für Eintracht im Gemeinwesen (vgl. ebd., Kap. XXXI, § 3), die v.a. durch Parteiungen und Aufstände gefährdet ist (vgl. ebd., Kap. XXXI, §§ 3–25). In diesem Zusammenhang unterscheidet Althusius zwischen zwei Arten, Aufständen entgegenzuwirken: (1.) durch vertraglichen Ausgleich bzw. Bündnisse, (2.) durch Bürgerkrieg (§ 70). Bündnisse sind für Althusius Kriegen vorzuziehen (§ 71), denn sie dienen dem Frieden, der Ruhe und der Eintracht mit dem Nachbarn (§ 75). Gefährlich sind für Althusius Bündnisse mit „Gottlosen" (§ 76). Sein Verweis auf 1 Sam 29 zeigt seine religiöse Intoleranz gegenüber Andersgläubigen (vor allem Lutheranern und Katholiken).
[26] Vgl. ebd., Kap. XXXIV, § 28.
[27] Vgl. ebd., Kap. XXXIV, § 12.
[28] Vgl. dazu insg. ebd., Kap. XXXIV, §§ 39–51.
[29] Vgl. Heinz Schilling, Johannes Althusius und die Konfessionalisierung der Außenpolitik – oder: Warum gibt es in der *Politica* keine Theorie der internationalen Beziehungen?, in: Frederick S. Carney, Heinz Schilling, Dieter Wyduckel (Hgg.), Jurisprudenz, Politische Theorie und Politische Theologie. Beiträge des Herborner Symposiums zum 400. Jahrestag der *Politica* des Johannes Althusius 1603–2003, Berlin 2004, 62. Angesichts des „seelsorgerlich wie militärisch offensiven Katholizismus" entwickelte der „Calvinismus" [...] „eine radikal konfessionalistische Flugschriftpropaganda, die das Zeitgeschehen im allgemeinen und die Ereignisse im internationalen System im besonderen religiös heilsgeschichtlich deutete". „Die Wurzeln dieses Geschichtsbewußtseins sind", so Schilling, „im Kreise der Exulantenkirchen zu suchen, die bereits 1571 in den Canones der Emder Synode eine heilsgeschichtliche Interpretation des Zeitgeschehens angeregt hatten. [...] Die Niederländer wie wenig später dann auch die Engländer sollten sich als auserwähltes

Bild einer [...] intensiven Sakralisierung der außenpolitischen Semantik des europäischen Calvinismus"[30], so Heinz Schilling. Der Einfluss apokalyptisch-heilsgeschichtlicher Denkmuster auf die staatlichen Akteure des internationalen Systems darf in der Tat nicht unterschätzt werden, besonders wenn man bedenkt, dass diese Denkmuster in Ostfriesland sehr ausgeprägt waren.[31] Inwiefern sich diese Konfessionalisierung in Althusius' Kriegsethik niederschlägt und also auch Auswirkungen auf sein Souveränitätsverständnis hat, ist (vor allem) anhand seiner Exegese der Kriterien des gerechten Grundes (*causa iusta*) sowie der legitimen Autorität (*legitima potestas/auctoritas*) zu erforschen.

2.2.1 Althusius' Deutung des gerechten Krieges im Kontext des *ius ad bellum*

Ein zentraler Bestandteil des Souveränitätsrechts ist der *Schutz* der universalen Gemeinschaft:

„In enger [...] Übereinstimmung stellen die einzelnen Glieder der universalen Gemeinschaft sowie alle zusammen für jeden, der Not leidet und der Hilfe bedürftig ist, all das zur Verfügung, was notwendig ist, um Beeinträchtigungen [...] fern zu halten und zu beseitigen. Dieses letztere Recht betrifft deshalb in besonderer Weise den zum Schutz und zur Verteidigung bestimmten Stand. Es besteht in Rat und Hilfe."[32]

Soldaten haben die Aufgabe, die beweglichen (Geld und Waffen) wie unbeweglichen (Krone, Reich, Fiskus) Staatsgüter zu verteidigen oder zu erhalten/zu vermehren.[33] Die Verteidigung dient der Rechts-, und Gütersicherung, wobei von dreifacher Verteidigung auszugehen ist und zwar (1.) dem Schutz der Glieder des Gemeinwesens unter der Voraussetzung, dass diese nun Unrecht erleiden – hierzu zählt das Recht zum Widerstande –, (2.) der Aufrechterhaltung von freiem Handel und öffentlicher Sicherheit, falls sie behindert werden sowie (3.) der Aufnahme eines Kriegs.[34] Letzteres ist für uns besonders interessant.

„Die Vorsorge für den Kriegsfall zählt zu den politischen Pflichten der Regierenden. Dabei wird eine administrative Professionalität angestrebt, die neben der Rekrutierung von Soldaten, der Auswahl

---

Volk Gottes begreifen. Ihr Kampf gegen die Spanier war der Kampf des Volkes Israel mit Pharao und den Ägyptern" (ebd., 61).
[30] Vgl. ebd.
[31] Vgl. ebd., 63.
[32] Althusius (wie Anm. 5), Kap. XVI, § 1.
[33] Vgl. ebd., Kap. XVI, § 2 sowie Kap. XVII, § 2.
[34] Vgl. ebd., Kap. XVI, § 4, vgl. dazu auch ebd., Kap. XXXV.

militärischer Führer, dem Aufbau von Verteidigungsanlagen", finanzieller und materieller Versorgung auch diplomatisches Bemühen um Friedenssicherung und militärische Bündnisse einschließt.[35] Das Recht, Bündnisse einzugehen, ist sogar das Hauptmerkmerkmal des Souveränitätsrechts[36], wobei die Bündnisfreiheit an Bedingungen geknüpft ist.[37] Für den reformierten Juristen Althusius verpflichten sich Bündnispartner „untereinander unbeschadet des Souveränitätsrechts der Einzelnen" zur Aufbietung von Hilfstruppen gegen Feinde.[38] Und dazu ist neben der Sorge für die Waffen auch der Furcht vor Feinden wach zu halten.[39] Damit möchte Althusius keine paranoiden „Ängste" schüren, sondern für ihn kann Frieden nur unter „gerechten und verträglichen Bedingungen" dauerhaft sein – dauerhaft ist er aber nur, wenn er aufrichtig ist. Dazu zählt, dass ein untrüglicher Krieg sicherer als ein verdächtiger Friede ist.[40] Wenn „Krieg" als durch den Magistrat rechtmäßig unternommenes und angeleitetes Handeln zur Abwehr (Verteidigung) oder zur Ahndung (Bestrafung) des Unrechts von „Feinden" mit Waffengewalt definiert wird[41], dann sind „Feinde" die, die einem anderen Reich angehören (Fremde[42]) oder die dem Reich Krieg erklären bzw. denen das Reich Krieg erklärt.[43] Krieg ist *formalrechtlich* die Zeit zweier im Streit liegender Völker, die keinen gemeinsamen Magistrat haben und ihren Streit mit Waffen entscheiden[44], woraus geschlussfolgert werden kann, dass Althusius sowohl zwischen-, als auch innerstaatliche Kriege im Blick hat.

Er kann, wo es um die Verteidigung der *vera religio*, die für ihn die Gestalt des reformierten Bekenntnisses trägt, auf das Kriterium des gerechten Grundes verweisen, denn der Schutz der Kirche gegen innere und äußere Feinde hat bei ihm da eine außenpolitische Stoßrichtung, wo Althusius zum Befürworter des Befreiungskampfs der niederländischen Generalstaaten gegen den spanischen König Philip II. geht, der sich im Urteil vieler Zeitgenossen nicht mehr an die po-

---

[35] Vgl. Scheliha (wie Anm. 10), 66.
[36] Vgl. Althusius (wie Anm. 5), Kap. XVII, § 27.
[37] Vgl. ebd., Kap. XVII, §§ 30–33.
[38] Vgl. ebd., Kap. XVII, § 30.
[39] Vgl. ebd., Kap. XXXVI, § 60.
[40] Ebd., Kap. XXXVI, § 61.
[41] Vgl. ebd., Kap. XXXV, § 1.
[42] Althusius betrachtet Fremde argwöhnisch und stellt sie Reichsbewohnern schroff gegenüber, wobei er ihnen elementare Rechte verweigert (vgl. ebd., Kap. IX, § 5; vgl. bes. ebd., Kap. XXXXI, § 21).
[43] Vgl. ebd., Kap. XXXV, § 2.
[44] Vgl. ebd.

sitiven und überpositiven Kontrakte hält.⁴⁵ Im Vorwort zur dritten Ausgabe der *Politica* von 1614 macht Althusius deutlich:
„Deshalb hielt ich es für recht und billig, mit meiner Widmung [...] diese Eure Gunstbezeugungen anzuerkennen und öffentlich zu rühmen und Eure Tugenden anderen als Vorbild zu empfehlen, mit denen ihr Euer Gemeinwesen durch Gottes Gnade nicht nur von der Tyrannei und dem Verderben befreit und bewahrt, sondern auch berühmt gemacht habt. Denn die Wirkung dieser von Euch und Euren Bundesgenossen vollbrachten Ruhmestaten ist so überwältigend groß, dass sie auch auf die benachbarten Regionen, mehr noch auf Deutschland und Frankreich ausstrahlt und sogar die Gebiete der Indianer und mehrere Reiche, die durch die Waffen der Spanier gepeinigt, von Euch aber und den mit Euch verbundenen Provinzen in Schutz genommen und verteidigt wurden, davon erfahren haben."⁴⁶
Obgleich auch hier wieder tugendethische Begründungsmuster anzutreffen sind, wird jene für die Aufnahme eines Krieges notwendige Unterscheidung zwischen Freunden und Feinden bei Althusius nie zu einem politischen Wesensprinzip.⁴⁷ Krieg ist nur insofern der „Ernstfall", als dass er ein rechtlich geregelter Notfall ist. Damit ist eine axiomatische Grundentscheidung in Bezug auf die Rezeption der *bellum iustum*-Kriterien getroffen. Althusius definiert den Krieg zwar als feindliches, vor allem aber als „rechtmäßig unternommenes Handeln" eines obersten Magistrats. Krieg umfasst eine *begrenzte* Zeit der Zwietracht zwischen streitenden Völkern.⁴⁸
Er kennt, wie schon erwähnt, vor allem zwei Kriegsgründe: die rechtmäßige *Verteidigung* von Bundesgenossen und Hilfsbedürftigen und die ebenfalls rechtmäßige Bestrafung von Unrecht. Beiden Kriegsgründen muss eine konkrete Rechtsverletzung sowie ein rechtlich bestimmbares Unrecht vorausgegangen sein.⁴⁹ Krieg ist aber

---

⁴⁵ Vgl. John Witte, The Reformation of Rights. Law, Religion and Human Rights in Early Modern Calvinism, Cambridge 2007, 143–150.
⁴⁶ Althusius (wie Anm. 5), 16 (= Vorwort zur dritten Aufl.).
⁴⁷ Im Gegensatz zu Carl Schmitt, Der Begriff des Politischen. Text von 1932 mit einem Vorwort und drei Corollarien, Berlin 1963, 26–33 u.ö. ist das Politische für Althusius keine Kategorie sui generis, die eigenständig und unabhängig von Moral und Recht zu bestimmen wäre. Der Althusianischen Politiklehre liegt es fern, Politik in letzten, ewigen Unterscheidungen, nämlich denen von Freund und Feind, zu betreiben. Die bei Schmitt geradezu charakteristische Hauptunterscheidung von Freund und Feind wird ja als „Intensitätsgrad einer Verbindung oder Trennung bezeichnet", die ihr Maß am Krieg, dem Ernstfall hat (vgl. ebd., 34f.). Schmitts Politikverständnis liegt ein Dualismus zugrunde, der im Unterschied zu Althusius' Politikverständnis gewaltstimulierend, ja sogar kriegsforcierend wirkt.
⁴⁸ Vgl. Althusius (wie Anm. 5), Kap. XXXV, §§ 1–2.
⁴⁹ Vgl. Scheliha (wie Anm. 10), 66.

auch dann nur in Betracht zu ziehen, wenn zuvor alle Möglichkeiten einer friedlichen Konfliktbewältigung ausgeschöpft wurden. Althusius verknüpft das Kriterium *causa iusta* mit dem Kriterium *ultima ratio*.[50] Dies hat eine Rückbindungsfunktion zum Kriterium der *legitima potestas/auctoritas*. Althusius verbietet im Kontext seiner Kriegsdefinition beispielsweise das Duell[51], weil er das mittelalterliche Fehdewesen als Rückfall in ein *vor*-rechtliches Stadium territorialstaatlich zu regelnder Kriegsführung sieht.[52] Gebraucht er die beiden Kriterien im Verteidigungsfall also zur Limitierung von kriegerischer Gewaltanwendung?

„Als Beispiele für den Verteidigungsfall nennt Althusius die ‚Verteidigung der Freiheit und der eigenen Rechte', die ‚Abwehr zugefügter Gewalt', die ‚Verteidigung der reinen Religion', die ‚Rückforderung von Dingen, die unrechtmäßig geraubt wurden', die ‚Verweigerung der Gerechtigkeit' und die ‚Konspiration mit dem Feind' oder einem ‚Aufstand'."[53] Entscheidend ist: „militärischen

---

[50] Vgl. Althusius (wie Anm. 5), Kap. XVI, § 17. Er verweist in dem Zusammenhang auf Dtn 20,10, Num 20,21 und Ri 11,14–18. Er deutet den gerechten Krieg somit nicht nur im Rahmen des Souveränitätsrechts, sondern auch im Horizont der deuteronomischen Kriegstheologie: während neuere Exegese Israels gewaltsame Landeroberung als ideelles Konstrukt und das dtn. Banngebot als parabolisch-spirituell interpretiert (vgl. Georg Braulik, Das Buch Deuteronomium, in: Erich Zenger [Hg.], Einleitung in das Alte Testament, 4. durchgesehene u. ergänzte Aufl., Stuttgart u.a. 2001, 126ff.), versteht Althusius die Tradition der atl. Gotteskriege durchaus wörtlich. Die § 17 zugrundeliegenden Bibelstellen sind für Legitimation des gerechten Krieges jedoch nicht konstitutiv im Sinne einer theologisch-ethischen Grundlegung, sondern haben im Rahmen seiner Argumentation exemplarische Funktion.
[51] Vgl. Althusius (wie Anm. 5), Kap. XXXV, § 1.
[52] Wilhelm Janssen, Krieg und Frieden in der Geschichte des europäischen Denkens, in: Wolfgang Huber, Johannes Schwerdtfeger (Hgg.), Kirche zwischen Krieg und Frieden. Studien zur Geschichte des deutschen Protestantismus, Stuttgart 1976 weist zu Recht darauf hin, dass die „Königreiche Westeuropas" ihrer „Struktur nach im Inneren fehdefeindlich" und in „der Eindämmung des Fehdewesens gewiß erfolgreicher" waren „als die kirchlichen Gottesfrieden und königlichen Landfrieden des hohen Mittelalters", doch auch sie, so Janssen, blieben „weit entfernt davon, die legitime Gewaltanwendung zu monopolisieren und die eigenmächtige gewaltsame Rechtsverfolgung generell zu diskriminieren", denn „den waffenfähigen Leuten stand die kriegerische Auseinandersetzung in Form der Ritterfehde weiterhin offen", sodass das Mittelalter noch keinen „prinzipiellen Unterschied zwischen Krieg und Fehde" kannte (ebd., 69f.). Althusius liegt an dieser Stelle viel an einer prinzipiellen Unterscheidung zwischen illegaler, also „ungerechter" Fehde und legalem, also „gerechtem" Krieg.
[53] Scheliha (wie Anm. 10), 66. Der Paragraph ist ein gutes Beispiel dafür, dass für Althusius kein Widerspruch zwischen göttlichem und natürlichem Recht besteht: Selbstverteidigung entspreche dem 6. Gebot (vgl. Althusius [wie Anm. 5], Kap. XII, § 10).

Strafaktionen müssen Verhandlungen vorausgegangen sein, und dürfen erst nach deren Scheitern durch eine legitime Autorität durchgeführt werden."⁵⁴ Die in diesem Fall angewandte *iustitia vindicativa* hat den „Beigeschmack", dass die Entscheidung darüber, wer Freund ist und wer nicht, entscheidend davon abhängt, ob er ein Anhänger der *vera religio*, in Althusius' Fall: des reformierten Bekenntnis ist oder nicht. In zwischenstaatlichen Konflikten schließt das zum Beispiel Bündnisse mit katholischen Herrschern aus, da sie Vertreter der *falsa religio* sind. Neben den Spaniern, die die niederländischen Freiheitsbestrebungen unterdrücken, weil und indem sie Althusius zufolge die Religions- und Gewissensfreiheit knechten, missbrauchen auch lutherische Landesfürsten ihre Macht dazu, diese Freiheitsrechte zu unterdrücken. In den beiden Fällen ist neben der Verteidigung die Vergeltung von Unrecht „recht und billig".

Strafe ist für Althusius nicht Selbstzweck. Sie soll erlittenes Unrecht wiedergutmachen. Dabei bewegt er sich durchaus im Rahmen klassisch-antiker *bellum iustum*-Traditionen.⁵⁵ Schwierig wird es da, wo die *iustitia vindicativa* biblisch abgeleitet wird (siehe oben). Dadurch wird beim Leser der Eindruck erweckt, als ob Gott selbst Regierende dazu ermächtigt habe, „Unrechtstäter" zu bestrafen: bemerkenswert ist, dass Althusius *vor* der Aufnahme eines Krieges darauf hinweist, dass Militärpräfekte sich vor der Beratung darüber, ob sie erlittenes Unrecht ahnden oder aber erdulden sollen, zu Gott zu beten haben. Gegenstand dieser Beratungen ist unter anderem die Frage nach der Aussicht auf Erfolg.⁵⁶ Hierzu ist zu bemerken: *Erstens* nutzt Althusius an dieser Stelle ein weiteres Kriterium für einen rechtmäßigen Krieg: die Aussicht auf Erfolg. Somit unterstreicht er, dass seine Kriterienrezeption kriegslimitierend ist: ohne vernünftige Aussicht auf Erfolg ist der Einsatz militärischer Gewalt sinnlos. *Zweitens* soll jenes menschlichen Beratungen (Vernunft) vorangehende Gebet (Glaube) nicht zu einer nachträglichen Rechtfertigung von Krieg dienen, sondern den Blick der Militärstrategen auf eine friedliche Konfliktlösung lenken, schließlich kommt es neben der Möglichkeit der Unrechtsahndung ja auch zur Unrechtsduldung. An der Stelle redet Althusius jedenfalls keiner Vereinnahmung Gottes das Wort, sondern eröffnet den „Ausweg" zu einer konfliktdeeskalierenden Rechtsdurchsetzung. Dafür sprechen zudem seine Erklärungen zu den „Gefahren des Krieges"⁵⁷ sowie seine den *casus belli* präzise erfassenden Überlegungen zur Wahl der Feldherren: neben Erfah-

---

⁵⁴ Scheliha (wie Anm. 10), 66.
⁵⁵ Vgl. ebd.
⁵⁶ Vgl. Althusius (wie Anm. 5), Kap. XXXV, § 11.
⁵⁷ Ebd., Kap. XXXV, §§ 12–16,

rung und Autorität tritt Entschlossenheit, Tapferkeit, Schnelligkeit und Geduld.[58] Schon *vor* dem Krieg ist ein nüchtern-abwägendes, an Nützlichkeitserwägungen orientiertes Denken nötig.
Der Bestrafung der Unrechtstäter stellt Althusius zwei weitere Bedingungen voran: (1.) das Scheitern von Verhandlungen im Falle vertraglicher Konfliktbeilegung, (2.) das Scheitern von Rückgabeforderungen im Fall von Raubzügen. Althusius fährt auch hier eine Doppelstrategie, denn neben der Magistratsautorität steht gleichrangig der Reichsständekonsens, ohne den die Aufnahme eines Krieges sofort illegal wird – Althusius kennt nur zwei Ausnahmetatbestände: die Kriegsaufnahme zum Beispiel durch einen Landesfürsten zur Verteidigung einer Provinz oder Stadt angesichts des Eindringens von Feinden oder die Kriegsaufnahme durch untere Magistrate und zwar in dem Fall, wenn der höher stehende Magistrat droht, zu einem Tyrann zu werden.[59] In diesem Ausnahmetatbestand klingt Althusius' gegenüber der antik-mittelalterlichen Tradition veränderte Sichtweise auf die *legitima potestas/auctoritas* an.
Albert Schmidt hat auf viele inhaltliche Übereinstimmungen zwischen dem *ius ad bellum* und dem Widerstandsrecht bei Althusius hingewiesen. Eine offene Tyrannis nötigt Althusius dazu, ihr Widerstand entgegenzusetzen, denn sie untergräbt nicht nur das Verfassungsrecht, sondern auch die Gesetze und die Moral, sie bedroht dadurch Freiheit, Leben, Besitz und Religion der Untertanen.[60] Wenn Gewissens- und Religionsfreiheit und Gerechtigkeit (Gesetzeseinhaltung) Konstitutionsbedingen von Frieden sind, dann ist die von Althusius geschilderte Tyrannis ein entscheidender Auslöser dafür, den *ultima ratio*-Tatbestand in Geltung zu setzen:
„Ein Tyrann ist [...] derjenige, der das Treuegelöbnis und die Heiligkeit des Eides verletzt und hartnäckig beginnt, die Bande und Grundlagen des Gemeinschaftskörpers niederzureißen und aufzulösen. Gleichgültig, ob er Alleinherrscher ist oder mit anderen zusammen regiert, untergräbt er die höchsten Güter des Gemeinwesens, nämlich Frieden, Tugend, Ordnung, Gesetz und Adel durch Geiz, Hochmut, Treuelosigkeit und Grausamkeit und löscht sie aus."[61]

---

[58] In den §§ 19–90 werden mitunter Kriterien des *ius in bello* vorweggenommen (vgl. 2.2.2).
[59] Vgl. a.a.O., Kap. XXXV, §§ 4–11.
[60] Vgl. Albert Schmidt, Vaterlandsliebe und Religionskonflikt. Politische Diskurse im Alten Reich (1555–1648), Leiden 2007, 79.
[61] Althusius (wie Anm. 5), Kap. XXXVIII, § 2. Der Tyrann unterscheidet sich vom Herrscher dadurch, dass er ein grausamer Zwangsherrscher ist, der die ihm Untergebenen, demütigt und knechtet, elementarer Freiheiten beraubt, zu brutalster Gewalt greift, um seine Ziele durchzusetzen und in all dem nicht nur menschenverachtend handelt, sondern auch gotteslästerlich auftritt, sodass ein solch unbarmherziger

Wichtig ist nicht, ob es sich bei den Tyrannen um politische Einzeltäter oder um eine korrupte Clique handelt. Entscheidend ist, dass ein Tyrann sich wie ein „Verbrecher" gebärdet, was vor allem daran zu erkennen ist, dass er sich nicht nur nicht mehr an Fairnessregeln hält, sondern sogar verfassungsrechtliche Grundlagen antastet bzw. eindeutig überschreitet. Althusius geht von einer solchen Tyrannis aus, der eine *permanente* Rechtverletzung nachgewiesen wurde, sodass sich gewaltsame Gegenmaßnahmen auch wirklich rechtfertigen lassen.[62] Entscheidend ist, dass der Widerstand gegen Tyrannen eine „rechtmäßige" Autorität erfordert, die Althusius auf der Ebene „oberer Amtsträger" ansiedelt: die Ephoren.[63]

2.2.2 Althusius' Deutung des gerechten Krieges im Kontext des *ius in bello*

Dass, wie Arnulf von Scheliha meint, Althusius' Konzept des *ius in bello* „ethisch origineller" ist als sein Konzept des *ius ad bellum*, scheint mir zwar etwas übertrieben, von Scheliha sieht aber richtig, dass Althusius der förmlichen Kriegs*erklärung*, die Schonung von Zivilisten (ein wichtiges „modernes" *bellum iustum*-Kriterium), Milde, Bescheidenheit und Behutsamkeit im Kriege sowie Klugheit und Tapferkeit in der Niederlage zur Seite stellt. Althusius' Auslegung des *ius in bello* ist darum hochaktuell, weil hier als Ziel des Friedensschlusses eine dauerhafte Friedenszeit und die ideelle Versöhnung der Kriegsparteien in den Blick kommen.[64] Hier ist in der Tat an mehr gedacht, als nur an eine materielle Wiedergutmachung, sodass sich mit Recht feststellen lässt, dass sich im Zusammenhang der Althusianischen *ius in bello*-Deutung so etwas wie eine Nachkriegsordnung herauskristallisieren lässt: neben tugendethischen Überlegungen für die Zeit *im* Krieg[65] tritt eine konkrete Zielperspektive für die Zeit *nach* dem Krieg. Mittels konsequenter Wiederaufnahme des Kriteriums der *recta intentio* erlegt Althusius den Siegern und den Besiegten konkrete Rechte und Pflichten auf: während die Besiegten ihre Niederlage ehrlich anerkennen sollen, fordert er von den Siegern, dass sie milde sind, verzeihen, denn auf diese Weise können sie ihren Sieg Gott zuschreiben und nicht eigener Stärke oder Klugheit.[66] Dadurch verpflichtet Althusius die Sieger nicht nur zu einer demüti-

---

Herrscher, dem jede Milde fremd ist, von den Untertanen zu Recht nicht geliebt werden kann (vgl. ebd., Kap. XXIV, §§ 21–29).

[62] Vgl. Schmidt (wie Anm. 60), 79.
[63] Ebd.
[64] Vgl. Scheliha (wie Anm. 10), 67.
[65] Althusius (wie Anm. 5), Kap. XXXVI, §§ 3 u. 9.
[66] Ebd., Kap. XXXVI, §§ 48–69, bes. § 50.

gen Haltung, er erweitert, wie schon im Kontext des Kriteriums der vernünftigen Aussicht auf Erfolg, seine rechtlich-politischen Überlegungen um theologische – ohne nun aber aus dem gerechten einen heiligen Krieg zu machen. Das menschliche Handeln (etwa im Gebet, siehe oben) wird also auf den Glauben zurückbezogen und emanzipiert sich nicht von ihm.

Eine hier nicht näher zu erörternde Ausnahme bildet Althusius' positive Beurteilung einer im Krieg von Feldherrn begangene Täuschung oder List. Jede damit verbundene Treulosigkeit – etwa seitens der Soldaten, hält er jedoch für frevelhaft.[67] Man erkennt daran: strategische und tugendethische Argumente halten sich mitunter die Waage und eine seinem Denkansatz streng genommen zuwiderlaufende Sicht auf das Verhältnis von Regierenden und Untergebenen hält hier Einzug.

3. Kritische Würdigung der Althusianischen Kriegsethik

Althusius gelangt in jenen „großen geistigen und machtpolitischen Auseinandersetzungen um 1600" – darunter der „Niederländisch-spanische Krieg, das Ringen zwischen Calvinismus und Gegenreformation, Spannungen zwischen reformiertem und lutherischem Konfessionalismus, die Konflikte zwischen Souveränitätsansprüchen und ständischem Freiheitsstreben"[68] zu einer nüchternen Einschätzung der Kriegsproblematik. Dies ist durchaus nicht abwertend gemeint – ganz im Gegenteil. Das *ius ad bellum* und das *ius in bello* unterliegen bei Althusius strengen rechtlichen und moralischen Bedingungen, was in der Konsequenz dazu führt, dass Althusius der Verhütung von Krieg den Vorzug gibt, denn militärische Gewaltanwendung ist nur in sehr engen politisch-rechtlichen und ethischen Grenzen möglich. Innerhalb dieser Grenzen kann er aber geboten sein. Wichtig ist hierfür Althusius' Unterscheidung zwischen der *Androhung* des Krieges in Gestalt der formalen Kriegserklärung (in Friedenszeiten) und dem Waffengebrauch im Kriegsfall (in Kriegszeiten). Beide Vorgänge unterliegen einer mehrfachen Sorgfaltspflicht und führen zur faktischen Verknüpfung der unterschiedlichen Kriterien des gerechten Krieges – der Nexus von Religion und Politik, verbunden im Prinzip des gerechten Rechtes, wirkt sich kriegslimitierend auf die gesamte Althusianische Kriegsethik aus. Dies zei-

---

[67] Vgl. ebd., Kap. XXXVI, §§ 34–53.
[68] Antholz (wie Anm. 20), 69 weist auf eine Spannung zwischen Althusius „großartiger Theorie des symbiotischen Konsozialismus" und der „kleinkarierten Praxis" als Emder Syndikus hin (vgl. ebd., 71). Insgesamt kommt er zu der sehr negativen Einschätzung, dass Althusius ein „monopolitistischer Denker" gewesen sei (ebd., 87).

gen die Befunde zum Althusianischen Souveränitätsrecht: Souverän ist nicht derjenige, der über den Ausnahmezustand befinden kann, sondern souverän ist derjenige, der dem Gemeinwohl dient. Wir sahen ja, dass Althusius' Horizont die ständisch strukturierte Gesellschaft des frühen 17. Jahrhunderts war und er den Fokus auf die Begrenzung sich verabsolutierender Staatsgewalten (innerstaatlich) sowie auf eine von Diplomatie und Utilität geprägte Bündnispolitik (zwischenstaatlich) gelegt hat. Die Stärkung der *Rechte* des Volkes gegenüber den Regierenden, nicht die Stärkung des Volkes als solchem, will er politisch erreichen. Dazu bedarf es seines Erachtens der Ephoren, die tyrannische Herrscher verhindern, notfalls bekämpfen können/sollen.[69] Richtungsweisend ist Althusius' vehementes Insistieren darauf, Herrschaft immer funktional zu verstehen – eine ideengeschichtlich wichtige Errungenschaft, weil Untertanen wie Vertreter der Staatsgewalt als „Diener" ins Blickfeld rücken. Das schafft ein „Kräftegleichgewicht" auf Grund der ausnahmslosen Bindung aller Teilnehmer der Gesellschaft – bewusst „Symbioten" genannt – an die positiven sowie an die überpositiven („natürlichen") Gesetze. Vor dem Hintergrund des Prinzips der *aequabilitas* spricht Althusius also einer Gleichheit in Verschiedenheit das Wort, die wiederum dazu führt, Gewalt zu limitieren. Was seine Kriegsethik besonders auszeichnet ist, dass das Kriterium der *recta intentio* der zügigen Herstellung der Interessen von Siegern und Besiegten gleichermaßen dient und eine effektive Nachkriegsordnung enthält.

Es ergeben sich aber auch folgende Probleme hinsichtlich Althusius' Auslegung der Kriterien des gerechten Krieges: Seine Verweise auf Bibelstellen im Zusammenhang seiner Kriegsethik haben – wenn auch nicht durchgängig – meist stützende, selten konstitutive Funktion. Es kann nicht übersehen werden, dass es zu einer, zumindest

---

[69] Im Zusammenhang des *bellum iustum internum* in den kirchlichen Soziallehren des 16. und 17. Jahrhunderts heißt es bei Janssen (wie Anm. 52), 92f.: „Wichtig war vor allem, daß diejenige mittelalterliche Tradition in der Spätscholastik der frühen Neuzeit obsiegte, die Herrschaft naturrechtlich und mit Hilfe des Vertragsgedankens begründete, das Volk souverän setzte und den Herrscher als Mandatar begriff. [...] Dieser theoretische Ansatz hat sich weithin durchgesetzt. Umstritten blieb [...], wer gegen den tyrannischen Fürsten die res publica konkret repräsentiere [...]. Umstritten blieb vor allem, welche Kriterien es seien, die den princeps vom Tyrannen unterschieden. Es ist dasselbe Problem der iusta causa, welches das bellum iustum externum ebenso fragwürdig macht wie das bellum iustum internum. Allerdings liefen die Theoreme, mit denen man dieses Problem in praktikabler Weise zu lösen versuchte, in genau entgegengesetzte Richtungen: in der Frage des Krieges wurde man immer großzügiger und laxer, bis man sie am Ende des 18. Jahrhunderts für praktisch irrelevant erklärte; im Hinblick auf das aktive Widerstandsrecht wurde man dagegen immer enger und strenger, bis man schließlich jedes Widerstandsrecht gegen die legitime Obrigkeit praktisch leugnete."

tendenziellen Instrumentalisierung der in der Tat zahlreichen Schriftstellenbelege[70] kommt, die sich in der Kriegsethik so auswirkt, dass es zu einer unkritischen Rezeption des alttestamentlichen Gotteskriegsmotivs kommt. Dies hat weitreichende Konsequenzen, vor allem hinsichtlich des *causa iusta*-Kriteriums, das dazu „herhalten" muss, Bestrafungs- und Angriffskriege zu rechtfertigen. Althusius' „Konfessionalismus" trägt gewiss auch zu den fremdenfeindlichen Tendenzen, der Sittenstrenge und der im Werk offen zu Tage tretenden religiösen Intoleranz bei. Dies alles nimmt aber keine dominierende Stellung ein.

Eine ethische Grenzüberschreitung ist da wahrzunehmen, wo Althusius den Kampf gegen die, die sich gegenüber der *vera religio* in der Rechtslehre und -praxis als „feindlich" zu erkennen geben, nicht nur für juristisch, sondern auch für *theologisch* gerechtfertigt hält. Damit gerät er in einen Widerspruch zu seiner eigenen Methode, wonach Theologie, Politik und Jurisprudenz sachlich klar zu differenzieren sind, obgleich sich auch Überschneidungspunkte zwischen den Fächern ergeben können.[71] Inwiefern entspricht der Kampf gegen „Ungläubige" nicht nur der weltlichen, sondern auch der göttlichen Rechtsprechung? Althusius' deutliche Fürsprache für den niederländischen Befreiungskrieg redet einer Vereinnahmung Gottes das Wort. Er hält es für mit dem Dekalog kompatibel, gegen die Feinde Gottes Krieg zu führen, denn Gott kämpft ja nicht auf der Seite der Spanier, sondern auf der Seite der Niederländer.[72]

Einige, zu weiteren Untersuchungen der Althusianischen Kriegsethik anregende Fragestellungen mögen den Abschluss bilden: Ist es möglich, dass Althusius' Identifikation von „natürlichem" und göttlichem Recht die ideelle Basis jener Vereinnahmung Gottes ist? Wie kommt es dazu, dass der Wille Gottes außerhalb seiner Offenbarung im Dekalog erkennbar ist? Drückt sich in dieser Identifikation nicht letztlich ein reduktionistisches Verständnis des göttlichen Gesetzes aus? Steht folglich ein Vernunftrecht (*bellum iustum*) nicht über dem De-

---

[70] Karl Heinrich Rengstorf, Die Exempla sacra in der *Politica* des Johannes Althusius, in: Karl Wilhelm Dahm, Werner Krawietz, Dieter Wyduckel (Hgg.), Politische Theorie des Johannes Althusius, Berlin 1988, 202f. zählt „allein in den Kapiteln I–IV des 32 Kapitel umfassenden Werkes […] mehr als 700 Zitate aus dem Alten Testament, über 300 Zitate aus dem Neuen Testament". Er gesteht zu, dass Althusius „als politischer Theoretiker Biblizist" sei, „allerdings nicht im Sinne eines biblizistischen Fundamentalismus", da er in Verbindung mit dem Exempla sacra „seine umfassende humanistische Bildung in die Begründung seiner Konzeption" einbringe (ebd., 211).
[71] Vgl. Althusius (wie Anm. 5), 14 (= Vorwort zur dritten Aufl.).
[72] Vgl. ebd.

kalog? Und führt dies nicht zu einer „Auflösung" des im Kontext der christlichen Friedensethik zu Beginn erörterten Dilemmas?

Erinnerung und Heiligung

Die Abendmahlsliturgien Oekolampads

von Frauke Thees

Wie Johannes Oekolampad (1482–1531), einer der Reformatoren Basels und damals allseits respektierter Kenner der Kirchenväter,[1] so scheinen auch die Abendmahlsformulare Basels, die in ihrer Zeit durchaus einflussreich waren, heute nur selten Interesse zu wecken.[2] Vor allem im Anschluss an Markus Jenny (1924–2001) wird deren ethische und lehrhafte Ausrichtung betont und mehr oder weniger bemängelt, dass sie kaum ein dankbares Wiedergedächtnis Christi, sondern die Mahnung der Gemeinde zu einem geheiligten Leben – sogar in der Form eines in die Liturgie integrierten Bannes – unter Verweis auf das Karfreitagsgeschehen in den Mittelpunkt stellen und womöglich zu sehr die Freudenbotschaft des Evangeliums verdunkeln.[3] Auch mangelnde Kreativität wird dem Reformator vorgeworfen,[4] doch wäre das vermutlich das für ihn größte Kompliment gewesen. Meine beiden Thesen lauten also:

---

[1] Amy Nelson Burnett, Oekolampads Anteil am frühen Abendmahlsstreit, in: Christine Christ-von Wedel u.a. (Hgg.), Basel als Zentrum des geistigen Austauschs in der frühen Reformationszeit (Spätmittelalter, Humanismus, Reformation, 81), Tübingen 2014, 215–132, hier 217, 220f.

[2] Vgl. aber Alfred Ehrensperger, Der Gottesdienst in Stadt und Landschaft Basel im 16. und 17. Jahrhundert (Geschichte des Gottesdienstes in den evangelisch-reformierten Kirchen der Deutschschweiz Bd. 1), Zürich 2010.

[3] Vgl. Markus Jenny, Die Einheit des Abendmahlsgottesdienstes bei den elsässischen und schweizerischen Reformatoren (SDGSTh 23), Zürich/Stuttgart 1968, schreibt differenzierter, als er übernommen wird, 87: „Dass Oekolampads Abendmahlsfeier mit dem Bann und seiner stark ethischen Ausrichtung den Charakter der frohen Danksagung etwas zu sehr in den Hintergrund treten lässt, ist zuzugeben. Die *eucharistia* ist ein Gedanke, der zwar nicht fehlt, aber die Feier doch in keinem Teile beherrscht. Zu sehr liegt eben der Ton auf dem Danksagen für das *Leiden* Christi und dann gleich auf der Gestaltwerdung dieser Dankbarkeit in einem geheiligten *Leben*." Siehe auch: Bruno Bürki, Das Abendmahl nach den Basler Ordnungen, in: Irmgard Pahl (Hg.), Coena Domini I, Die Abendmahlsliturgien der Reformationskirchen im 16./17. Jahrhundert, Freiburg 1983, 199–225, hier 200.

[4] Hermann Waldenmaier, Die Entstehung der evangelischen Gottesdienstordnungen Süddeutschlands im Zeitalter der Reformation (SVRG 125/126), Leipzig 1916, 25, im Blick auf ein nicht näher bezeichnetes Formular von 1529: „Neu schuf Oekolampad außer dem Aufbau eigentlich nur den Inhalt der kurzen Ermahnungen, dagegen nicht ein einziges Gebet, so daß man dafür auch in Basel zunächst nur das Vaterunser hatte".

1. Erinnerung und Heiligung, memoria et sanctificatio, sind für Oekolampad zwei Seiten derselben Medaille, die mit „Leben aus der am Kreuz erworbenen Vergebung in der wahren Kirche" beschrieben werden könnte: Das Abendmahlsformular führt entsprechend die Gemeinde von einer manducatio spiritualis in der anschließenden Kommunion zu einem für den Nächsten hilfreichen Sichtbarwerden der zu einem gottgefälligen Leben bereiten Kirche, und zwar als einer „ecclesia semper reformanda".
2. Die Gestaltung der Abendmahlsfeier ist primär exegetisch orientiert an biblischen Zeugnissen, erhält erst dadurch ihren ethisch-lehrhaften Charakter und ist liturgisch in Bezug auf das Karfreitagsgeschehen kontemplativ intendiert.

Die dem Reformator durchgängig am Herzen liegende Erneuerung von Kirche und Gesellschaft kann dementsprechend nur durch die Rückbindung des Einzelnen in der Gemeinschaft der Kirche an das Wort Gottes und damit – als Inbegriff seiner Barmherzigkeit – an Christi Passion gelingen.

1. Die Entwicklung in Basel bis 1529 im knappen Überblick

Mit dem Reformationsmandat von April 1529[5] bekannte sich die Bischofs- und Druckerstadt Basel als evangelisch. Dem waren jahrelange Auseinandersetzungen vorausgegangen, die sich in Predigt- und Kultusvielfalt ausdrückten und auch durch Mandate mittelfristig nicht zu schlichten waren. Einerseits war Oekolampad verwickelt in die große innerprotestantische Auseinandersetzung um die Realpräsenz Christi in den Elementen Brot und Wein, andererseits konkret in Basel und der Eidgenossenschaft in die um die Berechtigung von Messe und Messopfer. Mit der obrigkeitlichen Übernahme der evangelischen Lehre musste sich diese schließlich auch in einem veränderten Kultus für alle Untertanen niederschlagen.

1520 bereits begann in verschiedenen Kirchen in Stadt und Landschaft die evangelische Predigt.[6] Bischof und Rat versuchten durch verschiedene Predigtmandate[7] die daraus entstehende Unruhe einzudämmen, die bald auch die Messe erfasste. Schon 1522 soll es unter der Ägide von Wilhelm Röublin (1484– c. 1559), Leutpriester an St.

---

[5] Aktensammlung zur Geschichte der Basler Reformation in den Jahren 1519 bis Anfang 1934 (AGBR), 6 Bde., hg. v. Emil Dürr/Paul Roth, Basel 1921–1950, Bd. 3 Nr. 473.
[6] Ebd., Bd. 1 Nr. 57.
[7] Ebd., Bd. 1 Nr. 104f., 151, 386.

Alban, zu Messfeiern in der Volkssprache gekommen sein.[8] 1523 wurde Wolfgang Wissenburg (1494/6–1575), Pfarrer am Spital, mit seiner Auffassung vom Sakrament als Zeichen aktenkundig.[9] Oekolampad, Leutpriester an St. Martin, war zunächst ein eher zurückhaltendes Mitglied einer durchaus kämpferischen Pfarrerschaft, die kluge geistliche Kontrahenten hatte.[10] Spätestens seit dem Jahre 1525 wurden regelmäßig neben der Feier der Messe evangelische Abendmahlsfeiern geduldet, von deren Ablauf verschiedene Drucke überliefert sind, von denen einer auf 1526 datiert ist.[11] An Allerheiligen 1525 kam es möglicherweise zu einer konzertierten Aktion: Oekolampad feierte an St. Martin mit den lebenden Heiligen (sanctis viventis) das Abendmahl in beträchtlich einfacherer Gestaltung (aliquanto simplicius) und wiederholte diese Feier wenig später, um durch die reine Einfachheit der Gestaltung (simplicitas et innocentia) jegliche Verdachtsmomente des Volkes zu zerstreuen.[12] Im Rückblick berichtete er vom Genuss beider Elemente mit Zustimmung des Rates, von den häufigen Feiern, auch vom Krankenabendmahl, wie es sich ebenfalls schon in der frühesten Agende findet, und vom Gebrauch nützlicher Gebete, Lesungen, Vermahnungen und Aufforderungen; er betont aber, dass vor allem die Erinnerung an den Tod Christi und die Empfehlung der christlichen Nächstenliebe (memoria mortis Christi et charitatis commendatio) eingeschärft würden (inculcare).[13]

---

[8] Die Basler Chroniken (BC) 1–11, hg v. der Historischen und Antiquarischen Gesellschaft in Basel, Leipzig 1872–1945, Bd. I, 33: „[E]r warff allen bo[e]psten, bischöffen und pfaffen ire seckten, cermonien und ander kilchenbruch, die man gar heillig hielt, die warff er mit der heilligen schrifft all um, desglich volge, jorzit, selgret und in dem sy unsz schandlich verfurt hatten; [...] er verwarff in ouch die heillig mesz, das sy vor got für das gro[e]st gutthet hielten." Die Zitate werden um der flüssigen Lesbarkeit willen den Lesegewohnheiten angepasst.

[9] Wissenburg begann, „die lattinisch mesz zu tutsch halten, domit man ho[e]rren möcht, worüff sy gesetzt wer, des die pfaffen aber nit wol zyfryden worren." Das Domkapitel beschwerte sich am 10.2.1523 beim Rat über diesen Leutpriester, der sich nicht an das bischöfliche Mandat halte und unter dem Schutz der weltlichen Obrigkeit weiterhin seine neuen Lehren predige, u.a. dass „das sacramentum altaris sey allein signum"; doch Wissenburg verblieb in seinem Amt, vgl. BC Bd. I, 35; AGBR Bd. 1 Nr. 129; dass Wissenburg die Messe in deutscher Sprache gehalten habe, wurde ihm in der Beschwerde nicht vorgeworfen.

[10] Vgl. Ulrich Gäbler, Die Basler Reformation, in: ThZ 47 (1991), 7–17, hier: 9f. und 17.

[11] Zur Datierung der unterschiedlichen Ausgaben Bürki, 200f. Anm. 9, basierend auf Jenny (beide wie Anm. 3), 71–74, 84f.

[12] Vgl. Huldreich Zwinglis sämtliche Werke (Z), hg. v. Emil Egli/Georg Finsler u.a., Berlin u.a. 1906ff., Bd. 8 Nr. 404.

[13] Briefe und Akten zum Leben Oekolampads, hg. v. Ernst Staehelin, 2 Bde., Leipzig 1927 und 1934 (BrA) Bd. 2 Nr. 465.

Anlässlich der Abendmahlsfeier zu Ostern 1526[14] sangen die Gläubigen die aus den Straßburger Agenden übernommenen Psalmen 10 und 137, mit denen Oekolampad sich seit Sommer 1525 in seinen Predigten beschäftigt hatte.[15] Mitte August wurden erneut deutsche Psalmengesänge in St. Martin laut, die trotz des durch die am traditionellen Kultus festhaltenden Gegner erwirkten Ratsverbots nicht verstummten. Die in die Badener Disputation 1526 gesetzte Hoffnung einer Befriedung trog. In St. Martin und bei den Augustinern nahm die Messe ein Ende.[16] Auch auf dem Lande machte sich der Wegfall der Messe bemerkbar.[17] Die Lage in Basel wurde so schwierig, dass der Rat im Mai 1527 ein Mandat erließ, die gegnerischen Seiten möchten für ihre widerstreitenden Ansichten zur Messe Gutachten innerhalb eines Monats einreichen, was diese unter der Ägide von Domprediger Augustinus Marius (1485–1543) und Oekolampad taten.[18] Das Gutachten der in der Abendmahlsfrage geeinten reformatorischen Prediger ist sachlich offensiv und geht frei mit den vom Rat gestellten Fragen um; es ist als öffentliche Rechtfertigung des bisherigen Handelns und werbende Gebrauchsanweisung für die

---

[14] Die Predigt vom 21.12.1525 über Joh 20,24–31, weist auf die für Weihnachten erneut vorgesehene Abendmahlsfeier hin, Zwen Schön Sermon: inhaltende, das man von wegen des Herren Nachtmals, Brüderliche Liebe nitt sollen zertrennen Auch von der wirdigkeit des Sacraments, mit kurtzen ablaynungen viler einreden der widersächern, Augsburg 1526, Bayerische Staatsbibliothek München (BSB), Sign. Res/4 Polem. 7#Beibd.29 (urn:nbn:de:bvb:12-bsb00013043-2), Ar2: „Aber das so nahet sich auch der Weynacht tag, auff welchen (als ich verhoff) sich ewer vil mit den hailigen Sacramentlichen zaichen bru[e]derlicher lieb bezügen werden".
[15] Vgl. BC Bd. I, 411; vgl. Jenny (wie Anm. 3), 81; Ernst Staehelin, Das theologische Lebenswerk Johannes Oekolampads, Leipzig 1939, 443–447, besonders 444 und in die Passions- und Osterzeit 1526 datiert: „So führte er etwa über Ps. 77 aus, in den Zusammenkünften der Gläubigen seien `psalmi et spirituales cantiones´ mit lauter Stimme zu singen, damit der Nächste zum Lobe Gottes aufgerufen werde"; vgl. ebd. 411–418 und BrA Bd. 1 Nr. 446. Schon 1526 wurde die Predigt über den zehnten Psalm ediert, die die aus Straßburg stammende, situativ angepasste Umdichtung von Michael Stiefel als Anhang hatte und das Ziel des gottesdienstlichen Singens der Psalmen ausweist, Der zehend psalm, gepredigt im fünff und zwenzigsten iar, Basel 1526, UB Basel, Sign. KiAr J X 1:9 (http://www.e-rara.ch/doi/10.3931/e-rara-501, Zugriff: 16.12.2015), A3v: „Wie wol wir inn vnser kirchen allein die psalm, so vff das aller gnahest bey Dauids vnnd der heyligen gschrifft worten bstan, nit in trutzender weyß singen, aber begeren dardurch vnseren Gott vnd Herren, mit einhelliglichem verstantlichen gebett vnnd dancksagung, durch sein sun Jesum Christum, wolgefallen, vnn in Christlicher lieb, zu[o] warem gottsdienst einander anreytzen, auch also in gedult vnn vertruwung zu[o] gott, wider vnser anfechtung zu[o] rüsten".
[16] Vgl. BrA Bd. 2 Nr. 465; vermutlich geschah dies noch 1526, da bald darauf eine Klage auf Rückgabe einer Familienmessstiftung bei den Augustinern erfolgte, vgl. AGBR Bd. 2 Nr. 578; vgl. a. BC Bd. VI, 112.
[17] Vgl. AGBR Bd. 2 Nr. 629.
[18] Vgl. AGBR Bd. 2 Nr. 657, 679, 688.

Teilnahme an den evangelischen Abendmahlsferien interpretierbar.[19] Das Abendmahl wird bestimmt als „Wiedergedächtnis" und „Danksagung". Die Entscheidung des Rats zog sich bis Ende September hin. Der Status quo wurde im Wesentlichen beibehalten, nur sollte kein Priester zum Messehalten gezwungen werden. Wer bis dato die Messe schon nicht mehr an den von evangelischen Predigern versehenen Kirchen gehalten habe, dürfe das beibehalten.[20] Schon bald wehrten sich die Geistlichen auf dem Lande dagegen und wurden vom Rat gemahnt;[21] auch in der Stadt ergaben sich Probleme für die Priester, die bereits von der Messe Abstand genommen hatten, jetzt aber nicht unter die Ausnahmeregelung fielen und wieder zum Messehalten verpflichtet wurden.[22]

Die Berner Disputation 1528 führte zwar zur Einführung der Reformation in Bern und einer Übernahme der Bannformel von 1525/6 aus Basel in die dortige Liturgie,[23] aber hatte nicht die erwünschten Konsequenzen für das heimische evangelische Bemühen um die Abschaffung der Messe; doch entluden sich die zunehmenden Spannungen im ersten Bildersturm am 10. April 1528.[24] Oekolampad distanzierte sich von diesem Akt; der Rat ging zu einer Räumung in verschiedenen Kirchen über, auch in St. Martin. Mit der Reformationsordnung war ab dem 1. April 1529 schließlich die Messe in Stadt und Land verboten, wenngleich immer noch gefeiert, wie die Klagen der Evan-

---

[19] Vgl. Ob die Mesz ein opffer sey: beyder partheyen Predicanten zu[o] Basel antwurt, Uff erforschung eins Ersamen Radts, eyngelegt, Basel 1527(?), UB Basel, Sign. Hagb 35:1 (http://www.e-rara.ch/doi/10.3931/e-rara-5584, Zugriff: 16.12. 2015). Der in der Einleitung zur Beurteilung der anstehenden Fragen aufgestellte Maßstab lautet, dass alles, was nicht die Ehre Gottes suche, vor ihm ein Gräuel sei, dessen schlimmste Ausprägung die Messe in ihrer bisherigen Form sei. In zwei Schritten wird erarbeitet, dass die „päpstliche Messe" nicht mit der Einsetzung Christi übereinstimme, indem anhand biblischer Berichte deren Form bis in Einzelheiten hinein beschrieben und damit der jetzige Brauch verglichen wird. Die andere Hälfte des Gutachtens beschäftigt sich mit der Widerlegung der Messopfertheologie, verweist auf die Einmaligkeit des die Sündenvergebung erlangenden und völlig ausreichenden Kreuzesopfers Christi und die zeichenhafte Bedeutung der Sakramente.
[20] Über die Entscheidung war Oekolampad enttäuscht, da damit in der Stadt nur der Status quo festgeschrieben, auf dem Lande aber die reformatorischen Geistlichen um ihr Amt gebracht wurden, sollten sie die Messe nicht halten, vgl. AGBR Bd. 2 Nr. 728, 715 und ebd. Bd. 3 Nr. 87; BrA Bd. 2 Nr. 520.
[21] Z 9 Nr. 661; vgl. a. AGBR Bd. 2 Nr. 733.
[22] Vgl. AGBR Bd. 2 Nr. 733, 742.
[23] Vgl. Bürki, 227–236, Jenny (beide wie Anm. 3), 89–94.
[24] Vgl. Lee Palmer Wandel, Voracious Idols and Violent Hands: Iconoclasm in Reformation Zurich, Strasbourg, and Basel, Cambridge 1995, 149–189.

gelischen deutlich machen.[25] Angeordnet wird eine Reduktion der Kirchen, die für die neu organisierte evangelische Predigt und Sakramentsspendung zuständig sein sollten und für die entsprechende Kräfte zugewiesen würden. Die Gläubigen werden aufgefordert, sonntags in ihrer Pfarrkirche der Predigt und gegebenenfalls Abendmahlsfeier beizuwohnen, um untereinander und vor dem Pfarrer erkennbar zu werden für den Aufbau der Gemeinde wie für die Anwendung des Bannverfahrens; konkret heißt es im siebten Kapitel in deutlicher Abgrenzung zur Messe: „Des Herren nachtmal ist von Christo ingesetzt, sin heyligs lyden mit danckbarkeit zu[o] betrachten und zu[o] verkünden, auch christenliche lieb und einigkeit, wie glydern eins lybs gebürt, zu bezügen."[26] Dies alles in deutscher Sprache und unter Gebrauch des Bannes, der quasi dem Abendmahlsformular von 1526 entspricht und Leutpriester wie Diakon anvertraut ist. Ostern, Pfingsten und Weihnachten solle das Abendmahl in Stadt und Land gefeiert werden, in der Stadt zudem reihum sonntags in den vier dafür genannten Kirchen und auf dem Lande alle drei bis fünf Wochen, sofern Kommunikanten es begehrten.

2. Theologische Schwerpunkte bei Oekolampad

2.1. Die Bedeutung der Memoria im Abendmahlsverständnis Oekolampads

Nachdem Oekolampad bereits im Jahre 1518 als Poenitentiar am Basler Münster tätig gewesen war, kehrte er im November 1522 zunächst als Übersetzer, dann ab 1523 als ordentlich bestallter Professor der Theologie an der Universität und Vikar an St. Martin, wo er 1525 Leutpriester wurde, zurück zu seinem bis zum Lebensende andauernden Aufenthalt in Basel. Bis zum Jahre 1529, also zur Entstehung der nachhaltig rezipierten Liturgie, wird sein Verständnis des Abendmahls schrittweise erkennbar:[27] Auf der Basis der frühen Lutherschriften bis 1520, gelesen unter humanistischer Perspektive und in intensiver Auseinandersetzung mit den Kirchenvätern, be-

---

[25] Vgl. ABGR Bd. 4 Nr. 180 u.a.; BC Bd. 1, 489. Durch die Bannformel der Liturgie bedingte Ausschlüsse vom Abendmahl sind bis zu diesem Zeitpunkt nicht erkennbar.
[26] ABGR Bd. 3 Nr. 473. Auf den Synoden sollte über die rechte Sakramentenlehre gewacht werden, vgl. ebd. Nr. 559.
[27] Grundlegende Informationen z.B. durchgängig bei Staehelin (wie Anm. 13); Gottfried Hoffmann, Kirchenväterzitate in der Abendmahlskontroverse zwischen Oekolampad, Zwingli, Luther und Melanchthon, Göttingen, 2. Aufl. 2011; Dorothea Wendebourg, Essen zum Gedächtnis. Der Gedächtnisbefehl in den Abendmahlstheologien der Reformation (BHTh 148), Tübingen 2009, darin: Johannes Oekolampad, 101–138.

stimmte sich das Ziel des Abendmahls für den Reformator zunächst vornehmlich in „der Ausrichtung auf die innere Umwandlung des Menschen und die Gemeinschaft des Leibes Christi"[28]; dabei galt ihm die für die menschliche Vergesslichkeit geforderte Feier als Medium zur dankbaren Betrachtung der Passion, des einen Kreuzesopfers, dessen man eingedenk sein müsse und in dem man sich mit dem gnädigen Gott versöhnen lassen könne. Die Begegnung mit Christus selbst in den Elementen sei eher im Sinne einer Zeichenhaftigkeit denn einer Transsubstantiation zu deuten und nur im glaubenden Empfang, der hinter den Elementen Christi Tun sehe, wirksam.[29] Dieser Glaube, dieses geistliche Essen, die manducatio spiritualis, mache Christus gegenwärtig.[30] 1522 erfährt der Gabecharakter eine Verschiebung, indem die lutherischen Gedanken der Sakramente als promissio und pignus/signum akzentuiert werden: Die gläubigen Kommunikanten erhielten die Vergebung und das ewige Leben, worauf die Elemente als sichtbare Pfänder dieser Verheißung über sich hinaus auf das Unsichtbare hinwiesen. Im Zuge dieser Argumentation tritt der Gedanke einer irgendwie gearteten leiblichen Präsenz Christi ganz in den Hintergrund. Die besondere Bedeutung des Sakraments für die communio oder societas der Christen steht bei Oekolampad durchgängig im Zentrum seiner Abendmahlstheologie. Wie diese Wirkung zustande kommt, bleibt allerdings zunächst unklar. Auf der Ebernburg setzte Oekolampad 1522 diese Gedanken erstmalig liturgisch um, ohne jedoch grundsätzlich etwas an der Messe zu ändern.[31] Durch den Abendmahlsstreit gewann – vermut-

---

[28] Ebd., 102; vgl. dazu Gottfried Krodel, Das Abendmahlsverständnis des Erasmus von Rotterdam und seine Stellung am Anfang des Abendmahlsstreites der Reformation, Diss. masch. Erlangen 1955; vgl. Sermo de Sacramento Eucharistiae, Augsburg 1521, BSB, Sign. 4 Hom. 1597 (urn:nbn:de:bvb:12-bsb10161611-0), C2r: Wie die Israeliten die Gebote Gottes im Herzen trügen, so sollten die Christen die Passion ihres Herrn und deren Wohltaten (beneficia) wie in Marmor gemeißelt unvergesslich im Herzen bewahren, weil dadurch das Feuer entflammt werde (exardescit in meditatione ignis.), das sich dann in der Liebe zu Christus und in dem heißen Verlangen nach Danksagung ausdrücke.
[29] Deutlich in Aufbau und Argumentation in der von Oekolampad für eine breitere Leserschaft selbst besorgten Übersetzung der Fronleichnamspredigt (s. Anm. 28): Ain Predigt und Ermanung Joannis Oecolampadii von wirdiger Ereenbietung dem Sacrament des Fronleichnam Christi, Augsburg 1521, BSB, Sign. Res/4 P.gr. 32#Beibd. 4 (urn:nbn:de:bvb:12-bsb00011628-9).
[30] Wendebourg (wie Anm. 27), 109f.; vgl. Sermo (wie Anm. 28) B2rf., wo die geistliche Speisung durch das Lebensbrot Christus im Glauben breit entfaltet und der sakramentalen deutlich vorgeordnet wird, die aber um der Anschaulichkeit willen notwendig sei.
[31] Vgl. BrA Bd. I Nr. 128; in diesen Zusammenhang ist auch das als Erbauungsbuch gedachte „Testament Jesu Christi" zu stellen, vgl. die gründliche Erörterung

lich auch unter Huldrych Zwinglis (1484–1531) Einfluss – der Begriff des Gedächtnisses eine Bedeutung, die sich jetzt gezielt gegen realpräsentische Vorstellungen wendete, die er allmählich öffentlich erkennbar abgelegt hatte. In der Vorrede zum Druck seiner im Advent 1523 gehaltenen Predigten über den ersten Johannesbrief, die im Juni 1524 herauskommen, griff er den traditionellen Kult[32] an und machte in seiner 14. Predigt deutlich, dass die Messe kein Opfer sei; die Sünden seien durch Christi einmal vergossenes Blut vergeben; die Gläubigen gäben Gott nichts, nein, sie nähmen von ihm ob seiner Barmherzigkeit. Die Unruhe wuchs in und außerhalb der Stadt und wurde durch den Druck der Schriften Johannes Karlstadts (ca. 1494–1566) im Herbst 1524 und den beginnenden Abendmahlsstreit verschärft.
Wichtiger als die Nutzung der Bibelstelle Joh 6,63, die bei Zwingli im Vordergrund steht, erweist sich für Oekolampad das Nachdenken über den Zeichenbegriff – vor allem in Auseinandersetzung mit den Schriften der Kirchenväter.[33] Das Mess- als Sühnopfer wird als im Gegensatz zum Empfangscharakter und zum Gedächtnis des Abwesenden stehend, der zur Rechten Gottes sitze, angegriffen; die Stiftung durch den Herrn lasse die Gläubigen das Mahl hoch schätzen und um seiner Wohltaten willen Dank sagen und Lobopfer darbringen, wozu es seiner leiblichen Gegenwart jedoch nicht bedürfe. Es genüge, gemahnt durch das symbolische Mahl des Herren (symbolo dominico), in der Erinnerung diese Wohltat zu umfassen (memoria beneficium amplecti), deren Betrachtung (meditatio) den gänzlich abwesenden Wohltäter (absentissimum benefactorem) vergegenwärtige (repraesentat).[34] Die manducatio spiritualis wird also in kontemplativer Weise akzentuiert: Die Elemente dienten als Mittel zum

---

von Julius Smend, Die evangelischen deutschen Messen bis zu Luthers Deutscher Messe, Göttingen 1896, 49–71, aufgenommen bei Jenny (wie Anm. 3), 72.

[32] Jn die erst Epistel S. Joannis des Evangelisten ettliche christenlich Predig von Joanne Ecolampadio in Latein zum ersten ussgangen, Basel 1524, Zentralbibliothek Zürich (ZZ), Sign. 6.436:b (http://www.e-rara.ch/doi/10.3931/e-rara-5095, Zugriff: 16.12.2015): Kritik an einzelnen Aspekten der Messfeier (N4v-N5r) erfolgt gemäß dem Maßstab (N6v): „In den sacramenten vor ab stat vns nit zu[o] etwas zu[o] a[e]ndern".

[33] Dies wird besonders deutlich in De Genvina Verborum Domini, Hoc est corpus meum, iuxta uetustissimos authores, expositione liber, Strassburg 1525, BSB, Sign. Polem. 1999 (urn:nbn:de:bvb:12-bsb00035621-1).

[34] Ebd., D6r. Im Brief an Balthasar Hubmaier, Mitte Januar 1525, berichtet Oekolampad von seinen liturgischen Gedanken, nämlich die schon in der Liturgie von 1526 fassbaren Schwerpunkte, die zweimal eine Zeit der schweigenden Meditation von Christi Passion und der Einsetzungsworte und ihrer Bedeutung für den Kommunikanten beinhalten, vgl. BrA Bd. 1 Nr. 239 und die Agende von 1526 (wie Anm. 40).

Erinnerung und Heiligung 187

Gedenken und erinnerten in ihrer Bild- bzw. Zeichenhaftigkeit an den heilsgeschichtlich bedeutsamen Vorgang der Kreuzigung, des Selbstopfers Christi für die Sünder, womit es dem Passahlamm vergleichbar werde. Das Zeichen könne aber nur wirksam sein, wenn die Kommunikanten um die Tat wüssten, also glaubten. Diesen Glauben wirke alleine Gott; dieser Glaube, die Betrachtung, das Gedenken ließen die Gläubigen Brot und Wein zum Heil einnehmen. Einerseits seien die Zeichen also vom Glauben abhängig im Verständnis des über sie hinausweisenden Heils, andererseits könne Christus aber auch ohne Zeichen die Heilsgewissheit im Glauben schenken. Dass das gemeinschaftliche Essen und Trinken nicht überflüssig sei, bekräftigt Oekolampad mit den Hinweisen auf den gemeinsamen und damit feierlicheren Dank und der Verbindung der Gläubigen untereinander durch dieses gemeinsame Feiern im Sinne eines Sich-gegenseitig-zu-erkennen-Gebens, als gegenseitige Verpflichtung zu Liebe und friedvollem Leben.

2.2. Sanctificatio[35]

Oekolampad rang lebenslang noch mit einem anderen damit verflochtenen Thema: mit dem Bemühen um die Verbesserung des Lebens des einzelnen Christen und der christlichen Gemeinde und damit der Möglichkeit eines – nach neutestamentlichem Vorbild – Ausschlusses vom Abendmahl.[36] 1521 unterzog er in seinem Paradoxon die überlieferte Bußtheologie und die gängige Beichtpraxis einer kritischen Sichtung. Ihnen stellte er eine doppelte Auffassung von Beichte gegenüber: „Die Beichte sei einmal ein Gebet aus Reue über die Sünden und zum anderen ein kirchliches Erziehungsmittel. Die ‚Stadt', die bürgerliche Obrigkeit, müsse nämlich bestrafen, die Kirche hingegen müsse ‚erziehen'. Dazu diene das Beichtinstitut. Die Stadt urteile zum Tode, die Kirche führe zum Leben. Dieser ekklesiologische Ansatz einer Unterscheidung von weltlichen und kirchlichen Aufgaben dürfte unter Luthers Einfluss gebildet worden sein. Er blieb für das ganze weitere Lebenswerk Oekolampads be-

---

[35] Vgl. insgesamt Olaf Kuhr, „Die Macht des Bannes und der Buße". Kirchenzucht und Erneuerung der Kirche bei Johannes Oekolampad (1482–1531) (Basler und Berner Studien zur historischen und systematischen Theologie Bd. 68), Bern 1999; Walter Köhler, Zürcher Ehegericht und Genfer Konsistorium, Bd. 1: Das Zürcher Ehegericht und seine Auswirkungen in der deutschen Schweiz (QASRG 7), Leipzig 1932.
[36] Dies zeigt sich vom „Quod non sit onerosa christianis confessio paradoxon", Basel 1521, UB Basel Falk 849:7; BSB, Sign. Mor. 366 (urn:nbn:de:bvb:12-bsb00023071-2) über die Auseinandersetzungen mit den Täufern bis zur letzten, hartnäckigen Äußerung zur Bannfrage 1531, vgl. BrA Bd. 2 Nr. 935.

stimmend."[37] Im Paradoxon spricht Oekolampad zur Beichte der öffentlichen Vergehen vor Gott und der Gemeinde konkret den Ausschluss vom Abendmahl an: Im Abendmahl würden Christus und die Kirche ein Fleisch (ut eam in unam carnem sibi associet), und zwar die - im Epheserbrief beschriebene - Kirche ohne Runzeln und Makel, die heilig und untadelig (sancta, irreprehensibilis) sei. Und genau in diese Gemeinschaft (panis, caro, coniugium) gingen die Christen über, weshalb Ungläubige und Unreine (increduli, impuri) nicht Anteil daran haben könnten, da jenes Brot die Ungläubigen eben nicht lebendig mache. Damit seien sie nach dem Beispiel der Apostel auch heute vom gesellschaftlichen und kirchlichen Umgang und besonders vom Abendmahl fernzuhalten,[38] wie sich in den Liturgien zeigen wird.

3. Die Abendmahlsliturgie von 1529/37 im Überblick

Oekolampad hat im Vergleich zu anderen Reformatoren wenig Messen gelesen. Seit 1526 war er explizit des Messelesens an St. Martin enthoben, für die „handreychung der helgen sacrament"[39] aber zuständig. So ist die Entwicklung eines Formulars aus Predigtgottesdienst und Kommunionfeier nicht überraschend. Im „Brauch zu[o] reichen die heiligen Sacrament des leybs und blu[o]ts Christi."[40] 1526 wird bereits an einen nicht näher beschriebenen Predigtteil[41] die Abendmahlsliturgie angefügt. 1529 scheint der Pfarrer bis vor die Einsetzungsworte auf der Kanzel zu bleiben, erst dann begibt er sich zum Tisch oder Altar.[42] *Form der Sacramenten bruch, wie sy zu[o] BASEL gebrucht werden, mit sampt eynem kurtzen kinder bericht*

---

[37] Ulrich Gäbler, Oekolampad in: TRE 25, 1995, 29–39, hier 30. Diese Sichtweise ist sicher um die Beschäftigung mit und Anlehnung an die Kirchenväter zu ergänzen.
[38] Paradoxon (wie Anm. 36) 11r/65. Vgl. insgesamt dazu a. Staehelin (wie Anm. 13), 121–134: Die öffentlichen Sünden, die auf andere verführerisch wirkten und die Ehre Gottes verletzten, würden alljährlich vor Ostern als vom Abendmahl ausschließende bekannt gegeben. Ob alle diese Sünden tatsächlich zum Ausschluss berechtigten, wolle Oekolampad jetzt aber nicht untersuchen.
[39] Vgl. AGBR 2 Nr. 303.
[40] UB Basel, Sign. Falk 931:3 (http://www.e-rara.ch/doi/10.3931/e-rara-5368, Zugriff: 16.12.2015).
[41] Ebd. A8rf.: „Ein ermanung vnd offen Beicht vor der predig." ist – vielleicht als Vorschlag – abgedruckt.
[42] Ich folge in der Datierungsfrage Jenny (wie Anm. 3), 73f. in Bezug auf BrA Bd. 2 Nr. 499. Ausführliche und lohnende Vergleiche mit den vorigen Fassungen müssen aus Platzgründen entfallen.

lautet der Titel der späteren Agende.[43] „Vermutlich im Jahre 1529 hat die Basler Abendmahlsliturgie eine Neubearbeitung erfahren, von der wir jedoch erst 1537 einen Druck besitzen. Die Umgestaltung war tiefgreifend, jeder Satz ist verändert und das Ganze straffer formuliert."[44]
Der Abendmahlsteil ist überschrieben mit „Ordnung Des Herren Nachtmals" und beginnt mit einer Vermahnung: „Die wyl wir hüt des willens sind, zu[o] halten das Nachtmal unsers Herren Jesu Christi damit sich niemant versündige in empfahung der heiligen Sacramenten, und eyn yeder sich selbs dester baß beweren mo[e]ge, so sey eynem mit genossen des herren tisch zu[o] wissen: das Christus der gelitten hat und gestorben ist, damit unser sünd gantz hingenommen und vertzigen worden, ist selbs uns das brot des la[e]bens, das wir uns mit dem Sacramentlichen brot betzügen. Es soll ouch eyn yeder mitgenoß des herren tisch in im selbs bru[e]fen, das in so[e]licher glouben und vertruwen zu[o] Gott trybe yetzt zu[o] eynem nüwen Gottforchtsamen la[e]ben. Deß glychen würt hie bezügt, das wir vereynbaret syen in den geystlichen lyb Christi, und also ungetrendt von syner kirch oder gemeyn, so in eynigkeit des gloubens begriffen, unnd ist jnnhalt unsers glaubens so[e]lcher."
Was fällt hier auf? Ein „Wir" schickt sich an, das von dem gemeinsamen Herrn Jesus Christus eingesetzte Mahl zu halten. Vielleicht auch im Sinn einer für die Gegner erkennbaren Wertschätzung des Abendmahls werden gezielt die „heiligen Sakramente" – im Plural – benannt. Die Gemeinde wird sogleich – paulinisch – individualisiert, da jeder für sich prüfen müsse, ob er um die Bedeutung dieses Mahls genügend wisse.[45] Dieses unverzichtbare Wissen um Passion und Kreuz Christi zur Sündenvergebung weist vermutlich auf die Predigt zurück und auf die Passionslesungen voraus; es nimmt die Brotrede in Joh 6 wie die Anspielung auf Phil 2 als hermeneutischen Schlüssel auf, der das gemeinsam abgelegte Zeugnis im an 1 Kor 10 wie 11 gemahnenden, sakramentlichen Brot – jetzt ohne den expliziten Aspekt der Danksagung – in den Blick nimmt, und ist Inhalt des Glaubens und Vertrauens. So geht eine manducatio spiritualis der erneuten Selbstprüfung im Blick auf deren Frucht eines gottesfürch-

---

[43] Basel 1537, UB Basel, Sign. Falk 931:2. Die folgenden Zitate folgen Bürki (wie Anm. 3), 215–25. Auf die den Verlauf des Gottesdienstes in nuce beinhaltende erste Abendmahlsvermahnung und das Abendmahlsgebet wird besonders eingegangen.
[44] Bürki, 200f.; Jenny, 73f. (beide wie Anm. 3).
[45] Der Komparativ mag sich dabei auf den zuvor erfolgten Predigtteil beziehen, der nicht nur durch die vermutlich auch dort angesiedelte Offene Schuld wie auch das Vaterunser und einer wahrscheinlich thematischen Fokussierung auf das Abendmahl den Glauben an die Heilstat Christi am Kreuz betonte, der hier noch einmal in kognitiver Hinsicht unterstrichen wird.

tigen Lebens der Kommunion voraus.⁴⁶ Und wie jeder nun zu einem neuen, durch das Kreuzesgeschehen geschenkten Leben aufbrechen kann, so wird dies in einem vor Ort in der Gemeinde sichtbar werdenden Leib Christi bezeugt, der sich über Zeit und Raum durch das sich anschließende, jetzt in der ersten Person Singular gesprochene oder gesungene Apostolikum in Vergangenheit und Gegenwart verortet. Dann folgt der an den Dekalog angelehnte Bann, der mit seinem ersten Satz⁴⁷ zum Ausdruck bringt, dass das Apostolikum den Maßstab zur Beurteilung des Glaubens bildet. Es folgt eine Aufzählung derer, die gemäß dem Wort Gottes zu meiden seien; die solchen Lastern unterlägen „und nit darvon abstond, die wo[e]llend hie der gmeynschafft stillston", wer aber dabei ergriffen worden sei, möge sich seiner Gemeinde wieder mit einem neuen Leben versöhnen. Es scheint, als sollte auch der bis dahin nicht ertappte Sünder angesprochen und von der Teilnahme abgehalten werden. Der Bann endet mit der Überleitung zum Beichtabschnitt der Liturgie: „Sytenmal aber wir alle sünder sind, do mit wir dester baß und anda[e]chtiger ba[e]tten und die Sacrament empfahen, wo[e]llen wir unnser sünd unnserem Herren Gott und Vatter ertzellen und klagen." An die Offene Schuld schließt das Kyrie an; auf dieses folgt das Trostwort, in dem in der ersten Person Plural das Vertrauen auf die durch Christus erfolgte Sündenvergebung ausgesprochen wird. So endet dieses Trostwort mit einem Lob des dreieinigen Gottes. Gesprochen oder gesungen erklingt der doxologisch beschlossene Psalm 130; die in der Offenen Schuld zuvor bekannten Sünden werden also nach einem Trost durch den Blick ans Kreuz noch einmal beklagt in der Zuversicht auf die Vergebungsbereitschaft Gottes. Es folgt das Allgemeine Kirchengebet. Es endet damit, dass Gott darum gebeten wird, das barmherzig zu verleihen, was „zu[o] lyb und seel nottürfftig" ist, worauf ein weiteres Gebet im Gebet erfolgt: Gott, auf dem aller Trost beruhe, wird ob seiner Güte gebeten, dass er seinem durch Christi Blut erlösten Volk schenke, „das es von allen banden bo[e]ßer gewonheyten fry werd, reynig es von allen unsubern begirden, erlücht es von allen jrsalen, behu[e]t es von alles fynden gewalt und arglistigkeyt, versamel es in aller lieb und eynigkeit, mach es volkummen in allen tugenden, und heyligkeyt." Damit dürfte wohl die Bitte um alles der Seele Notwendige ausgesprochen sein. Ziel ist

---

⁴⁶ Das „yetzt" aktualisiert die enge Verbindung von memoria und sanctificatio und weist damit auf die von Oekolampad so häufig angesprochene Möglichkeit hin, aus einem Bannverfahren, aus der akuten Not des Fehlens, wieder zurückzukehren in den Schoß der Kirche.
⁴⁷ Der Bann ist ebenfalls mit einer Anrede „Lieben fründ", die an die von Oekolampad geschätzten Schlussreden im Johannesevangelium erinnert, eingeleitet. Damit werden bisherige kirchliche Bestimmungen zum Bann ausgeschlossen.

Erinnerung und Heiligung

es, dass Gottes Volk „durch Christum dynen sun dich als synen vatter erkenne, dich im geyst und der warheyt allein anba[e]tte, dir in warer lieb und haltung dyner gebotten diene, unnd dyn heyligen willen, in eynem unschuldigen, gedultigen, Gottsa[e]ligen la[e]ben verbringe." Ohne Überleitung folgt nach dem Amen das Vaterunser, das mit seiner Brotbitte das dem Leib Notwendige aufnimmt und ebenso auf das himmlische Brot Christus verweist.[48] Hiermit ist der „Hauptgebetsteil" beendet, an den das Bedenken des im Neuen Testament beschriebenen Leidens Christi angefügt wird.[49] Es folgen die Lesungen Phil 2,5–11 und als Auswahl die Sterbeberichte in dieser Reihenfolge Lk 23,33–46, Mt 27,35–50, Mk 15,24–38 und Joh 19,16b–30. So gewinnt die Epistellesung den Rang eines hermeneutischen Schlüssels für die Passionslesungen, indem sie auf den Urheber der Feier und dessen einzigartiges, in der Nachfolge nachzuahmendes Tun verweist;[50] zudem ist dadurch die alte Epistel- und Evangeliumslesungstradition erhalten.[51] Die anschließende Vermahnung fasst das Gehörte noch einmal zusammen und endet mit der Folgerung, dass wir „so[e]liche syn große gu[o]tthat in ewig frischer geda[e]chnuß behalten, und jn für und für loben so[e]llen." Dem folgt das Abendmahlsgebet, das noch auf der Kanzel gesprochen wird, bevor der Pfarrer sich zum Altar begibt: „O Herr bespreng also mit dynem blu[o]t unsere hertzen, das wir als danckbare fürthin, nit uns selbs su[o]chen, aber dir la[e]ben, und syen warlich din und dyner knecht dyener, und dir yngelybt, als die glyder so durch dyn blu[o]t gereynigt und erlo[e]ßet sind, darumb wir ouch nun so[e]lche gu[o]tthat unser erlo[e]sung, mit dancksagung begeren zu[o] pryßen, und yngedenk syn, wie sy unns in dem bruch des Herren Nachtmals, zu[o] bedencken befolhen sind. Das wo[e]llet nun mit erho[e]chtem gemu[e]t als in dem angesicht Christi und syner Engel bedencken."
Auf die Herzen, nicht die Elemente, wird in epikletischer Struktur das Blut Christi auf die herabgerufen, die sich im Laufe des Gottesdienstes immer wieder des eigenen Glaubens an die Heilstat am Kreuz haben vergewissern (lassen) können.[52] Denn der Geist Gottes

---

[48] Vgl. Ulrich Gäbler, Das Vaterunser in der Basler Reformation, in: ThZ 48 (1992), 118–126.
[49] Die Einleitung des zweiten Teils beginnt deutlich gekennzeichnet: „So wir nun Gott, geba[e]tten hand, wo[e]llen wir fürter syn heylig lyden bedencken, wie sich dann gebürt by synem heyligen Nachtmal".
[50] Predigt (wie Anm. 14), B4r: „Also von wegen Christi des einsetzers seind die Sacrament hailig vnd Eerwirdig.". Widerlegung (wie Anm. 52), d5vf., e2vf.
[51] Mit Waldenmaier (wie Anm. 4), 25, gegen Bürki, 201 und Jenny, 83f. Anm. 9 (beide wie Anm. 3), der Waldenmaier ohne Begründung ablehnt.
[52] Im Hintergrund stehen biblische Stellen wie Lev 16 und Ex 24 oder Hebr 9; 10,22, 1 Petr 1,2 und 1 Joh 1,7. Die Formulierung erinnert an das „sursum corda" und das Sanctus; dieses bringt Oekolampad mit der den Sündern angemessenen

bewegt die Herzen der Menschen (ad divina contemplanda rapiantur) zur Erinnerung an Christi Kreuzestod (memoria mortis Christi).[53] Aus dieser dankbaren Verbindung heraus kann jetzt jeder durch das Leiden Christi Erlöste als Teil des in der Kommunion im himmlischen und gemeindlichen Gottesdienst sichtbar werdenden Leibes Christi zu einem neuen Leben aufbrechen, das mit dem Zeugnis der Kommunion als Bekenntnis zum Wohl des Nächsten öffentlich wird. Am Altar spricht der Pfarrer die Einsetzungsworte nach 1 Kor 11. Im Brief an Nikolaus Prugner (1488–1557) verweist Oekolampad auf die von ihm sehr geschätzten, auch hier gewählten Einsetzungsworte nach paulinischem Vorbild und erläutert, dass Christus mit diesen kleinen Zeichen dem Glaubenden und damit geistlich Speisenden die Sündenvergebung besiegelt habe, weil er für den Sünder gelitten habe. Das Wort Christi sei aber vorausgegangen, welches mit diesem hochheiligen kleinen Zeichen (sacrocancto signaculo) die Wirkungen hervorbringe, nämlich in den Leib Christi verwandelt zu werden und entsprechend diesem mystischen Leib für all seine Glieder zu leben (Quo ita paratus sum ad obsequendum omnibus membris Christi [...] et fiam membrum verum in suo illo mystico corpore).[54] Es folgen das Vaterunser, eine letzte Ermahnung, dann die Austeilung der Elemente durch zwei nicht näher bestimmte Personen. In den Distributionsformeln wird dem Vergießen des Blutes das Sterben des Leibes Christi in parallelem Aufbau angeglichen.[55] Während der Austeilung

---

Heiligungsbitte des Vaterunsers in Verbindung, vgl. In Iesaiam prophetam Hypomnematōn, hoc est, Commentariorum, Ioannis Oecolampadii Libri VI, Basel 1525, UB Basel, Sign. FNP VIII 45:1 (http://www.e-rara.ch/doi/10.3931/e-rara-1772, Zugriff: 16.12.2015), 58a. Oekolampad äußert sich in seiner Widerlegung der falschen gründt so Augustinus Marius Thu[o]mbpredicant zuo Basel zu[o] verwenen das die Meß ein Opffer sey, Basel 1528, UB Basel, Sign. FP XI 19:2, E1r, bzw. BSB, Sign. Res/Polem. 97#Beidb. 2 (urn:nbn:de:bvb:12-bsb00083194-8) näher zu diesem Komplex: „Christus aber der oberest priester, als er sich geopffert hat, die geschirr, so zu[o] der heiligkeit verordnet, sprentzet er mit dem blu[o]t, dz ist, er gibt jn die gnad des heyligen Geists, durch welchen als von eim ysop sy besprentzt werden, so der heylig geist ire hertzen vffthu[o]t, bewegt sy zu[o] glauben. [...] Also wirt offenbar das, so vil die ver su[o]nung gegen Gott antrifft, die sünd durch Christum schon bezalt, ia auch außtilgt sein. Unser conscientz aber vnd hertz wirt der bezalung aller erst jnnen, so das verdienst des leydens Jesu Christi, durch den heyligen geyst ero[e]ffnet wirt in verkündung des Euangelij. Und so dann das hertz fasset ein vettrawen zu[o] Gott, vnd vß bewegung des Geists Gottes hebt an die sünd zu[o]hassen vnnd die ware tugent zu[o] lieben, ist wol ein zeichen, das solchs hertz mit dem blu[o]t Christi besprentzt sey".

[53] De Genvina (wie Anm. 33), G 3r.
[54] BrA Bd. 1 Nr. 252.
[55] Dabei differenziert Oekolampad inhaltlich zwischen den Elementen, Widerlegung (wie Anm. 52), b5r: „Es sein der bedütung nach zwey ding inhaltend zwen sunderliche tro[e]st. Durch dz brot erlernen wir dz wir durch Christum das leben haben. Nun ist vns noch ein anderer trost not, so wir leben dz gott die peen vnser

singt die Gemeinde ein oder zwei Psalmen, denen ein letztes Gebet folgt. Darin bittet die Gemeinde den barmherzigen Gott durch Jesus Christus darum, stets der Tat Christi am Kreuz eingedenk zu sein, um ein gottgefälliges Leben zu führen, ihm im wahren Glauben anzuhängen, „ouch in rechtschaffener liebe von dyner heyligen gemeyn uns nimmer abtrennen lassen." Die Feier wird abgeschlossen mit dem Dankpsalm 67,[56] dieser endet selbst mit einem Segen, um den also die Gemeinde bittet, so dass sich ein weiterer Segen des Pfarrers erübrigt.

4. Exegetische Orientierung und kontemplative Intention

Oekolampad und seine Kollegen schaffen etwas Neues, das zunächst einen beabsichtigten Gegenentwurf zur traditionellen und als mit falschen und überflüssigen menschlichen Zusätzen wahrgenommenen Messfeier in der Kultusvielfalt Basels darstellt. Das bedeutet einerseits, dass von den ersten Agenden her der Eindruck der Kargheit entsteht, da z. B. anfänglich noch vorhandene Kerzen weichen. Während die Gemeinde zunächst vor allem rezeptiv in aller Stille der Feier bis zum Kommunizieren beiwohnte, beteiligte sie sich dann aber mit dem Psalmengesang vernehmbarer. Die hinter den Agenden stehende Vorstellung ist die einer möglichst großen Nähe zu den Stiftungsberichten im Neuen Testament, die konstruktiv in liturgische Entscheidungen einfließt: „Vnd eben Christus der da gesprochen hatt, Das thu[o]nd zu[o] meiner gedechtnuß, der hat in dem selben nachtmal zur Lieb, Demu[o]t, vnd Dult sein jünger ernstlich ermanet, dardurch wir freilich Christum recht eeren, nit in eüsserlicher entpfahung, die da geordnet ist zu[o] gu[o]tem der nechsten, mit denen wir einhelliklich Got loben. Dan alle eüsserlich ding zu[o] gu[o]tem dem nechsten, aber das hertz im glauben gegen Gott geordnet sein soll, damit Lieb vnd Glaub mitt ein geu[e]bt werden. Also von Gots gnaden haben wir den brauch vom Herren gelernet, die

---

begangnen sündt ausz seiner gerechtigkeit von vns nit erfordere, so erlernen wir bey dem sacrament des blu[o]ts, das Christus für vnser peen gelitten hat, vnn gnu[o]g gethan".

[56] Vgl. AGBR 2 Nr. 675: Dahinter stehen Mt 26,3 und Mk 14,26, Stellen, die bereits im Messgutachten (wie Anm. 19) genannt werden f2r: „Die Evangelisten sagen auch, dz der herr mit lobgsang dz nachtmal beschlossen hab." Dieser biblische Beleg dürfte auch dafür verantwortlich sein, dass die Liturgie keine Angabe macht, ob der Psalm auch gesungen werden kann – das mag den einzelnen Gemeinden anheim gestellt gewesen sein. Dass die im Wort explizierte gemeinsame Danksagung bei Oekolampad etwas zu kurz kommt, wie Jenny (wie Anm. 3), 87, bemängelt, hat jener vielleicht selbst empfunden und nach biblischem und Zürcher Beispiel mit dem Dankpsalm diesen Mangel ausgleichen wollen.

betrachtung des leidens vnn die verheissung Christi im Glauben speiset vnser seelen, aber die bezeügung durch die sacrament vereinbarend vns gegen dem na[e]chsten, das wir wissen, das auch ein kirchen Christi bey vns sey."⁵⁷ Das Handeln Jesu beim letzten Abendmahl mit seinen Jüngern, das Oekolampad auch im Johannesevangelium abgebildet sieht,⁵⁸ solle der Prediger mit seinen Helfern nachahmen, ist Christus doch „ain Doctor oder ein leerer der warhait"⁵⁹. In äußeren Dingen geht der Reformator dabei pragmatisch vor,⁶⁰ auch in Bezug auf die Benennung der Feier.⁶¹ Die Aufgabe des „Austeilers" besteht in Lehre, demütigem Dienst am Nächsten, Vermeidung von Pracht und hat in jeder Hinsicht Christus zum Vorbild: „Christus predigt gar flissig, warnet vnnd strafft den Judam, leret die lieb, gedult vnnd hoffnung [...] hat danck gsagt ee er die sacrament hat uszgeteylt, hatt die Jünger ermanet, zu[o] betrachten vnd zu[o] verkünden sin lyden. [...] Christus hat zum ende den vatter ernstlich angeru[e]fft, vnd für all gleubigen gebetten."⁶² Von hier aus erhält

---

⁵⁷ Das der miszverstand D. Martin Luthers, uff die ewigbstendige wort, Das ist mein leib, nit beston mag, Die ander billiche antwort, Basel 1527, UB Basel, Sign. KiAr J X 12:4 (http://dx.doi.org/10.3931/e-rara-2094, Zugriff: 16.12.2015), r4rf.
⁵⁸ Messgutachten (wie Anm. 19), f2r: „Sant Joannes beschribt die insatzung des Sacraments nit, aber von dem.13. cap. an bisz vff das.18. leret er wie sich Christus gehalten hab im nachtmal"; die Fußwaschung versinnbildlicht dabei die Bereitschaft zum willigen Dienst am Nächsten nach Jesu Vorbild, f4r; instruktiv auch deren Auslegung in Widerlegung (wie Anm. 52), e3vf.
⁵⁹ Predigt 14 (wie Anm. 14), D3v.
⁶⁰ Ebd. f2vf, f4rf oder f7v: „Der heilig geist, hilfft zu[o] der vnordnung gantz nit, dann der war gotzdienst ist nit, noch an zyt oder stat oder person der massen gebunden, die lieb in erbuwung des nechsten, soll hierinnen ein iecklich kyrch regieren. Es ist noch nie ein einhelligkeit gewesen der Co[e]remonien halb, als wyt die kirch ist." Anders als in Straßburg oder Zürich hat man auf einen „besonderen Abendmahlstisch [...] offenbar in Basel keinen Wert gelegt", wie Jenny (wie Anm. 3), 76, bemerkt. Gedanken hat man sich diesbezüglich jedoch schon gemacht; 1526 erscheint unter Oekolampads Mitwirkung die Schrift „Wasz miszbreuch im wychbischofflichem ampt", UB Basel, Falk 3173:3, in der u.a. die Notwendigkeit der Altarweihe bestritten wird. Wie Christus sich auf dem Altar des Kreuzes selbst zum Opfer dargebracht habe, so solle Christus unser Altar sein, auf dem wir uns Gott aufopferten. „Doch so wirt nit vnbillich nachgelassen, das man in einem yeden tempel einen disch, er sey von steyn oder holtz, auffricht, Darauff man das sacrament der dancksagung, dz ist, das Christlich nachtmal, den Christen menschen handreych, die sein begerend." (A5v–6r), vgl. Staehelin (wie Anm. 13), 448f.
⁶¹ Widerlegung (wie Anm. 52), A7r, B1vf.
⁶² Messgutachten (wie Anm. 19), f4rf. Vgl. a.: In postremos tres prophetas, nempe Hagaeum, Zachariam, & Malachiam, Commentarius Ioan. Oecolampadii, Basel 1527, UB Basel, Sign. FNP VIII 45:3 (http://dx.doi.org/10.3931/e-rara-1767, Zugriff: 16.12.2015), t3rf. zu Mal 1,7; oder: AGBR Bd. 2 Nr. 675; Apologetica Ioann. Oecolampadii De Dignitate Eucharistiae sermones duo. Ad Theobaldum Billicanum, quinam in uerbis Caenae alienum sensum inferant. Ad Ecclesiastes Svevos Antisy-

auch die am Dekalog orientierte Bannformel eine im Abendmahl selbst christologisch wie ekklesiologisch verankerte Bedeutung, die wenige seiner reformatorischen Zeitgenossen im Blick auf den nach Oekolampads Interpretation gestraften Judas und die sich daraus für die Abendmahlsteilnehmer vor Ort ergebenden Konsequenzen teilen. Gerahmt wird die Formel für bannwürdige Gemeindeglieder durch den Hinweis, man möge sorgfältig mit dem Bann umgehen und, sollte man selbst betroffen sein, dem brüderlichen Mahnen gegenüber aufgeschlossen sein und nach Versöhnung durch ein neues Leben streben. Oekolampad spricht sich ausdrücklich im Anschluss an die Kirchenväter für den Sakraments-, nicht für den Gottesdienstausschluss aus.[63] Dafür übernehmen die Pfarrer eine besondere Aufgabe, wie Oekolampad im Maleachi-Kommentar schreibt: Sie seien schon unter dem Gesetz nicht wegen der Opfer und Zeremonien eingesetzt worden, sondern um als Lehrer in aller Wahrhaftigkeit und Wahrheit für Gott das Volk als vernünftiges Opfer zu bereiten (ut adducerent deo hostias rationales, populumque deo praepararent) und es von allen Sünden fernzuhalten.[64] Wie Paulus darlege, brächten die Prediger das Volk Gottes als den durch die Lehre gebildeten geistlichen Leib Christus als Braut („gespons") dar; er, Paulus, mahne zudem die Glaubenden, „durch die barmhertzigkeit gottes, das sy jre lyb gebend, dz ist, sich selbs zu[o] einem opfer, das da lebendig, heilig, gott wolgefellig, vnd das in einem vernünfftigen gottsdienst. Also ist das volck gottes geistlich ein spysz gottes, nach deren Christus ein verlangen vnnd hunger hette"[65] mit Verweis auf Joh 4. „Christus will vnd erfordert ain new, ain gu[o]twillig vnd ain gaystlich volck."[66] Ja, er wolle ein „heylig dapffer volck", wie Oekolampad immer wieder betont. Von hier aus erhält die Hartnäckigkeit des Reformators in der Frage des Kirchenbannes gegen alle Widerstände noch eine andere Facette, die sich in die Verantwortung für die Gemeinde vor Gott in der Nachfolge des in jeder Hinsicht als Vorbild wirkenden Christus gestellt sieht, aber damit konfrontiert wird, selbst als „papistische Tyrannei" wahrgenommen zu werden, die Oekolampad doch bekämpfen will. Die ekklesiologische Dimension ist der eigentliche Nutzen der Sakramente, die Christus vor allem als Zeichen der Lie-

---

ngramma. Zürich 1526, ZZ Sign. 3.178,3 (http://dx.doi.org/10.3931/e-rara-2575, Zugriff: 16.12.2015), D2r.
[63] Auch aus diesem Grund halte ich eine Doppelung der Offenen Schuld im Gottesdienst in Predigt- wie Abendmahlsteil nicht für abwegig.
[64] Vgl. a. AGBR Bd. 2 Nr. 675, 537.
[65] Messgutachten (wie Anm. 19), i6r. Dieses Bild wird entsprechend gegen die leibliche Gegenwart Christi in den Elementen genutzt, vgl. Predigt (wie Anm. 14) B1v, B2v.
[66] Predigt (wie Anm. 14), E2v.

be, die er für seine Kirche wünscht, hinterlassen hat. Seine Liebe zu seinen Jüngern, die ihn ans Kreuz geführt hat, dient als Vorbild für den Umgang der Glieder am Leibe Christi untereinander. Christi Opfertod am Kreuz und der – sündige, aber in Christus erlöste und immer verbesserungsfähige – Lebenswandel der Glaubenden werden durchgängig sehr eng miteinander verbunden, indem die Kommunikanten mehrfach zur Überprüfung ihres Glaubens und eines entsprechenden Lebenswandels aufgefordert werden. Dabei ist es nach Oekolampads Vorstellung von Gottes unermesslicher Barmherzigkeit leicht, Vergebung zu erlangen, fordere er doch nur, dass sie sich als Sünder bekennten (Tantum nunc hoc exigit, ut confiteamur nos peccatores.).[67] Das Bedenken des Leidens Christi ist das Bedenken dieses einzigartigen Erbarmens Gottes, deren allersicherstes Siegel Christi Tod am Kreuz ist; „am Kreuz nämlich wurde das Himmels- und Lebensbrot gebrochen und zum Genuss, d.h. zum Glauben ausgeteilt."[68] In der ganzen Liturgie wird daher das Augenmerk auf die Sünden tilgende Tat Christi am Kreuz gerichtet, um ein falsches Verständnis der Einsetzungsworte und damit der Elemente zu verhindern: „Sy ko[e]nnen vns nit fürwerffen dz Christus nit bey vns sey, seytenmal wir doch darumb zu[o]samen kommen, das wir jm vmb der entpfangnen gu[o]tthaten, dancksagen. Die gleubigen essen sein flaisch vnnd trincken sein blu[o]t im glauben, so sy sich selbs zum ersten erfaren, ob sy solche seyen, wie sy sich naher mitt dem zaychen bezeügen."[69] Das Abendmahl bietet der – möglichst vollzähligen[70] – Gemeinde somit eine Gelegenheit zu Dank, Selbstprüfung und Bekenntnisakt für den Nächsten. Wer öffentlich gegen die im Wort Gottes dargestellten und von den Geistlichen zu verkündenden Normen des christlichen Lebens verstoßen hat, soll mittels des Bannes vom Abendmahl ausgeschlossen werden. Wer trotz Verstoßes nicht ertappt worden ist, sollte aus eigenem Antrieb von der Feier Abstand nehmen.[71]

---

[67] In epistolam Ioannis apostoli Catholicam primam, Ioannis Oecolampadij demegoriae, Basel 1525, UB Basel, Sign. Aleph B VII 29:3 (http://dx.doi.org/10.3931/e-rara-1769, Zugriff: 16.12.2015), C3r.
[68] Krodel (wie Anm. 28), 234.
[69] Predigt (wie Anm. 14), C1v.
[70] Als Hungrige werden die Kommunikanten im Glauben an die Verheißungen gespeist; Messgutachten (wie Anm. 19), h3r; von ihnen wird ein den Jüngern nachgebildetes Verhalten erwartet, f4v: „Nemlich haben sy der predig vnnd leer des Herren fleissig zu[o] geho[e]rt, vnnd haben auch die Sacrament brots vnd wyns geho[e]rsamlich angenomen, wie S. Marcus sagt. Sy haben all getruncken, da wirt nyemant vszgelassen." Dagegen aber: Predigt (wie Anm. 14), C1r.
[71] Auch Strafen gegenüber ist Oekolampad aufgeschlossen, vgl. Apologetica (wie Anm. 62), F8rf.

Erinnerung und Heiligung

Wurde in der Messe vor den Einsetzungsworten Gott darum gebeten, dass aus den dargebrachten Elementen Leib und Blut Christi würden, steht hinter der Basler Bitte um Besprengung mit Christi Blut die Bitte um ein christusgemäßes Leben der Kommunikanten gemäß I Kor 10,16f.; dabei sei jenes heilige Brot, das zur Erinnerung an Christi Tod geteilt werde, sowohl Zeuge wie Kennzeichen der Glaubensgemeinschaft, die sich durch den im Brot repräsentierten Leib Christi lebendig weiß.[72] So hat die im Canon Romanus mehrfach wiederholte Bitte um die würdige Annahme des Opfers eine Entsprechung in der Basler Liturgie, nämlich die, dass die – durch verantwortliche Geistliche – zur Würdigkeit aufgerufenen Kommunikanten, die ihr eigenes Leben als Opfer darbringen, im Fokus stehen.[73] Unwürdige, das heißt solche, die Christi Kreuzesopfer nicht in seiner Bedeutung für sich erfassen und in ihrem Leben ausdrücken, werden nicht geistlich gespeist und genießen die Elemente zum Gericht, was der Pfarrer verhüten möge.[74] Von besonderer Bedeutung für die (Selbst-)Erkenntnis als Sünder vor den Augen des barmherzigen Gottes ist das kontemplative Kreisen um das Leiden Christi, das wahrscheinlich durch eine auf Passion und Abendmahl ausgerichtete Predigt noch verstärkt wird. Betrachtet man den Aufbau des Formulars aus dieser Perspektive, könnte auch von einem sich immer tiefer in das Kreuz Christi versenkenden Duktus zwischen Sünder und Erlöser gesprochen werden, wo Doppelungen und Wiederholungen dann den Sinn eines Einschärfens (inculcare) haben – eines der zahlreichen Verben für Oekolampad zur inneren und vor allem dankbaren Aneignung der Vergebung. In dieser angeleiteten inneren Betrachtung steckt die eine Seite der Danksagung, mit der er selbstverständlich und durchgängig die Abendmahlsfeier bezeichnet, ohne dass dieser Begriff im Formular akzentuiert würde; damit würde dann die Haltung beschrieben, mit der der Glaubende die Elemente empfängt;[75] die Nachfolge Christi wäre dann die andere Seite.

---

[72] De Genvina (wie Anm. 33), G5v: „Nonne sanctus ille panis, qui similiter inter nos dividitur, in memoriam mortis Christi, testis est ac indicium societatis nostrae ac congregationis, quae credit se corpore Christi, quod in pane repraesentatur vivificatam".

[73] Dafür sprechen nicht nur der Ausschluss der öffentlichen Sünder, die Offene Schuld mit Trostwort und die wiederholten Aufforderungen zur Selbstprüfung, sondern auch die Bitten des Vaterunsers, die in meinen Augen entsühnenden Charakter haben. Messgutachten (wie Anm. 19), i6vf.

[74] Ioannis Oecolampadii Ad Billibaldum Pyrkaimerum de re Eucharistiae responsio, Zürich 1526, ZZ, Sign. 3.178,4 (http://dx.doi.org/10.3931/e-rara-2574, Zugriff: 16.12.2015), h4rf.

[75] Widerlegung (wie Anm. 52), g8v: „Der den glauben hat weisz schon, dz alles verdienst Christi sein eigen ist, vnnd hierumb was er hernach handelt das thu[o]t er im glauben. Er entpfahe die Sacrament oder gebe die almu[o]sen, nit das er erst den

Interessant ist der Abschluss der vor den Einsetzungsworten stehenden Vermahnung von 1526 „Des bedencket nun als sesset jr bey Christo vnnd ho[e]rtes von jm"[76], der etwas unvermittelt die in Basel am Tisch des Herrn versammelten Jünger mit denen am längst vergangenen Gründonnerstag in Verbindung bringt. Dieser Hinweis wird 1529 deutlich in Richtung eines himmlischen Miteinanders im Feiern der communio „im angsicht Christi und syner Engel" verschoben.[77] Es hat den Anschein, als sei die Gemeinde zur intensiven inneren Augen- und Ohrenzeugenschaft der Kreuzigung geworden, die zu einem Leben der Heiligung aufforderte, so als stürbe der Sohn Gottes in diesem Augenblick für sie. Wer könnte da nicht zu einem ihm gemäßen Leben entflammt werden (sancta recogitatione fere ante oculos vident Dominum *Iesum* Christum Dei filium, corpus in mortem tradere, ac sanguinem pro ipsis effundere. Quomodo enim hoc tantis communicantem mysteriis non inflammaret)?[78] Diese verinnerlichende Betrachtung des Kreuzes in der Abendmahlsfeier entfaltet Oekolampad bereits 1512 in den „Declamationes de passione et ultimo sermone domini Jesu Christi"[79].

Der nicht an die Elemente gebundene Heilige Geist ist es, der die Herzen der Menschen öffnet und – nur – die Gläubigen geistlich mit dem Fleisch Christi speist und zu einem neuen Leben stärkt. Vor diesem Hintergrund erweist sich, dass das Abendmahl(sgebet) über sich und seinen Kontext hinausweist auf das Leben außerhalb der Feier. Deutlich ist: Geistlich Gespeiste speisen sakramentlich mitei-

---

verdienst erlangen wo[e]ll, sonder dz er danckbar sey, gleich wie ein kind das da weist das es der sun im hausz ist dregt die kleider eines suns, haltet sich im hausz wie ein sun, achtet nit dz es allererst ein kind werde, aber ist gewisz das es schon ein angenem kindt seye." Fronleichnamspredigt (wie Anm. 29), 25. Kapitel, D2rf. und 35. Kapitel, E2rf.

[76] Bürki (wie Anm. 3), 223.
[77] Fronleichnamspredigt (wie Anm. 29), C3v.
[78] De Genvina (wie Anm. 33), F7rf.
[79] Staehelin (wie Anm. 13), 53: „Das sakramentale Moment spielt dabei fast keine Rolle; auch das kirchliche Bußsystem tritt ganz in den Hintergrund [...] vielmehr sucht Oekolampad diese (die dem Menschen gegebene Gottesgemeinschaft) im mystisch-kontemplativen Erleben: durch die meditative Versenkung in die Passion Christi und in das mit ihr verbundene geheimnisvolle System der Siebenheiten soll der Mensch [...] schmeckend und schauend an der Überwelt des himmlischen Jenseits, wie sie sich als Mischung von christlicher und neuplatonischer Eschatologie seit dem Altertum im Bewußtsein der Kirche ausgebildet hat, teilnehmen. [...] Allerdings ist dieses mystisch-kontemplative Erleben für Oekolampad nicht Selbstzweck, sondern es ist ihm nur der tragende Hintergrund für ein Leben der Heiligung, der Pflichterfüllung und des Kampfes für eine reine, heilige Kirche. So ist es die Welt Augustins, Hugos, Bernhards, Richards, Gersons und Wimpfelings, in der Oekolampad drinsteht. Der christliche Humanismus macht sich erst bemerkbar in einigen sprachlichen Prägungen und einigen antiken Zitaten."

nander.⁸⁰ „Vn was ist der will gottes? Ewer heiligkeit. Aber vnser heiligung ist durch den glauben in Christum Jesum, durch welchen wir vns lieben vndereinander, vnn ma[e]ssigen vns von den lasteren diser welt."⁸¹ Insofern hat „Oekolampad tiefer als Zwingli das Abendmahl als Synaxis, als Zeichen der zu verwirklichenden Gemeinschaft des einzelnen mit Christus und seinen Gliedern verstanden."⁸²

Fassen wir zusammen: Jesu letztes, in aller Einfachheit gehaltenes Mahl mit seinen Jüngern⁸³ ist das Vorbild für jede Abendmahlsfeier seiner Gemeinde.⁸⁴ Mittels des Brotbrechens hat Jesus damals seine Jünger zeichenhaft auf sein baldiges Opfer am Kreuz hingewiesen;⁸⁵ die jetzige Gemeinde begeht mittels desselben Zeichens das ihr von Christus selbst aufgetragene Gedächtnis seines Kreuzesopfers, mit dem ein für alle Mal die Sünden getilgt worden sind:⁸⁶ „Da am creütz seind vnser sünd angehefft, da sein wir erlo[e]szt. Aber in dem nachtmal würt es verkündet."⁸⁷ Das Sakrament des Abendmahls ist dabei ein Geheimnis, das nur den von Gott Gelehrten verständlich

---

⁸⁰ Billiche Antwort, Johann Ecolampadij auff D. Martin Luthers bericht des sacraments halb, Augsburg 1526 BSB, Sign. Res/4 Mor. 312#Beibd.2 (urn:nbn:de:bvb: 12-bsb00025970-9), G3v: „Wie soll aber er sich selbs beweren? er vnderschayd den leyb des Herren. Das ist das er vorhin gaistlich den leyb des Herren esse vnd hallt das der leib der für jn gestorben, vnd für in gelytten, sey uereynigt der gothait vnd bru[e]ff sich, ob in solches zyehe zu[o] der liebe des nechsten. Wa er nun ein solchen glauben in sich findt mag er wol auch von dem brot essen vnd in die zale der Außerwo[e]lten sich lassen." Oder Predigt (wie Anm. 14), C1v: „Die gleubigen essen sein flaisch vnnd trincken sein blu[o]t im glauben, so sy sich selbs zum ersten erfaren, ob sy solche seyen, wie sy sich naher mitt dem zaychen bezeügen." Widerlegung (wie Anm. 52), e3r.
⁸¹ Epistel (wie Anm. 32), H2v.
⁸² Krodel (wie Anm. 28), 238.
⁸³ Dieses entspricht in seiner Bedeutung dem Passahmahl; gibt es doch für Oekolampad keine Differenz zwischen den alt- und neutestamentlichen Sakramenten im Verweis auf Christus hin, vgl. Hoffmann (wie Anm. 27), 36–39.
⁸⁴ Vgl. a. Pirckheimer 1 (wie Anm. 74), c1v. Im Brief an Ritter drückt er das liturgisch aus, BrA Bd. 2, Nr. 499.
⁸⁵ Vgl. De Genvina (wie Anm. 33), A5v, B7r, I2v.
⁸⁶ Predigt (wie Anm. 14), B4rf.; de genuina (wie Anm. 33), D5vf., D6r, B8r22–27. Mit seinem symbolischen Abendmahlsverständnis - gemäß dem Zeugnis der Schrift und der Väter der Alten Kirche – trat Oekolampad zuerst 1525 in breiter Öffentlichkeit hervor; Näheres bei Hoffmann (wie Anm. 27), der sich ausführlich mit Oekolampads Verständnis des Sakraments, der tropischen Auslegung der Einsetzungsworte, des Sitzens Christi zur Rechten Gottes und der Auslegung von Joh 6 beschäftigt. Anders als bei Zwingli liegt der Tropus für Oekolampad nicht im „est = significat", sondern er betrachtet „corpus" als „figura corporis", wobei er aber keinen Unterschied in der Auffassung zwischen sich und Zwingli sieht.
⁸⁷ Miszverstand (wie Anm. 57), r2v.

ist;[88] es ist ein Zeichen, ein „symbolum", ein „signum rei", das auf die „res" hinweist;[89] der menschliche Geist wird durch die Zeichen Brot und Wein von den sichtbaren, irdischen Dingen zu den unsichtbaren, himmlischen gezogen.[90] Die Zeichen lehren[91] und regen – als verba visibilia[92] – zum Gedächtnis des Kreuzesopfers Christi an, das stärkster Ausdruck der unermesslichen Liebe Gottes zu uns ist. Das materielle Brot des Abendmahls ist nicht mehr gewöhnliches, sondern durch die Einsetzungsworte geheiligtes Brot, das auf ihn als das himmlische Brot hinweist. Durch sie werden die Elemente zu „sacramenten und heyligen zeichen desz libs und blu[o]ts Christi, und tragen uns die wort für die allertrostlichiste verheysung, welche, so wir mit glouben ergriffen und annemmen, so entpfahen wir im geist geistlich das blu[o]t und das fleisch Christi und dardurch erlangen wir das leben."[93]

Das Abendmahl ist nicht heilsnotwendig. Oekolampad betont die völlig hinreichende geistliche Speisung, das heißt Sündenvergebung und Erwerb des ewigen Lebens, im Glauben auch ohne Sakramentsgenuss.[94] Damit will er keinesfalls die von Christus eingesetzte und geheiligte Gedächtnisfeier seines Kreuzesopfers und damit der Erlösung der Gläubigen abschaffen. Die Aufgabe der Sakramente bestehe darin, zu ermahnen und zu unterweisen;[95] die Zeichen Brot und Wein vergegenwärtigten dem schwachen Menschen leichter, was dem Geist bereits bekannt sei. In der Feier erklingt der Dank der Erlösten,

---

[88] Z.B. De Genvina (wie Anm. 33),A5r, BA 1 G1r, Hoffmann (wie Anm. 27),17f.
[89] Ebd., K1r, Miszverstand (wie Anm. 57), c1vf.
[90] Widerlegung (wie Anm. 52), b6v: „Vnnd wüssen ausz den gnaden gottes durch sichtbarliche ding vnsichtbarliche zu[o]ergreiffen".
[91] Predigt (wie Anm. 14), B4v: „Man kan nichts hailigers in allen bu[e]chern leren, weder dises brot leret. wie yetzt geho[e]rt. Wolan, damit aber nicht etwan ain grober die zaychen zu[o] lützel verstand, so hatt man auch die wort dartzu[o] gesetzt, die semlichs klarlich anzaigen. [...] Wir aber reden gu[o]te teutsche sprach, die von den aller gemainsten kindern verstanden wirt, vnn die gro[e]sser kraft hat, der menschen hertzen zu[o] bewegen."
[92] Vgl. ebd. E7rf.
[93] AGBR Bd. 2 Nr. 675, 512, vgl. a. De Genvina (wie Anm. 33), E1v. Oder – wie Hoffmann (wie Anm. 27), 26 sagt – „Die geistliche Nießung des Fleisches Christi aber besteht darin, daß man durch das Wort die Heilsbedeutung des Fleisches Christi, die Inkarnation, im Glauben erkennt und sich von ihr des Wahrheit Gottes als eines barmherzigen Vaters tröstlich gewiß machen läßt."
[94] Billiche Antwort (wie Anm. 80), C2v: „Dann durch den glauben besitzen wir schon, was vns von no[e]tten wurd seyn, vnd stat nitt in dem auszwendigen brauch. Das aber zu[o] gu[o]ttem dem nechsten, wirt auszwendig mu[e]ssen seyn, vnd begreyflich, der masen ist aber der leib nit da."
[95] Vgl. De Genvina (wie Anm. 33), A5r, K8r, L1r.

wird der Glaube gemehrt und zu einem besseren Leben angespornt.[96] Die Christen bekennen sich vor dem Nächsten als zum Corpus Christi gehörig; sie machen sich erkennbar in der Feier und damit auch im alltäglichen Leben, wodurch sie sich von den Nichtchristen absondern.[97] Auch aus diesem Grunde soll in der Stadt allsonntäglich in wechselnden Kirchen das Abendmahl gehalten werden, damit „ein yeder, die liebe auch in andern pfarren zu[o] bezügen und Christo der grossen gu[o]tthat dancksagen mo[e]ge"[98].

5. Die Auseinandersetzung um den Abendmahlsausschluss

1521 hatte Oekolampad schon seine Wertschätzung gegenüber Buße, Beichte und Abendmahlsausschluss im Paradoxon dargelegt, sich aber skeptisch gegenüber den alljährlich vor Ostern verkündeten vom Sakramentsgenuss ausschließenden Sünden[99] als tatsächlich ausschließend bekannt, gemäß dem Dekalog modifizierte „Inhibitiones" aber zu einem liturgischen Bestandteil mit der Bannformel in der Abendmahlsliturgie von 1526 gemacht.[100] Irritationen unter den Reformatoren werden 1527 sichtbar, als Oekolampad sehr verstimmt auf die kritischen Äußerungen Zwinglis in dessen gegen die Täufer gerichteten Elenchus zum Abendmahlsausschluss reagiert.[101]

---

[96] Widerlegung (wie Anm. 52), d1r–d2v. „*Gratiarum actio* oder eucharistia ist das Sakrament insofern, als es ein Danksageritus für den Opfertod des Herrn ist" (Hoffmann, wie Anm. 27), 39 und Anm. 91.
[97] Vgl. Pirckheimer 1 (wie Anm. 74), e4v; Widerlegung (wie Anm. 52), f6r, g4v.
[98] Vgl. ebd. f4r5–12 und AGBR Bd. 3 Nr. 473.
[99] Vgl. Staehelin (wie Anm. 13),127; BrA Bd. 1 Nr. 15.
[100] Dies ist sicher ein Notbehelf, da der evangelischen Minderheit keine anderen Mittel zu Gebote standen. Dachte er aber tatsächlich daran, Kommunikationswillige noch während des Abendmahls auszuschließen, die sich nicht selbst vom Abendmahl fernhielten? Zumindest interpretierte er die Kirchenväter in dieser Weise.
[101] Bereits 1527 kommt es zu einer Abgrenzung Oekolampads gegenüber Zwingli, der sich in seinem Elenchus gegen die Täufer zum Zusammenhang von Abendmahl und Bann geäußert hatte. Der Zürcher spricht sich für den Ausschluss notorischer, öffentlicher Sünder aus, bezeichnet aber den Ausschluss unmittelbar vor der Feier als Irrtum – wenngleich aus altkirchlicher Notwendigkeit entstanden - und zweifelt ein Christi Tun gemäßes Vorgehen unbenannter Anderer (Quod quidam in more olim et nunc habent, ut sic praelegant: non accedat homicida, foenerator, adulter, ebriosus etc., non ex instituto Christi arbitror fieri) an; es geschehe seiner Meinung nach auch nicht nach der Sitte der Apostel. Dadurch fühlt sich Oekolampad angegriffen und macht ihn auf die Schriftgemäßheit des Basler Ritus und den Unterschied zum täuferischen Abendmahlsausschluss aufmerksam, Z 9 Nr. 658. Eine schriftliche Antwort Zwinglis hierauf liegt nicht vor Betont Oekolampad gegenüber Bullinger die Beilegung der Differenzen anlässlich der „Amica exegesis", erwähnt er den Konflikt bzgl. des Elenchus nicht. Da 1531 durch die veränderte Situation in Basel keine Gefahr mehr für einen unmittelbar vor der Kommunion stattfindenden Abendmahlsausschluss bestand, erübrigte sich dies vielleicht.

Die liturgische Bannformel von 1526 bleibt in der Basler Reformationsordnung von 1529 der Maßstab einer evangelischen Minderheit, die ob der Reinheit der Abendmahlsgemeinde dennoch bislang kein Gemeindeglied nachweislich vom Abendmahl ausgeschlossen hat, der eine von der Obrigkeit anzuwendende Vorschrift für alle Untertanen werden soll. Besondere Verantwortung soll dabei den Predigern zukommen, für deren Eignung Prüfungen durch Examinatoren vorgesehen werden. Dem Bemühen um Einmütigkeit und Einheit in der einen Gemeinde Christi in der Theorie der neuen Lehre und in der Praxis der Neugestaltung des kirchlichen Lebens soll auf neu eingerichteten Synoden und in neu zugeschnittenen Pfarreien Rechnung getragen werden.[102] Es gilt, dass ein öffentlicher Sünder nach zweimaliger Mahnung durch den jeweiligen Leutpriester und/oder Diakon solange vom Abendmahl ausgeschlossen bleibt, bis er eine Besserung seines Lebens vorweisen kann.

Wie das konkret vor sich gehen soll, ist allerdings nicht klar. Ein Zusammenspiel kirchlicher und obrigkeitlicher Strafe ist nur bei ehelichem Fehlverhalten erkennbar. Dies schafft neue Probleme, wie sich schon auf der dritten Synode am 2. Mai 1530 zeigt, wo es zu Klagen über die spärliche Teilnahme am Abendmahl – seitens der Täufer wie auch der vom Rat Benannten – oder das fehlende Durchgreifen bei öffentlichen Verfehlungen kommt, so dass dem Rat die erneute Behandlung der Bannfrage angetragen wird. Oekolampad und Phrygio, die Synodenpräsidenten, werden zu einer Stellungnahme aufgefordert, so dass es im Mai/Juni 1530 zu der bedeutsamen Rede über die Wiedereinführung der Exkommunikation (Oratio de reducenda Excommunicatione)[103] kommt, die noch mehrfach von Oekolampad über Basel hinaus in die Öffentlichkeit getragen wird.

Bekannte Argumente werden vor der Negativfolie einer akuten Bedrohungssituation erneut zugespitzt, biblisch und unter Verweis auf die Alte Kirche, wo sich der Ausschluss vom Abendmahl als Heilmittel erwiesen habe, zugespitzt und immer in Abgrenzung zum Vorwurf einer neuen Tyrannei entfaltet. Deutlich hervorgehoben wird die Verantwortung der Pfarrer angesichts des Zornes Gottes über die mangelnde Bereitschaft seiner Kirche, ihr Leben zu bessern. Ein obrigkeitliches Strafverfahren reiche dafür nicht aus, da Kirche und Rat andere Aufgaben hätten; der eine sei dafür zuständig, gute und friedliche Bürger (bonos ac pacificos cives), die andere dafür, fromme und untadelige Christen (pios et inculpatos christianos) her-

---

[102] Vgl. dazu insgesamt die ernüchternde Bilanz bei Amy Nelson Burnett, Controlling the Clergy. The Oversight of Basel's Rural Pastors in the Sixteenth Century, in: ZWA XXV (1998), 129–142.
[103] BrA Bd. 2 Nr. 750; die folgenden Zitate finden sich dort.

vorzubringen. Gegenüber den bisherigen Vorstellungen schlägt er für die Stadt ein neu zusammengesetztes Gremium von zwölf Zensoren aus Leutpriestern, Rat und Volk, das mehrfach den Delinquenten warnen soll, vor. Es gehe darum, dass die Kirche überall ihre ganze Reinheit (suam venustatem et puritatem totam) in der Aufrichtigkeit ihres Glaubens, in der Unbescholtenheit ihres Lebenswandels (fidei sinceritate, morum sanctimonia) vor Gott wiedererlange. Ein entsprechend verfasstes Mandat tritt nicht in Kraft,[104] aber in Basel kommt doch ein Stein ins Rollen, da nach Zürcher Beispiel alle aus dem großen und kleinen Rat ausgeschlossen werden, die sich der Reformation entgegenstellen oder nicht beim Abendmahl erscheinen. Diese Regel soll auf die Inhaber aller öffentlichen Ämter in Stadt und Land ausgedehnt werden.[105]
Vorgeschlagen wird, anschließend die Kirchenzucht anstelle der Exkommunikation einzuführen, wenn denn alle, die durch mangelnde Besserung in Leben oder Lehre die Kirche beschmutzten, aus ihr entfernt seien.[106] Versuche, zu einem gemeinschaftlichen Vorgehen in Fragen der Zeremonien und damit auch in der Exkommunikationsfrage auf Tagsatzungsebene, also der eidgenössischen Versammlung der Kantonsabgeordneten, zu gelangen, scheitern, auch wenn Oekolampad die Gelegenheit erhält, seine Vorstellungen auf der Tagsatzung in Aarau einem breiten Publikum darzulegen.[107] Deutlich ist nicht nur die Zurückhaltung der anderen, zur Reformation übergegangenen Städte, sondern auch die Skepsis von Kollegen wie Martin Bucer (1491–1551) und meines Erachtens auch Zwingli. Mitte Dezember erließ der Basler Rat zunächst für die Stadt, dann die Landschaft das Kirchenzuchtmandat,[108] das sich an den Gedanken Oekolampads orientiert und methodisch gestaffelt vorgeht; ergänzt wird dieses ein Jahr später in Abwesenheit des Reformators um eine vierte Stufe, die eine Ladung vor beide Räte in Basel bei fortgesetzten Fehlverhalten vorsieht. Eine Anweisung und ein Gebet für die jeweils zu ernennenden Bannherren werden ebenso erarbeitet wie ein auf Oekolampads Ideen fußendes Bannformular.[109] Auf den nachfol-

---

[104] Ebd. Nr 751.
[105] Vgl. Z 10 Nr. 1049.
[106] Ebd.: „Deinde etiam censura ecclesiastica instituatur, quae excommunicationis loco erit, imo excommunicatio omnium, qui inemendabili vita vel doctrina ecclesiam nostram coinquinant."
[107] Ob dieser zuratende Vorschlag Zwinglis wirklich ernst gemeint war? Deutlich ist, dass nicht nur Bucer befremdet ist über Oekolampads Beharrlichkeit.
[108] BrA Bd. 2 Nr. 809f. und Kuhr (wie Anm. 35), Kapitel 4.3 zur Neuordnung des Banns, zu den Mandaten, 207–221, dort auch der Verweis auf den Fall des Buchbinders Nikolaus Kantus.
[109] Ebd. Nr. 811–813. 852. Vgl. Kuhr (wie Anm. 35), 222–226, der das in dieser Form erhaltene Formular nach Oekolampads Tod datiert.

genden Synoden kann von einer Nutzung des Bannes keine Rede sein, auch wenn es seit dem 23. April 1531 einen Erlass über die Nichtkommunikanten gibt,[110] dessen bekanntester Bonifacius Amerbach (1495–1562) ist, der erst Jahre nach Oekolampads Tod den Weg zum evangelischen Tisch des Herrn beschreitet.

---

[110] Ebd. Nr. 846; vgl. aber Kuhr (wie Anm. 35), 291–293, Staehelin (wie Anm. 15), 534–540.

Erneuerung? Wiederherstellung? Reform? Veränderung?
—
Was meinten und meinen Menschen, wenn sie von „Reformation" reden?

von Albrecht Thiel

Reformation – was meinen wir mit diesem Begriff, den wir ja wie selbstverständlich gebrauchen? Ich habe vier Begriffe notiert, die in ihrer Bedeutung recht weit auseinanderliegen, aber alle mit „Reformation" konnotiert werden: Erneuerung, Wiederherstellung, Reform, Veränderung. Was von alledem haben die, die wir „Reformatoren" nennen, unter diesem Begriff verstanden? Wie weit sind wir ihrem Deutungsschema verpflichtet? Oder geht unser modernes Verständnis von Reformation über die Reformatoren hinaus oder gar inzwischen in eine andere Richtung? Dazu möchte ich zunächst einen Blick auf die Geschichte des Begriffs Reformation werfen und dann an zentralen Texten Johannes Calvins (1509–1564) überprüfen, wie sich dieses Verständnis theologisch konkretisiert.

1. Der Begriff „reformare"

Das Wort erscheint erstmals in der Dichtung bei Ovid (43 v.Chr. – ca. 17 n.Chr.). Es meint a) die physische Verwandlung[1] und b) die Rückverwandlung in einen qualitativ besseren früheren Zustand.[2] Diese zweite Bedeutung nimmt Seneca (ca. 1–65 n.Chr.) auf und überträgt sie auf den Bereich des Politischen und Moralischen. Voraussetzung ist der Verfall der Zeit, ein negativer Progressus und entsprechend eine Besserung durch Orientierung an den Maßstäben der Vergangenheit.[3] Senecas Sprachgebrauch war Calvin vertraut; seine Erstlingsschrift war ein Kommentar zu Senecas *De clementia*.

---

[1] Vgl. Ovid, Metamorphoses 11, 254. Ovidii Nasonis Metamorphoses, ed. Rud. Ehwald, Berlin 1903 / München 1961.
[2] Vgl. ebd. 9,399: „reformatus primos Iolaus in annos".
[3] Vgl. Eike Wolgast, Art. Reform, Reformation, in: Otto Brenner/Werner Conze/Reinhart Koselleck (Hgg.), Geschichtliche Grundbegriffe 5, Stuttgart 1984, 313–360, hier 313. – Ausdrücklich bezogen auf die Politik seiner Zeit: Plinius der Jüngere (61/62–113/115): „Alles [...] hat den Zweck zu zeigen, wie unser Vater (i.e. Trajan) den durch lange Gewohnheit verderbten und verschlechterten Charakter des Prinzipats wiederherstellt und ausbessert." Plinius der Jüngere, Panegyricus Traiano imp. dictus 53,1. Hg, übs. u. m. Erl. vers. von Werner Kühn (Texte zur Forschung, Band 51), Darmstadt 1985.

Von Ulpian (gestorben 223) wird der Begriff in den Bereich des Rechts übertragen. „Reformatio" meint die Übertragung von Eigentum im Sinne der Rückgabe oder Wiedereinräumung. Auch diese Bedeutung im Sinne von restitutio dürfte dem Juristen Calvin bekannt gewesen sein.

Im Neuen Testament wird in der Vulgata an den Stellen Röm 12,2 und Phil 3,21 das griechische μεταμορφοῦν mit „reformare" übersetzt. Dort ist in eschatologischer Perspektive von der Verwandlung des Menschen in eine höhere Qualität die Rede. Etwas, das explizit das Werk Gottes und der Machbarkeit der Menschen entzogen ist. Dieser neutestamentliche Begriff spielt in den Auseinandersetzungen über Veränderungen der Kirche keine Rolle, da er von ganz anderer, nämlich eschatologischer Qualität ist. Auch das, was die Kirchenväter als „reformare in melius" beschreiben (so Augustin[4] (354–430), der an Ambrosius[5] (339–397) anknüpft), ist anthropologisch zu verstehen: Durch Christus werden wir nicht nur in den Zustand Adams zurückversetzt, sondern in einen qualitativ besseren Zustand geführt. Damit lag für das Mittelalter der Sprachgebrauch fest. Neben der explizit theologischen Aussage (NT/Kirchenväter) beschrieb „reformare" die Wiederherstellung des ursprünglichen Zustandes in dem Maße, wie dieser durch Fehler oder Sünden deformiert war.[6] Entsprechend übersetzen die Lexika mittelalterlichen Lateins den Begriff mit „transformation, reshaping"[7] oder mit „1. restituer, compenser, réparer, 2. réintégrer, 3. sauver (une âme)".[8]

Populär und verbreitet wird das Wort im 15. Jahrhundert.[9] Die Reformatio Sigismundi wird von einem Teilnehmer des Basler Konzils unter dem Pseudonym des Kaisers vorgelegt. Inhalt ist eine umfassende Kritik am Ordensklerus. In einer deformierten Kirche fordert der Verfasser die Wiederherstellung der verfallenen Ordnung.[10] Parallel rufen verschiedene Reformations-Traktate zur Restitution der

---

[4] „Wiederherstellen zum Besseren". Vgl. Augustinus, De genesi ad litteram 6,20. 24, CSEL Bd. 28/1 (1894), Ort?, 194. 196. Augustin schreibt über die Auferstehung: „Et quomodo animus post paenitentiam [...] reformatur in melius, sic etiam corpus post istam mortem [...] credendum et sperandum est resurrectionis tempore in melius commutari." (De doctrina christiana I, 36, CSEL 80 (1963), 17).
[5] Vgl. Ambrosius, Epistulae, 34 (45), 15, CSEL Bd. 82/1 (1968), Ort?, 236f.
[6] Hierzu Wolgast (wie Anm. 3), 316f.
[7] Oxford Latin Dictionary, Oxford/N. Y. 1982, Lemma reformatio.
[8] Lexikon Latinitatis Lexicon Minus. Comp. J. F. Niermeyer, Leiden 1976, Lemma reformare. - Im Lexicon Latinitatis Medii Aevi Regni Legionis (s. VIII – 1230), Turnhout 2010, kommt der Begriff in keiner Form vor.
[9] Vgl. Wolgast (wie Anm. 3), 321.
[10] Hierzu: Hartmut Boockmann, Art. Reformatio Sigismundi, in: TRE 28 (1997), 384–386.

früheren Kaiserherrlichkeit auf.[11] Allerdings spaltet sich zu jener Zeit der Begriff auf: Während im kirchlichen Bereich das traditionelle Verständnis von Wiederherstellung bleibt, ja die Ausrichtung an der Alten Kirche noch schärfer betont wird, wird im profanen Bereich die Neuordnung oder Festsetzung als „Reformation" bezeichnet.[12] Insbesondere das Schlagwort von der Universitätsreform ist nicht rückwärtsgewandt, sondern soll Besserung bewirken.[13]

2. Die Situation im 16. Jahrhundert und weitere Entwicklungen

1528 schreibt Martin Luther (1483–1546): „Ich hab ein Concilium angericht und eine reformation gemacht, das den Papisten die ohren klingen."[14] Er benennt als Inhalt derselben aber nur die Abschaffung von Ablass und Wallfahrten, also die äußere Seite. Die „innere Seite" ist für ihn Gottes Werk.

Die Definitionen von „Reformation" beginnen sich zu vermischen und tragen zur Verwirrung bei. So geht es bei den Forderungen der Bauern von 1525 bei „Reformation" um eine zusammenfassende Formel für die lokal und territorial unterschiedlichen Einzelforderungen, wenngleich die Orientierung am göttlichen Recht auch immer wieder betont wird. „Reformation" wird dann im kirchlichen Bereich im Zuge der Auseinandersetzungen zur Konfessionsbezeichnung. „Reformatae nostrae ecclesiae" nennen sich die lutherischen Kirchen in der Konkordienformel 1580. Seit dem 100-Jahr-Jubiläum 1617 ist die Bezeichnung „Reformation" für die lutherische Orthodoxie maßgeblich geblieben.[15]

---

[11] Z.B. das Memoriale de praerogativa Romani imperii des Alexander von Roes. Der Traktat stammt aus dem 13. Jahrhundert und ist im 15. Jahrhundert ins Deutsche übersetzt worden.

[12] Die Landfriedensordnung Friedrichs III. (1415–1493) von 1442 wird als „König Friedrichs Reformation" bezeichnet. – Zur Vielfalt dessen, was in der Politik und Verwaltung als „Reformation" bezeichnet wird, s. Wolgast (wie Anm. 3), 324.

[13] Auch Luther fordert in diesem Sinne eine „gute reformation der universitetenn"; Martin Luther, An den Christlichen Adel deutscher Nation von des christlichen Standes Besserung, WA Bd. 6 (1888), 458.

[14] Ders., Vorrede zu: Von Priester Ehe des wirdigen Herrn Licentiaten Steffan Klingebeyl, WA 26 (1909), 530.

[15] Vgl. Wolgast (wie Anm. 3), 329. – Laut Johann Gerhard (1582–1637) habe Luther unter Gottes Schutz „…reformationis opus non solum inciperet, sed etiam felicissime perficeret." Johann Gerhard, Beati Lutheri ad ministerium et reformationem legitima vocatio (Jena 1617), 28. Das gilt auch für die reformierte Seite. Abraham Scultetus spricht 1618 vom „saeculum reformationis", Johann Hottinger (1620–1667) 1648 von der „historia reformationis"; vgl. Theodor Mahlmann, Art. Reformation, in: Joachim Ritter/Karlfried Gründer/Gottfried Gabriel (Hgg.), Historisches Wörterbuch der Philosophie 8, Basel 1992, 416–427, hier 418.

Neben der historischen Beschreibung mit dem Begriff „Reformation" für die Zeit von 1517 bis 1555 entsteht im 17. Jahrhundert bei Philipp Jacob Spener (1635–1705) und August Hermann Francke (1663–1727) die Vorstellung einer umfassenden Reformation. Dem Pietismus geht es um die Vervollkommnung der Lehre und den Bereich der Glaubenspraxis. Für die Aufklärung ist Luther erst der Vorkämpfer auf dem Weg der Freiheit. Im 19. Jahrhundert wird sich in dieser Hinsicht das Verständnis Reformation – Freiheit – Geistesfreiheit durchsetzen. Meyers Konversationslexikon gibt das 1850 so wieder: Die Reformation war dazu bestimmt, „die Menschheit in ein neues Stadium der Entwicklung einzuführen."[16]

3. Wie verstand Calvin „Reformation"?

Zur Zeit der Abfassung von Calvins *Antwort an Kardinal Sadolet* (1539) befand sich die Genfer Kirche im Zustand der Verunsicherung.[17] Die drei Pfarrer Calvin, Guillaume Farel (1489–1565) und Elie Courauld (gest. 1538) waren im Jahr zuvor aus Genf verwiesen worden. Kurienkardinal Jacob Sadolet[18] (1477–1545) wandte sich im Auftrag Roms an die Bürger Genfs mit der Zielsetzung, sie zur römischen Kirche zurückzuführen. Nach Gesprächen zwischen Genf und dem befreundeten Bern entschied man sich, Calvin in Straßburg das Schreiben zuzustellen und ihn um eine Antwort zu bitten.

Günter Gloede (1910–1989) hat diese Antwort 1954 in einem Heft neu ediert und ihr den frei interpretierenden Titel *Musste Reformation sein?* gegeben.[19] Ähnlich haben auch neuere Autoren geurteilt, dass Calvin hier die Reformation erläutere.[20] Nur spricht Calvin in der *Antwort* gar nicht von Reformation, sondern wirft die Neuerun-

---

[16] Das große Conversations-Lexicon für die gebildeten Stände, Bd. 5 (1850), Art. Reformation, 653. In der 3. Aufl. von 1878 (Meyer Konversations-Lexikon. Eine Enzyklopädie des allgemeinen Wissens) fehlt dieser Satz.
[17] Vgl. Christian Link, Einleitung, in: Calvin, Studienausgabe, hg. v. Eberhard Busch u.a., Bd. 1. Reformator. Anfänge, Tb. 2, Neukirchen-Vluyn 1994, 337–344.
[18] Sadolet war Bischof von Carpentras und Vertreter eines Reformkatholizismus. Bei der Abfassung des Schreibens ging ihm sein britischer Kollege Reginald Pole (1500–1558) zur Hand. Kardinal Contarini (1483–1542) hat das Schreiben vor der Veröffentlichung begutachtet. Vgl. Link (wie Anm. 17) 338, Anm. 9.
[19] Musste Reformation sein? Calvins Antwort an Kardinal Sadolet (Das Wort der Reformation, Bd. 4), übers. u. eingel. von Günter Gloede, Göttingen 1954.
[20] Vgl. Matthieu Arnold, Straßburg, in: Calvin-Handbuch, hg. von Herman J. Selderhuis, Tübingen 2008, 37-43: „In dieser wichtigen ekklesiologischen Abhandlung verteidigt Calvin die Überlegenheit der Reformation, welche sich, mehr als die römische Kirche, auf die Kirche der ersten Jahrhunderte berufen darf."(41) Ähnlich Gary Neal Hansen, Traktate, in: Ebd., 191-197, 192: „[…] Calvins Antwort an Kardinal Sadoleto, mit der er die Genfer Reformation erläutert und verteidigt".

gen gerade der römischen Seite vor: „Sie sollen sich nicht leichtfertig nach ihrem eigenen Gutdünken irgendeine Form der Gottesverehrung ausdenken, sondern wissen, dass allein das die rechtmäßige ist, die Gott selbst von Anfang an gebilligt hat."[21] Das ist Reformation im traditionellen Verständnis: Zurück zu den Wurzeln, weil sie von Gott gesetzt sind. Nicht wir haben Unruhe und Abweichung in den Konsens der Gläubigen gebracht, sondern ihr! Entsprechend Calvin: „Wir stimmen nicht nur weit besser mit der Tradition überein als Ihr, sondern mühen uns auch um nichts anderes, als eben das alte Gesicht der Kirche endlich wiederherzustellen."[22] Nicht reformatio, sondern instauratio. Was ja übersetzt nichts anderes heißt als: sich auf das Kreuz beziehen. Verändert ist für Calvin nur, dass jetzt eine Lehre da ist, „die uns nicht vom christlichen Bekenntnis abzog, sondern die das Bekenntnis an seine Quelle heranführen und es [...] in seiner ursprünglichen Reinheit wiederherstellen wollte."[23]

Welche Art von Kirche strebt Calvin an? Was bedeutet Wiederherstellung der Kirche? Zurück zu den Aposteln? Zur unmittelbaren Anwendung von Schriftworten in der Gegenwart? Passt das zu Calvin, der doch historisch gedacht hat? Der sich von dem unmittelbaren Denken der Täufer und Spiritualisten deutlich distanziert hat? In einem instruktiven Aufsatz hat Irena Backus (geb. 1950) 2004 gezeigt, welche Rolle das Einbeziehen der nachapostolischen Zeit bzw. der Kirchenväter für Calvin bedeutet hat. Er vertrete nämlich nicht die Denkweise, dass alles bis zum heutigen Tag nur Deformation sei und man deshalb zum reinen Anfang re-formieren müsse. Die nachapostolische Kirche, die Kirche, die ihren Platz in der damaligen Gesellschaft finden musste, sei für ihn keineswegs eine Kirche im ständigen Niedergang. Ja, er vergleiche die Kirche in Genf mit der der nachapostolischen Zeit und der Zeit vor und nach Nizäa[24] und finde dabei Parallelen zur Struktur der Kirche in Genf. Sein Hauptzeuge ist dabei Hieronymus (347–420) in dessen Kommentar zu Titus. Von ihm her leite er ein Modell von Kirche ab, das er in der Institutio so beschreibt: „Jede einzelne Stadt besaß also ein Kollegium von Presbytern[25], die ‚Hirten' und ‚Lehrer' waren. Jeder einzelnen Stadt war nun ein bestimmtes Gebiet zugewiesen, das aus ihr seine Presbyter entnahm und gleichsam zu dem Leibe jener Kirche zugerechnet wurde. Die einzelnen Kollegien waren, wie gesagt, zur Wahrung der Ordnung und des Friedens einem einzigen Bischof

---

[21] Calvin (wie Anm. 17), 362, 34–364, 4.
[22] Ebd., 369, 26–29.
[23] Ebd., 417, 23–25.
[24] Cyprian (200–258) ist für Calvin der einzige Zeuge aus der Zeit vor Nizäa.
[25] Calvin versteht darunter wie die Väter Priester.

unterstellt; dieser hatte zwar nach der Würde den Vorrang vor den anderen, aber doch so, daß er der Versammlung der Brüder unterworfen war."[26]

Hieronymus' Kommentar lieferte Calvin „eine Blaupause dessen, was eine tolerable Grenze von Abweichungen vom apostolischen Modell"[27] war. Es war für ihn wichtig zu zeigen, dass die Kirche in einer solchen altkirchlichen Tradition stand – denn bei der römischen Kirche sah er vor allem die Abweichungen und Neuheiten. Als Maßstab galt: Das apostolische Modell der Kirche ist für Calvin göttlich offenbarte Wahrheit – aber es ist Wahrheit in der Geschichte. Und wie Irena Backus schreibt: „Für Calvin ist immer ein Abstand zwischen der Schrift als Standard und ihrer Verwirklichung. Der Abstand kann überbrückt werden von sorgfältiger Beachtung der Praxis und Gesetzgebung der frühen post-apostolischen und post-Nicänischen Kirche."[28]

Was also meint Calvin mit „Reformation"? Es gibt einen Text, in dem Calvin sein theologisches Lebenswerk zusammenfassend darstellt: seine Abschiedsrede an die Pfarrer.[29] Es ist eine Lebensbilanz, in der Form angelehnt an biblische Abschiedsreden etwa von Mose[30] oder Paulus,[31] aber auch an klassische wie die von Sokrates[32] (469–399 v.Chr.) oder Seneca[33] (1–65). Calvin beschreibt darin seine theologische Existenz in Genf so: „Als ich zum ersten Mal in diese Kirche kam, war so gut wie nichts vorhanden. Man predigte, und das war schon alles. Man suchte wohl nach Götzenbildern und verbrannte sie. Aber es gab keine Reformation. Alles befand sich in einem wüsten Durcheinander."[34]

Auffällig ist der Unterschied zu Luther, der beim Stichwort „Reformation" gerade die äußeren Dinge wie den Ablass aufführt. Die rö-

---

[26] Inst. IV, 4, 2.
[27] Irena Backus, These Holy Men: Calvin's Patristic Models for Establishing the Company of Pastors, in: David Foxgrover (Hg.), Calvin and the Company of Pastors. Papers presented at the 14th Colloquium of the Calvin Studies Society, May 22–24, 2003, Grand Rapids, 2004, 25–51, hier 30.
[28] Backus (wie Anm. 27), 51. Deutlich anders als Calvin versteht das Heinrich Bullinger (1504–1575): In seinem Matthäus-Kommentar sieht er das Zürcher System der Kirchenorganisation so an, als stamme es direkt aus dem Evangelium (vgl. Ebd., 50).
[29] Calvin, Studienausgabe, hg. v. Eberhard Busch u.a., Bd. 2, Gestalt und Ordnung der Kirche, Neukirchen-Vluyn 1997, 294–303.
[30] Vgl. Dtn 33, 1–29.
[31] Vgl. Abschiedsrede des Paulus an die Ältesten von Ephesus in Apg 20, 17–35.
[32] Vgl. Platon, Phaidon, Werke Bd. 3, hg. von G. Eigler, Darmstadt, ³1990, 1–207.
[33] Vgl. Tacitus, Annales, XV, 63 (Ausgabe v. E. Heller, Zürich/München 1982, 772f.).
[34] Calvin (wie Anm. 29), 295, 34–37.

mische Kirche, die es ja durchaus in Genf gab, war für Calvin in ihrer Verkündigung, Sakramentenlehre und kirchlichen Praxis ecclesia deformata – und damit allein war für Calvin „so gut wie nichts vorhanden". Auch, dass man die römischen „Götzenbilder" verbrannte, wird durchaus positiv gewürdigt und die Predigttätigkeit der ersten Genfer Pfarrer sogar mit teilweise launigen Worten[35] erwähnt. In dieser groben Skizze für Calvin alles Schritte in die richtige Richtung – aber was fehlte, dass man es eine Reformation hätte nennen können?
Leider folgt in der Abschiedsrede keine nähere Erklärung dieses in der Geschichte so wirkmächtig gewordenen Begriffes. Calvin blickt eher anekdotisch auf die „erstaunlichen Kämpfe" zurück, unter denen er sein Leben in Genf verbracht habe. Und er kommt auf seine Lehre zu sprechen: Er habe treu gelehrt,[36] keine Stelle der Schrift wissentlich verdreht, es nicht auf Spitzfindigkeit abgesehen. Damit stilisiert er sich als Diener der Schrift im Gegensatz zum Rhetor, der sich selbst in Szene setzt. Er blickt dann nach vorn: Sie, die Pastoren, haben Beza zu Calvins Nachfolger gewählt und mögen ihn bitte unterstützen! Schließlich, ganz im Stil eines Testaments, mahnt er, es solle „kein Streit und keine bösen Worte" unter ihnen aufkommen. Damit scheint der Schlusspunkt gesetzt – bis Calvin einfällt, er habe einen wichtigen Punkt noch vergessen:[37] Sie mögen bitte nichts verändern oder Neues einführen! Das lässt etwas ratlos zurück: Calvin spricht zwar rückblickend von Kämpfen, aber kaum systematisch von reformatorischer Veränderung. Ja, er warnt, dass alle Änderungen gefährlich sein könnten.[38] Was meint er dann überhaupt mit „Reformation"? Eine dynamische Veränderung sicher nicht, die Predigt in rechter Lehre allein auch nicht – das hatten Farel und die anderen Prediger durchaus geleistet. Dennoch gab es nach Calvins Darstellung keine Reformation. Was meiner Meinung nach nur bedeuten kann: Es gab kein Wieder-in-Form-Bringen der Kirche. Die Gestalt der Kirche ist für Calvin nicht etwas Zweitrangiges, sondern gehört zu ihrem Wesen dazu. Darum sucht er auch mit solcher Anstrengung in der Alten Kirche, ob er bei den Vätern nicht Anleitungen und Parallelen zur Gestaltung der Genfer Kirche findet. Dabei ist die apostolische Zeit für ihn das Ideal, die nach-apostolische Zeit der

---

[35] Vgl. ebd., 297, 1–6: „der gute Meister Guillaume", „[...] den feinen Prediger Froment, der seinen Kittel abgelegt hatte, auf die Kanzel stieg und dann wieder in sein Geschäft zurückkehrte, wo er über die Leute herzog und insofern doppelt predigte."
[36] Vgl. ebd., 298, 14: „enseigné fidellement".
[37] Vgl. ebd., 301, 2.
[38] Vgl. ebd., 300, 4: „que tous changemens sont dangereux".

verbindliche Maßstab. Und da er diesen meint gefunden zu haben, darf es auch keine weiteren Änderungen mehr geben.

Es ist sicher kein Zufall, dass er in der Abschiedsrede an die Pfarrer auch daran erinnert, dass er bei seiner Rückkehr aus Straßburg von den Vertretern der Kirche einen Eid auf den Katechismus[39] und die Kirchenordnung verlangt habe.[40] Es ging ihm dabei nicht um eine Ordnung um der Ordnung willen, sondern darum, dass die Kirche nur in der ihr und Gott angemessenen Form Kirche sein kann.

4. Erneuerung? Wiederherstellung? Reform? Veränderung?

Welcher dieser Begriffe trifft das Anliegen der Reformatoren am ehesten? In dem, was Calvin bewegte – und das lässt sich grundsätzlich ähnlich von Heinrich Bullinger (1504–1575) wie Philipp Melanchthon (1497–1560) sagen – war Reformation im Sinne der klassischen und mittelalterlichen Denkweise ein Zurück. Zurück aber nicht zu einem goldenen oder nicht-deformierten Anfangszustand, sondern zu der in der Geschichte gelebten Existenz von Kirche, wie ihn die Väter exemplarisch gelehrt haben. Dabei ist die eigene Schriftauslegung nie der einzig verbindliche Maßstab, vielmehr erfolgt sie im Strom der Tradition. Diese wird auf ihren Wahrheitsgehalt hin untersucht und entsprechend angeeignet – oder auch nicht.

Reformation im Sinne von Reform oder Verbesserung war dagegen eher ein Stichwort aus dem politischen Leben von Spätmittelalter und Reformation. Gemeint waren damit etwa „Universitätsreform" oder „Neugestaltung der städtischen Ordnung". Einiges davon haben die Reformatoren in ihrem politischen Denken rezipiert, anderes nicht. Für ihr eigenes theologisches Selbstverständnis war der Umgang mit diesen Dingen eher zweitrangig. Aus dem historischen Abstand kann in heutiger Perspektive gleichwohl geurteilt werden, dass sich manches an damaligen Neuerungen durchaus mit der theologischen Denkweise vermischt hat.

Die Reformation als innere Bewegung, die Reformation, die über die bloße Lehre hinausgeht, ist allerdings ein Gedanke aus Pietismus wie Aufklärung. Von dort aus zieht sich die Linie ins 19. Jahrhundert, zur Freiheit des Geistes als angeblich protestantischem Prinzip. Zur Reformationszeit und ihrer Denkweise besteht nicht nur ein großer zeitlicher Abstand, sondern ein qualitativer Bruch. Von dieser viel späteren Zeit und ihrem Verständnis von „Reformation" leiten sich die meisten kirchlichen Reformansätze in den letzten Jahrzehnten her.

---

[39] Vgl. Calvin (wie Anm. 29), 1–135.
[40] Vgl. Calvin (wie Anm. 29), 227–279.

Erneuerung? Wiederherstellung? Reform? Veränderung? 213

Das Wort „Reform" lässt sich im 18. Jahrhundert als Fremdwort aus dem Französischen in der deutschen Sprache nachweisen. Es meint von Anfang an Schritte zur Verbesserung des Staatswesens, benutzt auch nur selten den Bezug zum Begriff der Reformation.[41] In diesem Sinn wurden etwa die Stein-Hardenbergschen Reformen sprachwirksam, im 19. Jahrhundert wird dann eine andere Unterscheidung eine wichtige Rollen spielen, die zwischen „Reform" und „Revolution".[42] Die Reformatoren rechneten damit, dass sich mit einer Denkbewegung ad fontes eine Kirche in ihrer Substanz wiederherstellt und gerade dadurch erneuert. Dazu gehörte ebenso die rechte, der Schrift gemäße Lehre wie die rechte Ordnung der Kirche. Ein solches theologisches Verständnis von Reformation sollte deutlich abgegrenzt werden von allem, was sich ohne Bezug auf diesen Grund um Erneuerung und Veränderung bemüht.

---

[41] Wolgast (wie Anm. 3), 341: „Die Reformation ist die vorgegangene große Veränderung in Deutschland, die Zeit der Reformation auf das 16. Jahrhundert fixiert, während für die Zukunftsaufgabe der Reformbegriff eingeführt wird."
[42] Dazu Wolgast (wie Anm. 3), 346–352.

Confessio semper reformanda.
Reformulierungen des Heidelberger Katechismus zwischen Erinnerung und Vergessen

von Frederike van Oorschot

1. Einführung

1.1. Confessio semper reformanda!?

„Reformierte Kirche ist bekennende Kirche."[1] So lautet der erste Satz der Einleitung von Georg Plasger (geb. 1961) und Matthias Freudenberg (geb. 1962) zu ihrer Sammlung reformierter Bekenntnisschriften. Dieser Satz lässt sich zum einen empirisch leicht belegen, wie schon ein kurzer Blick in die verschiedenen Editionen reformierter Bekenntnisse zeigt.[2] Im Hintergrund steht zum anderen eine theologische Begründung: es ist ein konstitutives Merkmal reformierten Kirchseins und Bekennens, dass die eigenen Bekenntnisse weder ein für allemal formuliert noch in einer kanonischen Sammlung festgeschrieben sind. Und noch nicht einmal über die Kriterien eines „Bekenntnisses" – im Unterschied etwa zu Katechismen, Thesen, Glaubenserklärungen, Konsenserklärungen oder Kirchenordnungen – besteht Einigkeit.[3] Reformierte Bekenntnisschriften stehen als „elementare Lebensäußerungen der Kirche" vielmehr im „Spannungsfeld zwischen Glaubenserkenntnis und den Herausforderungen der Zeit" um zeitgemäße „Rechenschaft des Glaubens" zu geben.[4] *Confessio semper reformanda!*
Und doch zeigt ein Blick in die Sammlungen reformierter Bekenntnistexte und die als verbindlich festgehaltenen Bekenntnisgrundlagen reformierter Kirchen weltweit, dass sich im Laufe der Zeit ein gewisser Kanon weit verbreiteter und anerkannter Bekenntnistexte finden lässt. Einer der am weitesten verbreiteten und bekanntesten Texte

---

[1] Georg Plasger/Matthias Freudenberg (Hgg.), Reformierte Bekenntnisschriften. Eine Auswahl von den Anfängen bis zur Gegenwart, Göttingen 2005, 7.
[2] Dies zeigen im deutschen Sprachraum die Editionen von Plasger/Freudenberg (wie Anm. 1); Matthias Krieg (Hg.), Reformierte Bekenntnisse. Ein Werkbuch, Zürich 2009; Lukas Vischer, Reformiertes Zeugnis heute. Eine Sammlung neuerer Bekenntnistexte aus der reformierten Tradition, Neukirchen-Vluyn 1988. Vgl. für den französischen Sprachraum Henry Mottu u.a. (Hgg.), Confessions de foi réformées contemporaines, Genf 2000.
[3] Plasger/Freudenberg (wie Anm. 1), 8.
[4] Ebd., 7.

dieses über die Zeit recht stabilen Corpus zahlreicher reformierter Kirchen ist der Heidelberger Katechismus. „Was den Reformierten heilig ist" wollen wir auf dieser Tagung bedenken – gehört der Heidelberger dazu? *Confessio semper reformanda?*
Ich möchte im Folgenden am Beispiel der Rezeption des Heidelbergers exemplarisch verfolgen, wie „Erinnerung, Verdrängung, Verehrung" im reformierten Kontext geschieht. Was wird aus welchen Gründen erinnert oder vergessen? Wie verändern Rezeptionsprozesse die Wahrnehmung des Rezipierten? Gibt es „Heiligsprechungen" durch Rezeption? Und wie verändert sich das Bekenntnisverständnis durch Rezeptionsprozesse der Bekenntnistexte?
Angesichts der breiten Rezeption des Heidelbergers sind zwei methodische Einschränkungen zu machen. Zum einen beschränke ich mich auf die Rezeptionsgeschichte des Heidelbergers in einer geographischen Region – gewählt habe ich Indonesien seit den 1980er Jahren. Insbesondere um das Jubiläumsjahr des Heidelberger Katechismus wurde die breite Rezeption dieses Textes sowohl von kirchlicher Seite[5] als auch von Seiten der theologischen Wissenschaft[6] aufgearbeitet. Der vergleichende Blick in verschiedene geographische Kontexte zeigt, dass in der Region des heutigen Indonesien zum einen eine auffallend breite Tradition neuerer Bekenntnistexte zu beobachten ist, welche sich zum anderen immer wieder – sowohl in Erinnerung als auch in bewusster Abgrenzung und dem gezielten Vergessen – konstitutiv auf den Heidelberger Katechismus beziehen. Daher lässt sich an diesem Kontext die Rezeption des Heidelbergers im Kanon neuerer Bekenntnisbildungen sehr pointiert beobachten. Die Hintergründe dieser Prozesse in der niederländisch geprägten Kolonial- und Missionsgeschichte Indonesiens können in diesem Rahmen leider nicht beleuchtet werden. In meiner Darstellung stütze ich mich in weiten Teilen auf die Beobachtungen des deutschstämmigen und seit 1994 in Zentraljava tätigen Theologen Christian Goßweiler (geb. 1962), dem ich für seine Hinweise herzlich danke. Zum anderen greife ich aus der breiten Debatte um reformiertes Bekenntnisverständnis auf die Ausführungen Plasgers und Freudenbergs zurück, die die Grundlage der eben aufgeworfenen Leitfragen

---

[5] Eindrücke aus verschiedenen Ländern Europas, Indonesien und die Ergebnisse einer Umfrage unter den Mitgliedskirchen der Gemeinschaft der Europäischen Kirchen in Europa (GEKE) finden sich gesammelt unter http://www.heidelberger-katechismus.net/7492-0-227-50.html (Zugriff: 11.5.2015).
[6] Vgl. die Beiträge zur Emder Tagung im Jahr 2013 (Matthias Freudenberg (Hg.): Geschichte und Wirkung des Heidelberger Katechismus (EBzrP 15) Neukirchen-Vluyn 2013) und z.B. Hans G. Ulrichs, Mit freiem Gewissen glauben und leben. Die rezeptionsgeschichtliche Pluralität und Produktivität des Heidelberger Katechismus, in: Jahrbuch für badische Kirchen- und Religionsgeschichte 7 (2013), 129–167.

bilden. Daher zunächst einige kurze Bemerkungen zum Bekenntnisverständnis.

1.2. Reformierte Bekenntnisse und ihre Hermeneutik
Plasger und Freudenberg halten drei Aspekte reformierten Bekenntnisverständnisses fest. Erstens ist dieses vom Bewusstsein für Partikularität und Pluralität bestimmt:[7] Sowohl räumlich als auch zeitlich sind die Texte begrenzt, auch wenn einige über Landesgrenzen hinweg bekannt sind. Zweitens sind alle reformierten Bekenntnisse ihrem Selbstverständnis nach prinzipiell überbietbar, d. h. revidierbar, gebunden an eine begrenzte Einsicht und daher prinzipiell veränderbar.[8] Die Herausgeber formulieren: „Implizit oder explizit sind sie [die Bekenntnisse, F. v. O.] von der Überzeugung getragen, dass eine bessere Einsicht in die Heilige Schrift ein neues Bekennen und Bekenntnis erforderlich machen könnte."[9] Die Kontextualität und Begrenztheit des eigenen Erkennens wird ausdrücklich benannt, weshalb den Texten nur eine relative Autorität zukommen kann.[10] In konstruktiver Spannung steht dieses Charakteristikum zu dem dritten Aspekt, der Universalität der Bekenntnistexte:[11] denn in Akzeptanz der eigenen Partikularität erhebt jeder Bekenntnistext Anspruch über seine Begrenztheit hinaus, Anspruch auf die verbindende „universale, den eigenen Kontext überschreitende Wahrheit".[12] Daher zielt jeder Bekenntnistext auf die Überprüfung der eigenen Einsicht in die Heilige Schrift durch die ganze Kirche.
Die Spannung zwischen der prinzipiellen Überbietbarkeit aller Bekenntnistexte und dem Anspruch der Universalität wirft die Frage nach dem Umgang mit bestehenden, älteren Bekenntnistexten im eigenen Bekennen der Gegenwart auf. So formulieren auch Plasger und Freudenberg: „Darum stellt sich die Aufgabe, die Kontinuität der Kirche und ihrer Glaubenszeugnisse neu zu bedenken und ungeachtet neuerer Bekenntnisimpulse nach dem bleibend gültigen der klassischen Texte zu fragen."[13] Dieser Frage gehe ich im Folgenden anhand der Rezeption des Heidelbergers in Indonesien nach.

[7] Plasger/Freudenberg (wie Anm. 1), 9f.
[8] Ebd., 10f.
[9] Ebd., 10.
[10] Ebd.
[11] Ebd., 11.
[12] Ebd.
[13] Ebd., 12.

2. Der Heidelberger Katechismus in Indonesien[14]

Bedingt durch die Kolonial- und Missionsgeschichte finden sich in Indonesien zahlreiche reformierte Kirchen, welche auf eine breite Rezeptionsgeschichte des Heidelbergers zurück blicken.[15] Das Land beheimatet eine Vielzahl reformierter Kirchen und Kirchenbünde, deren Wurzeln sowohl in den orthodox-reformierten niederländischen Missionsbemühungen seit dem 17. Jahrhundert als auch in den – teilweise überkonfessionellen – Missionsbewegungen des 19. Jahrhunderts (Basler Mission, Rheinische Mission, Neukirchner Mission u. a.) zu finden sind.[16] Diese historisch begründete reformierte Prägung vieler christlicher Kirchen in Indonesien war und ist Gegenstand zahlreicher Auseinandersetzungen um die konfessionelle Identität dieser Kirchen im Gespräch und in Abgrenzung von den Mutterkirchen. Nicht zu trennen sind diese von den Auseinandersetzungen mit der Missions- und Kolonialgeschichte, die hier jedoch nicht dargestellt werden kann. Die historisch begründete reformierte Prägung schlägt sich exemplarisch in der Bedeutung des Heidelbergers nieder: bereits 1623 wurde er in die malaiisch-indonesische Sprache übersetzt und fortan vor allem im Taufunterricht des damaligen Niederländisch-Indien eingesetzt.[17] Im 19. Jahrhundert nahm seine Vorrangstellung durch die Tätigkeit von Missionaren aus anderen Konfessionen, bzw. nicht streng reformierten Missionen, deutlich ab. Mit der Unabhängigkeit Indonesiens 1949 und den folgenden Unabhängigkeitsbestrebungen der indonesischen Kirchen sank seine Bedeutung drastisch. Seitdem steht der Heidelberger in der Spannung von Erinnerung und Vergessen, ergänzt durch Bemühungen der Aktualisierung und Aneignung eines zeitlich und räumlich für Indonesien so fremden Textes.

2.1. Vergessen – Ersatz des Heidelberger Katechismus
Die Unabhängigkeit des Staates Indonesien führte seit den 1970er Jahren zu Unabhängigkeitsbestrebungen der indonesischen Kirchen.

---

[14] Eine Übersicht über Dokumente zur Rezeption des Heidelbergers in Indonesien findet sich unter http://www.heidelberger-katechismus.net/6997-0-227-50.html (Zugriff: 11.5.2015).
[15] Vgl. Christian Goßweiler, The Only Comfort for Indonesia. Changing Tides of the Heidelberg Catechism. [unveröffentlicht], 2–7.
[16] Für einen detaillierten Überblick zur Rezeptionsgeschichte des Heidelberger Katechismus in Indonesien vgl. Ebd., 2–11.
[17] Christian Goßweiler/Kristanti Pebri Nugrahani Goßweiler, Auftakt des Katechismusjubiläums in Indonesien. Abgerufen unter http://www.heidelberger-katechismus.net/6997-0-227-50.html (Zugriff: 11.5.2015), 1; dies., Der Heidelberger interkulturell. Erfahrungen in Indonesien. [unveröffentlicht], 1.

Diese wollten sich nicht nur in Verwaltung und Organisation von den Mutterkirchen emanzipieren, sondern auch theologische Unabhängigkeit erlangen.[18] Dieses Phänomen ist im Zuge der Dekolonialisierung auch in vielen anderen Kontexten zu beobachten und hat in weiten Teilen Asiens, Afrikas und Lateinamerikas zur Formulierung eigener Glaubensbekenntnisse geführt. Nach Goßweiler sind diese „politischen Gründe" in Indonesien zentral für die Abwendung vom Heidelberger Katechismus in vielen reformierten Kirchen Mitte des 20. Jahrhunderts.[19] Wahrgenommen wurde der Heidelberger in seinen Worten als „a product of foreign theology which has to be abandoned in the process of theological emancipation".[20]

Aber auch inhaltliche Argumente führen zum Vergessen des Heidelberger Katechismus (HK). So hebt Goßweiler u. a. hervor:[21] Die scharfe Verurteilung der Messe (HK 80) führe zu ökumenischen Missverständnissen, die Trennung von Seele und Leib (HK 57) erschwere die Abgrenzung zu animistischen Vorstellungen in Indonesien und die Formulierungen zur Trinität (HK 25) sorgten in einem überwiegend muslimischen Land für Schwierigkeiten. Zudem wird der vor allem im Konfirmanden- und Taufunterricht verwendete Katechismus als veraltet wahrgenommen, sowohl im Inhalt als auch in der Sprache seiner Aufgabe nicht mehr angemessen.[22]

So kam es zu zahlreichen Formulierungen eigener Glaubensbekenntnisse, welche den Heidelberger als Bekenntnis der Kirche ablösten: genannt sei nur das Bekenntnis der Batakkirche von 1951, das Bekenntnis der Karo-Batak-Kirche von 1979,[23] das Bekenntnis der Toraja-Kirche von 1981,[24] die Bekenntnisse der Gemeinschaft der Kirchen in Indonesien 1984, sowie die Lehrsätze der Javanisch Christlichen Kirche von 1996[25].

---

[18] Goßweiler (wie Anm. 15), 8.
[19] Ebd., 23f.; vgl. Goßweiler/Goßweiler, Der Heidelberger interkulturell (wie Anm. 17), 2.
[20] Goßweiler (wie Anm. 15), 25.
[21] Ebd., 27–32.
[22] Christian Goßweiler, Der Heidelberger Katechismus in den Gemeinden Indonesiens. Eine Katechismustagung auf der Insel Kalimantan. Abgerufen unter http://www.heidelberger-katechismus.net/6997-0-227-50.html (Zugriff: 11.5.2015); Goßweiler/Goßweiler, Der Heidelberger interkulturell (wie Anm. 17), 2; Goßweiler (wie Anm. 15), 26.
[23] Goßweiler/Goßweiler, Der Heidelberger interkulturell (wie Anm. 17), 8.
[24] Goßweiler/Goßweiler, Auftakt des Katechismusjubiläums in Indonesien (wie Anm. 17), 1; dies., Der Heidelberger interkulturell (wie Anm. 17), 6–8.
[25] Goßweiler/Goßweiler, Vorwort der Übersetzer, in: Anhang zum Heidelberger Katechismus. Die Lehre der GKJTU zu Fragen der Kultur, des religiösen Pluralismus und der Vielfalt der Kirchen, der Politik, der Wirtschaft, sowie der Wissenschaft und Technologie, hg. von der Synode der GKJTU, 2–7 http://www.heidelberger-

2.2. Erinnerung – Hochschätzung des Heidelberger Katechismus

In den letzten Jahrzehnten und insbesondere im Zuge des Katechismusjubiläums 2013 ist jedoch zugleich eine neue Hochschätzung des Heidelbergers in Indonesien zu beobachten. Schon die 1997 formulierten „Hauptpunkte der Lehre der Javanisch Christlichen Kirche" verstanden sich als Kritik und Ergänzung zum Heidelberger, wobei sich die Kritik insbesondere auf die Trinitätslehre bezog und Ergänzungen zur Frage des Pluralismus der Religionen formuliert wurden.[26] Im Zuge des Katechismusjubiläums spricht Goßweiler sogar von einem „Heidelberg Catechism Revival"[27], für das er vielfältige Gründe anführt: Knappheit und Tiefe des Katechismus werden positiv wahrgenommen, die biblische Grundlegung begründe die zeitüberdauernde Relevanz, der Katechismus werde als Symbol reformierter Identität wahrgenommen und auch die anhaltende Relevanz der ersten Frage für den indonesischen Kontext bestärke die Auseinandersetzung mit dem Heidelberger.[28] Die Abschaffung des Heidelbergers in den Toraja-Kirchen Anfang der 1980er wird als Verlust erlebt und zahlreiche Aufrufe zur Verwendung des Heidelbergers z.B. in Predigten (Reformatorische Kirchen von Indonesien, GGRI) werden bei Konferenzen rund um das Katechismusjubiläum laut.[29]

Am deutlichsten wird diese Tendenz in der 2012 abgehaltenen Salatiga Konferenz und der aus ihr hervorgegangenen Salatiga-Erklärung.[30] 59 Vertreter aus 21 Kirchen, sieben theologischen Hochschulen und einer theologischen Fakultät halten in dieser Erklärung fest, dass sie das Erbe des Heidelbergers bewahren wollen (1c), da dieser weiterhin „relevant und einsetzbar" sei in Predigt, Katechese, Studium etc. (2). Daher sollen Formen entwickelt werden, diesen zum einen kognitiv zu vermitteln (3d) – vereinbart werden eine Festschrift, eine Folgetagung (3b, 3e), die Revision der Übersetzung (4a), die Verankerung im Curriculum der theologischen Ausbildung (4e), die Erweiterung des Anhangs (4f) sowie die Entwicklung von Kommentaren, Unterrichtsmaterialien und Begleitmaterial (4d) – und zum

---

katechismus.net/6997-0-227-50.html (Zugriff: 11.5.2015), 2; dies., Der Heidelberger interkulturell (wie Anm. 17), 2. Vgl. Vischer (wie Anm. 2), 13–29.

[26] Goßweiler/Goßweiler, Der Heidelberger interkulturell (wie Anm. 17), 3–6.
[27] Goßweiler (wie Anm. 15), 9.
[28] Ebd., 24f.
[29] Goßweiler/Goßweiler, Auftakt des Katechismusjubiläums in Indonesien (wie Anm. 17), 1–3; Goßweiler (wie Anm. 22), 1.
[30] Salatiga Erklärung (17.11.2012) der Teilnehmer der Konferenz vom 14.–17.11.2012 zum Jubiläum des Heidelberger Katechismus. http://www.heidelberger-katechismus.net/daten/File/Upload/DeklarasiSalatiga1-01-02idn.pdf (Zugriff: 11.5. 2015); vgl. Goßweiler (wie Anm. 15), 9f.

anderen gesungene und erzählende Formen des Katechismus zu entwickeln (4c). Ob und in welcher Form diese Begeisterung für den Heidelberger in den kommenden Jahren umgesetzt wird, bleibt abzuwarten – doch zeugen die zahlreichen Vorsätze von einer wachsenden Hochschätzung des Heidelbergers in vielen indonesischen Kirchen.

2.3. Aktualisierung – Anhang zum Heidelberger Katechismus

Zwischen den skizzierten Polen des Vergessens und der Erinnerung an den Heidelberger steht ein dritter Weg, den ich als „Aktualisierung" bezeichne. Weder die Aneignung noch die Ersetzung des Katechismus bilden das Ziel einer Aktualisierung, sondern vielmehr wird sich der Katechismus durch eine eigene Überarbeitung und Ergänzung mit Blick auf den spezifischen Kontext angeeignet. Statt Vergessen oder Erinnerung von etwas Altem, das die Ausbildung kontextueller Theologie vielfach prägt, steht die Aktualisierung und Aneignung desselben im Fokus.[31]

Diesem Versuch stellte sich die Christliche Kirche aus Nordmitteljava (Gereja Kristen Jawa Tengah Utara, GKJTU) durch die Erarbeitung eines Anhangs zum Heidelberger in den Jahren 1988–2008. Die 2008 verabschiedete Fassung trägt den Titel: *Anhang zum Heidelberger Katechismus. Die Lehre der GKJTU zu Fragen der Kultur, des religiösen Pluralismus und der Vielfalt der Kirchen, der Politik, der Wirtschaft, sowie der Wissenschaft und Technologie.*[32] Goßweiler fasst das Anliegen im Vorwort zusammen: „Die Christliche Kirche aus Nordmitteljava (Gereja Kristen Jawa Tengah Utara – GKJTU) hat bewusst einen speziellen Weg gewählt: Sie erkennt den Heidelberger Katechismus aus dem Jahre 1563 weiterhin an als die verbindliche Zusammenfassung der Heiligen Schrift und als ein universales Glaubensbekenntnis, das reformatorische Kirchen in aller Welt durch alle Jahrhunderte hinweg verbindet. Nur für die speziellen Fragen ihres javanischen Umfeldes (Kultur, religiöser Pluralismus) sowie für die modernen Herausforderungen (Politik, Wirtschaft, Wissenschaft und Technologie) hat die GKJTU den Heidelberger Katechismus durch einen eigenen Anhang ergänzt."[33]

---

[31] Goßweiler (wie Anm. 15), 32f.
[32] Anhang zum Heidelberger Katechismus. Die Lehre der GKJTU zu Fragen der Kultur, des religiösen Pluralismus und der Vielfalt der Kirchen, der Politik, der Wirtschaft, sowie der Wissenschaft und Technologie, hg. von der Synode der GKJTU, 2–7. http://www.heidelberger-katechismus.net/6997-0-227-50.html (Zugriff: 11.5.2015).
[33] Goßweiler/Goßweiler, Vorwort (wie Anm. 25), 2.

Hintergrund dieses Sonderwegs ist zum einen die Geschichte der Christlichen Kirche aus Nordmitteljava[34]: sie ist aus der inter-denominellen Missionsarbeit der Neukirchner Mission hervorgegangen und versteht sich als „calvinistisch-pietistisch-kontextuelle" oder kurz als „reformatorische Kirche".[35] Ohne vorgegebene Bekenntnisbindung durch die Gründer hat die Generalsynode der GKJTU 1988 den Heidelberger als Bekenntnisgrundlage anerkannt und sich damit der reformierten Tradition zugeordnet, die in ihrer Geschichte prägend war. Zugleich hat sie dessen Ergänzung durch einen Anhang beschlossen.[36] Der mehrstufige Erarbeitungsprozess wurde durch die Sammlung von zu bearbeitenden Fragen in den Gemeinden eröffnet, welche dann zu 69 Fragen gebündelt wurden. Ein Entwurf dieser Fragen und ihrer Antworten wurde in den Gemeinden ein Jahr erprobt, auf einer öffentlichen Tagung überarbeitet und 2008 von der Generalsynode verabschiedet. Sowohl in den Kirchen Indonesiens als auch international wurde dem Katechismusanhang mit großem Interesse begegnet.[37]

Wie der Heidelberger folgt auch der Anhang einem Frage-Antwort-Schema, das von Bibelzitaten belegt wird und baut mit Querverweisen auf den weiterhin in Geltung stehenden Heidelberger auf.[38] Der Heidelberger, so das Vorwort des Anhangs, wird verstanden als „grundlegende Lehre der reformatorischen Kirchen für alle Zeiten" und „Zusammenfassung der Schrift".[39] Jedoch erfordern die Herausforderungen des Alltags ein klares Glaubensbekenntnis und eine grundlegende Glaubenslehre, welche der Anhang in einfacher Sprache wenn auch nicht in allen Details bieten will.[40] Im Unterschied zur angenommenen allgemeinen Geltung des Heidelbergers gilt der Anhang nur für die Mitglieder der GKJTU und nur für genannte Themenbereiche.[41]

Der Katechismusanhang beschäftigt sich mit den im Titel genannten Themenbereichen. Die Fragen 1–17 befassen sich mit dem Bereich „Kultur", wobei der Schwerpunkt auf Fragen des Umgangs mit traditionellen indonesischen Riten wie der Bestattungszeremonie der

---

[34] Goßweiler/Goßweiler, Der Heidelberger interkulturell (wie Anm. 17), 9.
[35] Goßweiler/Goßweiler, Vorwort (wie Anm. 25), 3.
[36] Ebd., 3.
[37] Goßweiler/Goßweiler, Auftakt (wie Anm. 17), 2.
[38] Goßweiler/Goßweiler, Der Heidelberger interkulturell (wie Anm. 17), 10.
[39] Einführung der GKJTU, in: Anhang zum Heidelberger Katechismus. Die Lehre der GKJTU zu Fragen der Kultur, des religiösen Pluralismus und der Vielfalt der Kirchen, der Politik, der Wirtschaft, sowie der Wissenschaft und Technologie, hg. von der Synode der GKJTU, 8–10. http://www.heidelberger-katechismus.net/6997-0-227-50.html (Zugriff: 11.5.2015), 9.
[40] Ebd., 8–10.
[41] Goßweiler/Goßweiler, Vorwort (wie Anm. 25), 5.

Kenduri-Feier (3) oder der vielfältigen Adat-Zeremonien (z.B. „rites des passages" und „Dorfreinigungszeremonien" etc., 4–9). Die Fragen 18–29 beschäftigen sich mit der „Religiösen Vielfalt und Verschiedenheit der Kirchen". Dabei liegt ein Schwerpunkt auf der grundsätzlichen Einschätzung von religiöser Pluralität (18, 20, 22). Die Fragen 30–47 befassen sich mit dem Themenbereich Politik und verhandeln sowohl staatstheoretische Fragen (Grundlage von Macht, Definition des Staates etc.) als auch den möglichen Umfang kirchlicher Beteiligung an Politik. Die Fragen 48–55 verhandeln grundlegende Fragen der Wirtschaftsethik, die Fragen 56–69 den Bereich „Wissenschaft und Technologie" mit einem Schwerpunkt auf Fragen der Umweltzerstörung (62/63) und des Verhältnisses von Industrie- und Entwicklungsländern (64).

3. Confessio semper reformanda?!

„Confessio semper reformanda?!" – das war die Ausgangsthese und zugleich die Ausgangsfrage meines Papers. Abschließend möchte ich in vier Thesen bündeln, was sich dazu aus den Skizzen des indonesischen Kontextes erkennen lässt.

1.) Erinnerung, Verdrängung und Verehrung geschehen immer parallel und widersprüchlich und spiegeln die Partikularität, Pluralität und Überbietbarkeit des reformierten Bekenntnisverständnisses.
Die Rezeption des Heidelbergers, die ich als Beispiel von Erinnerungsprozessen im reformierten Raum untersucht habe, zeigt erstens, dass Erinnerung und Vergessen keine sich ausschließenden Prozesse sind. Sie laufen parallel und sind jederzeit revidierbar. Rezeptionsprozesse speisen sich sowohl aus theologischen als auch aus politischen Gründen – im Erinnern und im Vergessen. Zweitens ist das zu Beginn genannte Kennzeichen der Partikularität und Pluralität allein schon durch die Fülle der in Indonesien entstandenen Bekenntnistexte sehr plastisch geworden. Sie wurden im Prozess der theologischen Emanzipation von den Mutterkirchen gerade im Gegenüber zu den als nicht ausreichend kontextuellen, nicht ausreichend partikularen „fremden" Bekenntnistexten verstanden.
Diese pluralen und widersprüchlichen Rezeptionsprozesse zeigen zum einen die Unabschließbarkeit christlichen Bekennens und damit zum anderen das Übersichhinausgreifen jedes Bekenntnisses. Insofern ist Hanna Reichels (geb. 1984) These zum Bekenntnisbegriff zuzustimmen: „Das Bekenntnis ist charakterisiert durch eine sich pluralisierende Einzigkeit und eine Unübersetzbarkeit, die neue Zeugen zeugt. […] Das Zeugnis be-zeugt sich gewissermaßen selbst: nicht als Inhalt seines eigenen Zeugnisses, wohl aber als Multiplika-

tion der eigenen Zeugenschaft durch die Schöpferkraft des Wortes."[42]

2.) Die Rezeption von Bekenntnistexten konzentriert sich auf das Bekenntnis im Sinne der „*doctrina*".
Da der Bekenntnisbegriff ein sehr vielschichtiger ist, stellt sich die Frage, in welchem Sinne Bekenntnisse rezipiert werden. So differenziert Johannes Wirsching (1929–2004) zwischen Bekenntnisakt (als Vollzug in Wort und Tat), Bekenntnishaltung (als „darin zum Ausdruck kommende Handlungsweise"), Bekenntnisinhalt („Tatbestand"), Bekenntnisaussage (sprachliche Form) und Bekenntnisgemeinschaft (konstituierte Gruppe, Bekenntnisstand).[43] Die untersuchte Rezeption des Heidelbergers konzentriert sich überwiegend auf den Bekenntnisinhalt und die Bekenntnisaussage, während Bekenntnisakt, Bekenntnishaltung und Bekenntnisgemeinschaft kaum eine Rolle spielen. Im Sinne der von Wirsching weiterführend vorgeschlagenen Differenzierung zwischen *confessio* (Akt), *symbolum* (Credo im liturgischen Sinne) und *doctrina* (kirchenbindende Urkunde) beziehen sich die beschriebenen Rezeptionsprozesse nahezu ausschließlich auf das Bekenntnis im Sinne der *doctrina*. Der Fokus auf die *doctrina* in der Bekenntnisrezeption verstärkt Lukas Vischers (1926–2008) These: „Was von einer Kirche ausgesprochen wird, geht alle Kirchen an."[44] Dies führt erneut zu der von Plasger und Freudenberg angesprochenen Aufgabe, „nach dem bleibend gültigen der klassischen Texte zu fragen."[45] Um den Horizont des gemeinsamen Bekennens der reformierten Gemeinschaft zu erfassen, muss daher die Bekenntnisbildung und -rezeption aller Kirchen in den Blick genommen werden.

3.) Die gefühlte Notwendigkeit der Aufnahme, Ablehnung oder Aktualisierung von Bekenntnistexten speist sich stärker aus der Wahrnehmung des eigenen Kontextes als aus theologischen Einsichten.
Die prinzipielle Überbietbarkeit der Bekenntnistexte gründet bei Plasger und Freudenberg auf der Einsicht in die Schrift: „Implizit oder explizit sind sie von der Überzeugung getragen, dass eine bessere Einsicht in die Heilige Schrift ein neues Bekennen und Bekenntnis

---

[42] Hanna Reichel, Theologie als Bekenntnis. Karl Barths kontextuelle Lektüre des Heidelberger Katechismus (Forschungen zur systematischen und ökumenischen Theologie 149), Göttingen 2015, 268.
[43] Johannes Wirsching, Art. Bekenntnisschriften, TRE 5 (1980), 487–511, 488.
[44] Lukas Vischer, Bekenntnis und Bekennen in der reformierten Kirche, in: Una Sancta 37.2 (1982), 111–116, 115.
[45] Plasger/Freudenberg (wie Anm. 1), 12.

erforderlich machen könnte."⁴⁶ Die Betrachtung des indonesischen Kontextes zeigt, dass nicht nur die neue Einsicht in die Schrift, sondern auch neue Herausforderungen des Kontextes Bekenntnisbildung anregen. Die konkreten Erfordernisse des eigenen Kontextes machen neues Bekennen notwendig. Dies lässt sich meines Erachtens seit Barmen, spätestens jedoch seit Belhar beobachten. Vischer ist zuzustimmen, dass Bekenntnisse als Ereignis in einer Situation im Sinne einer „Antwort auf die Problematik, die dieser Situation innewohnt" gelten.⁴⁷ Für Vischer hat die prinzipielle Revidierbarkeit reformierter Bekenntnisse eben diese beiden Gründe: „Einerseits kann die immer neue Zuwendung zur Schrift zur Entdeckung von bisher vernachlässigten Perspektiven führen, andererseits kann eine neue geschichtliche Situation die Betonung von anderen Aspekten notwendig machen."⁴⁸ Deshalb muss die Revidierbarkeit der Bekenntnisse mit Vischer stärker als elliptische Denkform zwischen den Anforderungen der Zeit und der Einsicht in die Schrift denn als neue Einsicht in die Schrift verstanden werden. Die Verbindung beider Pole kondensiert im Bekenntnis.

4.) Die Aktualisierung von Bekenntnistexten verändert die Wahrnehmung des Rezipierten.
Das Beispiel des Katechismusanhangs der Christlichen Kirche aus Nordmitteljava zeigt einen interessanten Rückkopplungseffekt zwischen Aktualisierung und Rezipiertem. Angesichts der neuen Formulierungen des Anhangs, die bewusst kontextuell und in ihrer Geltung begrenzt werden sollen, erhält der Heidelberger eine neue Dignität als „grundlegende Lehre der reformatorischen Kirchen für alle Zeiten" und „Zusammenfassung der Schrift".⁴⁹ In den Fußnoten des Anhangs wird neben den Bibelstellen auf die entsprechenden Stellen im Heidelberger verwiesen. Ohne eine prinzipielle Gleichrangigkeit dieser Verweise behaupten zu wollen, zeigt sich doch, dass die Aktualisierung eines Bekenntnisses zugleich den Status des rezipierten Bekenntnisses selbst verändert. Das Rezipierte wird zur Tradition, die als Grundlage des neuen Bekennens unveränderbar scheint. An dieser Stelle scheint das Element der Universalität in einer ungewöhnlichen Stärke auf. Die von Plasger und Freudenberg formulierte Aufgabe, „die Kontinuität der Kirche und ihrer Glaubenszeugnisse neu zu bedenken und [...] nach dem bleibend gültigen der klassi-

---

⁴⁶ Ebd., 10.
⁴⁷ Vischer (wie Anm. 44), 113.
⁴⁸ Ebd., 112.
⁴⁹ Einführung der GKJTU (wie Anm. 39), 9.

schen Texte zu fragen"⁵⁰ wird hier durch den Verweis auf die bleibende Gültigkeit eines gesamten Bekenntnistextes eindeutig gelöst. Zugleich bleibt im Zusammenstehen von Bekenntnis und Anhang die Spannung zwischen dem bleibend gültigen und dem aktuellen historischen, sozialen und geographischen Kontext bestehen. Durch die Ergänzung des Heidelbergers durch den Anhang wird die Spannung gewissermaßen verlagert – aus dem Bekenntnistext selbst zwischen die beiden Textteile.

„Confessio semper reformanda?" – der Satz bleibt also Frage und Aussage zugleich im komplexen Geflecht von Rezeptionsprozessen reformierter Bekenntnisbildung stehen.

---

⁵⁰ Plasger/Freudenberg (wie Anm. 1), 12.

Autorinnen und Autoren

Judith Becker (geb. 1971), Dr. theol., Privatdozentin für Kirchen- und Dogmengeschichte an der Evangelisch-Theologischen Fakultät der Johannes Gutenberg Universität Mainz und wissenschaftliche Mitarbeiterin der Abteilung für Abendländische Religionsgeschichte des Leibniz-Instituts für Europäische Geschichte.

Irene Dingel (geb. 1956), Dr. phil. theol. habil., Professorin für Kirchen- und Dogmengeschichte an der Evangelisch-Theologischen Fakultät der Johannes Gutenberg Universität Mainz und Direktorin des Leibniz-Instituts für Europäische Geschichte (Abteilung für Abendländische Religionsgeschichte).

John Exalto (geb. 1977), Dr. phil., Assistent Professor an der Faculteit der Gedrags- en Bewegingswetenschappen (Sektion Historische Pädagogik) der Vrijen Universiteit Amsterdam.

Mona Garloff (geb. 1982), Dr. phil., Akademische Rätin a. Z. am Lehrstuhl für Geschichte der Frühen Neuzeit, Universität Stuttgart.

Marco Hofheinz (geb. 1973), Dr. theol., Professor für Systematische Theologie an der Leibniz-Universität Hannover.

Gerald MacDonald (geb. 1961), Dr. theol., freiberuflicher Kirchenhistoriker.

Andreas Mertin (geb. 1958), Dr. phil. h.c., Publizist, Ausstellungskurator und Medienpädagoge, Herausgeber des Magazins für Kunst, Kultur, Theologie und Ästhetik.

Raphaela J. Meyer zu Hörste-Bührer (geb. 1982), Dr. phil., Stipendiatin des Gutenberg Nachwuchskollegs im Graduiertenkolleg „Die Zeitdimension in der Begründung der Ethik" an der Johannes Gutenberg Universität Mainz.

Dennis Schönberger (geb. 1981), Dr. phil., Studienrat in Lüdenscheid und Lehrbeauftragter am Seminar für Evangelische Theologie der Universität Siegen.

Frauke Thees (geb. 1964), Fachleiterin für besondere Aufgaben und evangelische Religion am Studienseminar für das Lehramt an Gymnasien in Leer und Lehrerin am Max-Windmüller-Gymnasium in Emden.

Albrecht Thiel (geb. 1951), Dr. theol., Pfarrer in Dortmund.

Hans-Georg Ulrichs (geb. 1966), Dr. phil., Hochschulpfarrer Heidelberg (Universitätsgemeinde und Evangelische Studierendengemeinde), Lehrbeauftragter.

Frederike van Oorschot (geb. 1984), Dr. theol., wissenschaftliche Mitarbeiterin am Institut für Theologie und Religionswissenschaft der Leibniz Universität Hannover.